“十二五”國家重點圖書出版規劃項目
2011—2020年國家古籍整理出版規劃重點項目
國家古籍整理出版專項經費資助項目

海外中文古籍總目

漢籍合璧目録編

〔美〕王曉彤（Xiaotong Wang） 曾柯謙（Kejian Zeng） 編

〔美〕吴　憲（Xian Wu） 編

〔美〕郭玲玲（Ling-Ling Kuo） 編

美國俄勒岡大學圖書館中文古籍目録

An Illustrated Catalogue of Chinese Ancient Books in the University of Oregon Libraries

美國密歇根州立大學圖書館中文古籍目録

An Illustrated Catalogue of Chinese Ancient Books in Michigan State University Libraries

美國西來大學圖書館中文古籍目録

An Illustrated Catalogue of Ancient Chinese Books at University of the West Library

中華書局

圖書在版編目(CIP)數據

美國俄勒岡大學圖書館中文古籍目録美國密歇根州立大學圖書館中文古籍目録美國西來大學圖書館中文古籍目録/(美)王曉彤等編. —北京:中華書局,2024.10
(海外中文古籍總目)
ISBN 978-7-101-16520-3

Ⅰ.美… Ⅱ.王… Ⅲ.院校圖書館-古籍-中文圖書-圖書館目録-美國 Ⅳ.Z838

中國國家版本館 CIP 數據核字(2024)第 026981 號

書　名	美國俄勒岡大學圖書館中文古籍目録 美國密歇根州立大學圖書館中文古籍目録 美國西來大學圖書館中文古籍目録
編　者	〔美〕王曉彤　曾柯諫　〔美〕吴　憲　〔美〕郭玲玲
叢書名	海外中文古籍總目
特邀審稿	李國慶
責任編輯	李梅君
裝幀設計	劉　麗
責任印製	管　斌
出版發行	中華書局 (北京市豐臺區太平橋西里 38 號　100073) http://www.zhbc.com.cn E-mail:zhbc@zhbc.com.cn
印　刷	天津裕同印刷有限公司
版　次	2024 年 10 月第 1 版 2024 年 10 月第 1 次印刷
規　格	開本/787×1092 毫米　1/16 印張 25　字數 413 千字
國際書號	ISBN 978-7-101-16520-3
定　價	600.00 元

《漢籍合璧目録編》

編纂委員會

學術顧問（按齒序排列）

程抱一（法國）	袁行霈	項　楚
曾永義	安平秋	
池田知久（日本）	柯馬丁（美國）	

總編纂

鄭傑文（首席專家）　單承彬　劉心明

本書主編

李國慶（美國）

本書執行編纂

張　瑞　　孫紅苑　　宋曉晨　　陳肖杉

海外中文古籍總目·總序

中華文明悠久燦爛，數千年來留下了極爲豐富的典籍文獻。這些典籍文獻滋養了中華民族的成長和發展，也廣泛地傳播到世界各地，不僅對周邊民族産生了深刻影響，更對世界文明的融合發展做出了卓越貢獻。可以説，中華民族創造的輝煌文化，不僅是中華文明的重要組成部分，更是全人類共同的文化遺産，需要我們共同保護、傳承、研究和利用。而要進行這一工作，首先需要對存世典籍文獻進行全面地調查清理，編纂綜合反映古典文獻流傳和存藏情况的總目録。

由全國古籍整理出版規劃領導小組（簡稱“古籍小組”）主持編纂、歷時十七年最終完成的《中國古籍總目》就是這樣一部古籍總目録。它“全面反映了中國（大陸及港澳臺地區）主要圖書館及部分海外圖書館現存中國漢文古籍的品種、版本及收藏現狀”，著録了約二十萬種中國古籍及主要版本，是迄今爲止對中國古籍流傳與存藏狀況的最全面最重要的總結。但是，限於當時的條件，《中國古籍總目》對於中國大陸地區以外的中文古籍的調查、搜集工作，“尚處於起步階段”，僅僅著録了“港澳臺地區及日本、韓國、北美、西歐等地圖書館收藏的中國古籍稀見品種”（《中國古籍總目·前言》），並没有全面反映世界各國各地區存藏中國古籍的完整狀況。

對於流傳到海外的中國古籍的搜集和整理，始終是我國學界魂牽夢繞、屢興未竟的事業。清末以來幾代學人迭次到海外訪書，以書目提要、書影、書録等方式將部分收藏情况介紹到國内。但他們憑個人一己之力，所訪古籍終爲有限。改革開放以來，黨和政府對此極爲重視。早在1981年，黨中央就明確提出“散失國外的古籍資料，也要通過各種辦法争取弄回來或複製回來”（中共中央《關於整理我國古籍的指示》，1981年9月17日）。其時“文革”結束不久，百業待興，這一高瞻遠矚的指示還僅得到部分落實，難以規模性地全面展開。如今，隨着改革開放事業的快速發展，國際間文化交流愈加密切，尤其是《中國古籍總目》的完成和中華古籍保護計劃的實施，爲落實這一指示提供了堅實的基礎，可以説，各項條件已經總體具備。在全球範圍内調查搜集中國古籍、編纂完整反映中國古籍流傳存藏現狀的總目録，爲中國文化的傳承、研究提供基礎性數據，已經成爲黨和政府以及學術界、出版界的共識。

據學界的初步調研，海外所藏中國古籍數量十分豐富，總規模超過三百萬册件，而尤以亞洲、北美洲、歐洲收藏最富，南美洲、大洋洲、非洲也有少量存藏。海外豐富的中國古籍藏量以及珍善本的大量存在，爲《海外中文古籍總目》的編纂提供了良好的基礎。而且，海外收藏中國古籍的機構有的已經編製了館藏中國古籍善本目録、特藏目録或聯合目録，關於海外中國古籍的提要、書志、叙録等文章專著也不斷涌現，對於編纂工作無疑具有很高的參考價值。然而，目前不少海外圖書館中國古籍的存藏、整理、編目等情况却不容樂觀。絶大多數圖書館中文館員數量極其有限，無力系統整理館藏中文古籍；有的甚至没有中文館員；有的中國古籍衹能被長期封存，處於自然消耗之中，更遑論保護修復。啓動《海外中文古籍總目》項目，已經刻不容緩。

長期以來，我們一直關注着海外中國古籍的整理編目與出版工作。2009年《中國古籍總目》項目甫告竣工，在古籍小組辦公室的領導下，編纂出版《海外所藏中國古籍總目》的計劃便被提上日程，並得到中共中央宣傳部、新聞出版總署的高度重視，被列入《"十二五"國家重點圖書出版規劃》《2011—2020年國家古籍整理出版規劃》。經過細緻的調研考察和方案研討，在"十三五"期間，項目正式定名爲《海外中文古籍總目》，並被列爲"十三五"古籍整理出版工作的五大重點工作之一。中華書局爲此組織了專業團隊，專門負責這一工作。

《海外中文古籍總目》是《中國古籍總目》的延續與擴展，旨在通過團結中國國内和世界各地相關領域的專家學者，組成編纂團隊，吸收最新研究成果進行編目，以全面反映海外文獻收藏單位現存中文古籍的品種、版本及收藏現狀。在工作方法與編纂體例上，《海外中文古籍總目》與傳統的總目編纂有着明顯的區別和創新。我們根據前期的調研結果，結合各海外藏書機構的情况和意見，借鑒中華古籍保護工程的有益經驗，確定了"先分館編輯出版，待時機成熟後再行統合"的整體思路。同時，《海外中文古籍總目》在分類體系、著録標準、書影采集等方面都與全國古籍普查登記工作高度接軌，確保能够編纂出一部海内外標準統一、體例一致、著録規範、内容詳盡的古籍總目。

編纂《海外中文古籍總目》，可以基本摸清中國大陸以外地區的中文古籍存藏情况，爲全世界各領域的研究者提供基礎的數據檢索途徑，爲系統準確的古籍整理出版工作提供可靠依據，爲中國與相關各國的文化交流活動提供新的切入點和立足點。同時，我們也應該認識到，中國的古籍資源既是中國的，也是世界的，整理和保護這些珍貴的人類文明遺産，是每一個人的共同責任和使命。

2017年1月，中共中央辦公廳、國務院辦公廳印發了《關於實施中華優秀傳統文化傳承發展工程的意見》，其中明確提出“堅持交流互鑒、開放包容，積極參與世界文化的對話交流，不斷豐富和發展中華文化”的基本原則，並將“實施國家古籍保護工程，加强中華文化典籍整理編纂出版工作”列爲重點任務之一。遥想當年，在兵燹戰亂之中，前輩學人不惜生命捍衛先人留下的典籍。而今，生逢中華民族實現民族復興的偉大時代，我們有責任有義務完成這一幾代學人的宏願。我們將努力溝通協調各方力量，群策群力，與海内外各藏書機構、學界同仁一起，踏踏實實、有條不紊地將《海外中文古籍總目》這一項目繼續開展下去，儘快完成這樣一個動態的、開放的、富於合作精神的項目，使之早日嘉惠學林。

中華書局編輯部

2017年2月

《漢籍合璧目録編》總序

書籍是人類文明的重要載體，中華古籍是中華傳統文化的重要載體和表現形式，是國際漢學研究的重要文獻資料。中華古籍所承載的思想文化是人類知識體系的重要組成部分，對於現代社會仍然具有無可替代的價值。然而，中華古籍分散存藏於世界各地的現狀，給研究工作帶來了客觀的障礙，也在很大程度上限制了其學術作用的發揮。

全球漢籍合璧工程（以下簡稱"合璧工程"）的主要任務是對境外存藏中華古籍資源進行調查摸底，並兼顧其他中華古文獻信息的收集；對境外存藏、境内缺失的中華古籍進行遴選，並以數字化複製或影印的方式實現再生性回歸；加强對境外中華古籍的整理出版、學術研究，建立境外中華古籍數據庫，實現合璧工程成果面向國内外的公益使用，向公衆揭示中華古籍藴含的深厚文化内涵。

合璧工程的一項重要工作，就是在目驗原書的基礎上爲境外所藏中華古籍編撰目録。有些境外藏書機構已經爲其所藏中華古籍編寫過目録，但在著録内容和著録格式方面，與中國大陸現行的古籍目録體系有所不同，需要進一步完善規範。還有很多境外藏書機構一直没有爲其所藏中華古籍編寫過目録，需要儘快完成編目工作。

現在，在中國大陸的專業人員和境外專業人員的共同努力下，境外中華古籍的第一批館藏目録正在次第完成，我們將其納入以《漢籍合璧目録編》爲總名的叢書中，陸續出版，以饗讀者。

《漢籍合璧目録編》編委會

2021年3月

目　録

海外中文古籍總目
漢籍合璧目録編

〔美〕王曉彤（Xiaotong Wang） 曾柯諫（Kejian Zeng） 編

An Illustrated Catalogue of Chinese Ancient Books in the University of Oregon Libraries

美國俄勒岡大學圖書館中文古籍目録

前　言

俄勒岡大學（University of Oregon）東亞藏書部藏書逾一萬五千種，其中中文藏書近萬種，佔其多數。自二十世紀六十年代肇始，中文藏書由前輩悉心收集，兼之各處捐贈襄助，始成今日之規模。

本館所藏中文古籍近百種，泰半來源於格特魯德·巴斯·華納（Gertrude Bass Warner）之饋贈。格特魯德可稱俄勒岡大學東亞研究的奠基者。她於1863年出生在美國芝加哥一富厚之家，1904年伴隨其在報社任職之弟約翰·福斯特·巴斯（John Foster Bass）前赴日本報道日俄戰争。次年，其弟將長姊送至上海避難並介紹她與後成爲她第二任夫婿的穆雷·華納（Murray Warner）上校相識。二人於1905年結婚並在上海居住至1909年。格特魯德對亞洲文化、藝術及宗教習俗極爲傾心，在此期間，她數次造訪日、韓與柬埔寨，途中拍下大量照片記録當地人文景觀。1920年穆雷·華納過世，格特魯德移居俄勒岡尤金城，彼時其子執教於俄勒岡大學法學部。其後三十載，她致力於弘揚亞洲文化，將其先夫之收藏悉數捐獻給俄勒岡大學以供創建美術館，並携其他同仁一起遊走亞洲各地擴充館内收藏。他們夫婦收集的東亞藝術文物，大部分藏於俄勒岡大學美術館（Jordan Schnitzer Museum of Art），書籍、手稿文獻等小部分文物則由俄勒岡大學圖書館特藏與大學檔案部（Special Collections and University Archives）保存。

本館所藏最早中文古籍爲明永樂十七年刻本《大方廣佛華嚴經》第三十一卷。除本館外，北美地區普林斯頓大學圖書館存有此經第三十卷。本館所藏爲經摺裝，筆墨清晰，保存尚佳。

筆者在整理校稿之際發現兩本書缺失，一爲《佛説千手千眼觀世音菩薩廣大圓滿無礙大悲心陀羅尼經》(日期不詳),另一爲《芥子園畫傳二集》(乾隆四十七年刻本),因此暫不記録,嗣後失而復得之時,再容補記。

筆者於此項目進行期間得本館特藏與大學檔案部及其他各同事鼎力支持。Randy Sullivan, Bruce Tabb, Austin Munsell, Ann Miller, David de Lorenzo等均給予筆者諸多幫助及支持。圖書館學生助理曾柯諫同學更是承擔了許多具體工作。她孜孜好學,勤奮可嘉,此目録實爲她與筆者共同之作。誠然,若有缺失疏漏之處,均爲筆者之過,並留待日後悉心改進。

俄亥俄州立大學李國慶教授亦親臨指導並不斷敦促,筆者受教之餘亦感受其對中華古籍收藏的呵護之心,實令筆者感動。北京大學圖書館古籍部原主任姚伯岳研究員學養深厚,兼治版本之學,既幫助本館鑒定版本,又不厭其煩解答我等疑問。得兩位良師躬親相助,筆者獲益匪淺,銘感於心,謹致謝忱。然筆者才疏學淺,定有掛一漏萬之處,尚懇請各界專家不吝指正。

王曉彤

己亥春於美國西北小鎮尤金

定稿於癸卯冬

編　例

一、本書目共收録美國俄勒岡大學圖書館所藏中文古籍47種。

二、書目按經部、史部、子部、集部、類叢部、新學類及其下屬類目分類編排。類目設置及條目排序參照《全國古籍普查登記手册》之《漢文古籍分類表》和《漢文古籍目録分類款目組織規則》，並結合本館實際情況作適當變通。

三、書目按書名項、著者項、版本項、稽核項、版式項、附注項、藏印項順序著録，後加編者按語。

1.書名項：包括書名及卷次。書名一般以卷端所題爲據。卷次包括卷數、卷首、卷末、附録等。殘本在書名項著録原書卷數，在按語中標明現存卷數及卷次。

2.著者項：包括朝代（國别）、著者姓名、並列著者姓名及著作方式。一般著録本名，主要據書中所署，書中無署且無考者缺省。著者姓名取通用名字，一般不取字號、别稱。若正文卷端所題字號别稱未能查知其真實姓名者，則在著者項前加“題”字。清以前的著者，著録朝代名；域外著者，著録國名。

3.版本項：包括刻印或抄寫時代、地域、版刻類型等。年份確切者括注公元紀年，干支紀年轉换爲相應的朝代年號紀年；年代不詳者，則著録某朝或某朝某代間抄本、刻本，或加“[ ]”表示。

4.稽核項：著録册數、函數，館藏無函者則不著録函數。

5.版式項：著録行格、字數、書口、邊欄、魚尾、版框尺寸、版心文字等情況。

6.附注項：著録内封、牌記頁、卷端等内容，大多僅記録原書所載文字内容。

7.藏印項：著録書中現有藏書家、名人學者所鈐書印，以反映其流傳情況。藏印文字不能識别者以“□”代之。

8.按語：著録古籍存缺卷信息，以及編者考證所得信息。

四、款目左上角爲本書目檢索順序號，右上角爲館藏索書號。

五、書目一般采用規範繁體字。

六、書目後附書名索引和著者名索引，按筆畫順序編排。

七、爲體現古籍原貌，每部書均選出若干書影，一般選擇内封、牌記和卷端，原書無上述頁面者，提供其他書頁以供讀者觀覽。

經部

001.周易揭要三卷　〔清〕周蕙田輯　

清同治三年（1864）讀我軒刻巾箱本　三册一函

半框高11釐米，寬7釐米，上下兩欄，每半葉上欄18行11字，下欄9行21字，小字雙行同。四周單邊，白口，無魚尾，下欄版心上鎸書名、卷次及篇名，下鎸葉碼。

内封題“周易揭要，雲間許寶善穆堂氏閲定，玉峰周蕙田蓉裳氏輯録、杜綱草亭氏參訂”。牌記題“同治甲子孟春鎸讀我軒藏板”。卷端題“周易揭要”。

卷首有“周易揭要凡例”，署“雲間許寶善識”。

按：此書爲《五經揭要》之零種。

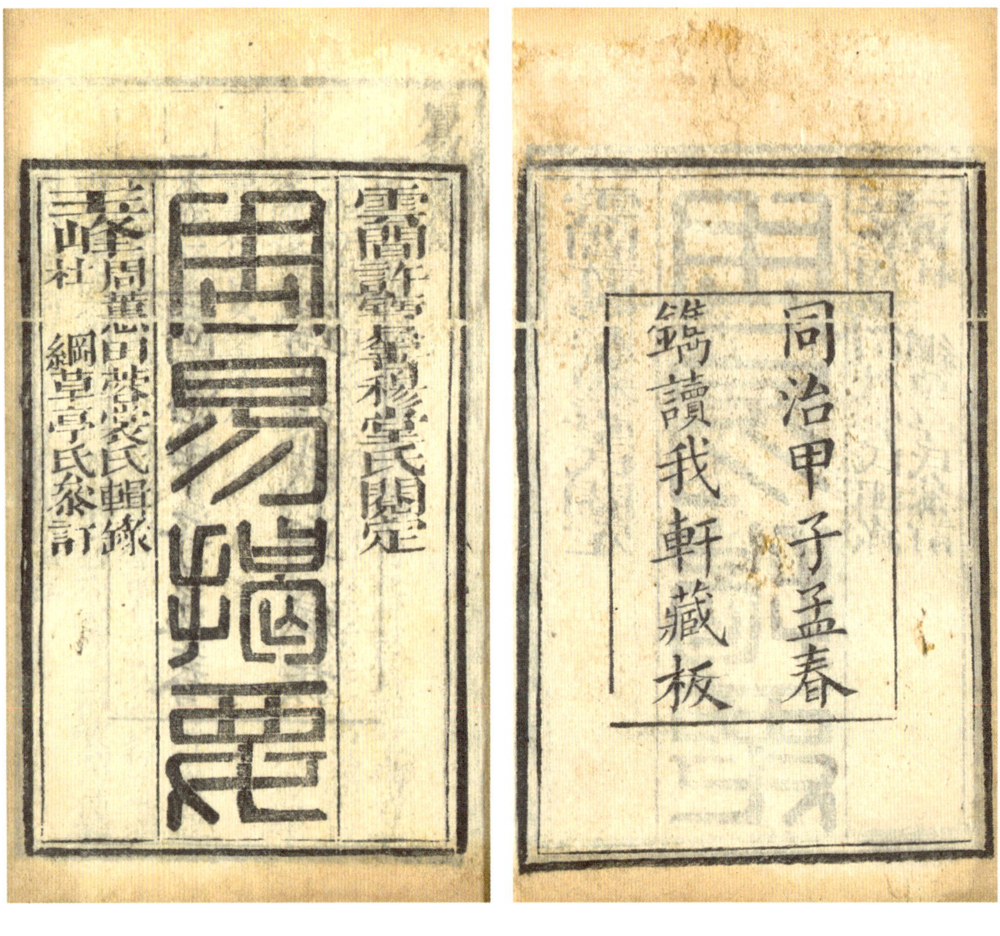

周易揭要卷一

周易上經 本義卦本伏羲所畫有交易變易之義故謂之易辭則文王周公所繫故繫之周

元亨利貞文王所繫之辭以斷一卦之吉凶所謂彖辭也潛龍勿用周公所繫之辭以斷一爻之吉凶所謂爻辭也彖傳象傳孔子所作餘卦放此文言傳孔子申乾坤二卦彖傳象傳未盡之意也

乾下 乾上

乾元亨利貞 本義乾健也陽之性也上下皆乾則陽之純而健之至也元大亨通利宜貞正而固也文王以為乾道大通而至正故於筮得此卦而六爻皆不變者言其占當得大通而必利在正固然後可以保其終也按語類云元亨利貞本意只是大亨利於正孔子作彖傳文言始分四德欲適

御案四字雖只兩意實有四層易有言小亨者有言不可貞者一時之通其亨則小惟有大者存焉而後其

本義六畫皆伏羲所畫之卦也一者奇也陽之數也卜者內卦上者外卦也伏羲仰觀俯察見陰陽有奇耦之數故畫一奇以象陽畫一耦以象陰見一陰一陽有各生一陰一陽之象故自下而上再倍而三以成八卦見陽之性健而其成形之大者為天故三奇之卦名之曰乾而擬之於天也三畫已具八卦已成則又三倍其畫以成六畫而為八卦之上各加八卦以成六十四卦也此卦六畫皆奇故乾之名天之象皆不易焉

程傳元亨利貞謂之四德元者萬物之始亨者萬物之長利者萬物之遂貞者萬物之

002.春秋三傳揭要六卷首一卷 〔清〕周蕙田輯 PL2470.M5

清同治三年（1864）讀我軒刻巾箱本 一册一函

半框高11釐米，寬7釐米，上下兩欄，每半葉上欄18行11字，下欄9行21字，小字雙行同。四周單邊，白口，無魚尾，下欄版心上鐫書名、卷次及小題，下鐫葉碼。

内封題"春秋三傳揭要，雲間許寶善穆堂氏閲定，玉峰周蕙田蓉裳氏輯録、杜綱草亭氏參訂"。牌記題"同治甲子孟春鐫讀我軒藏板"。卷端題"春秋三傳揭要"。

按：此書爲《五經揭要》之零種。

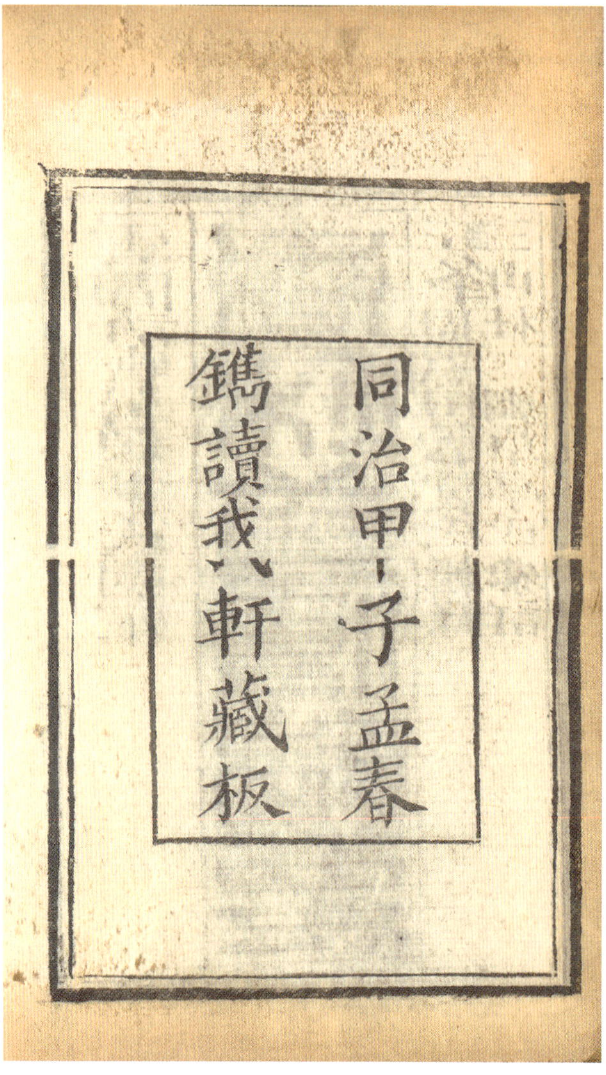

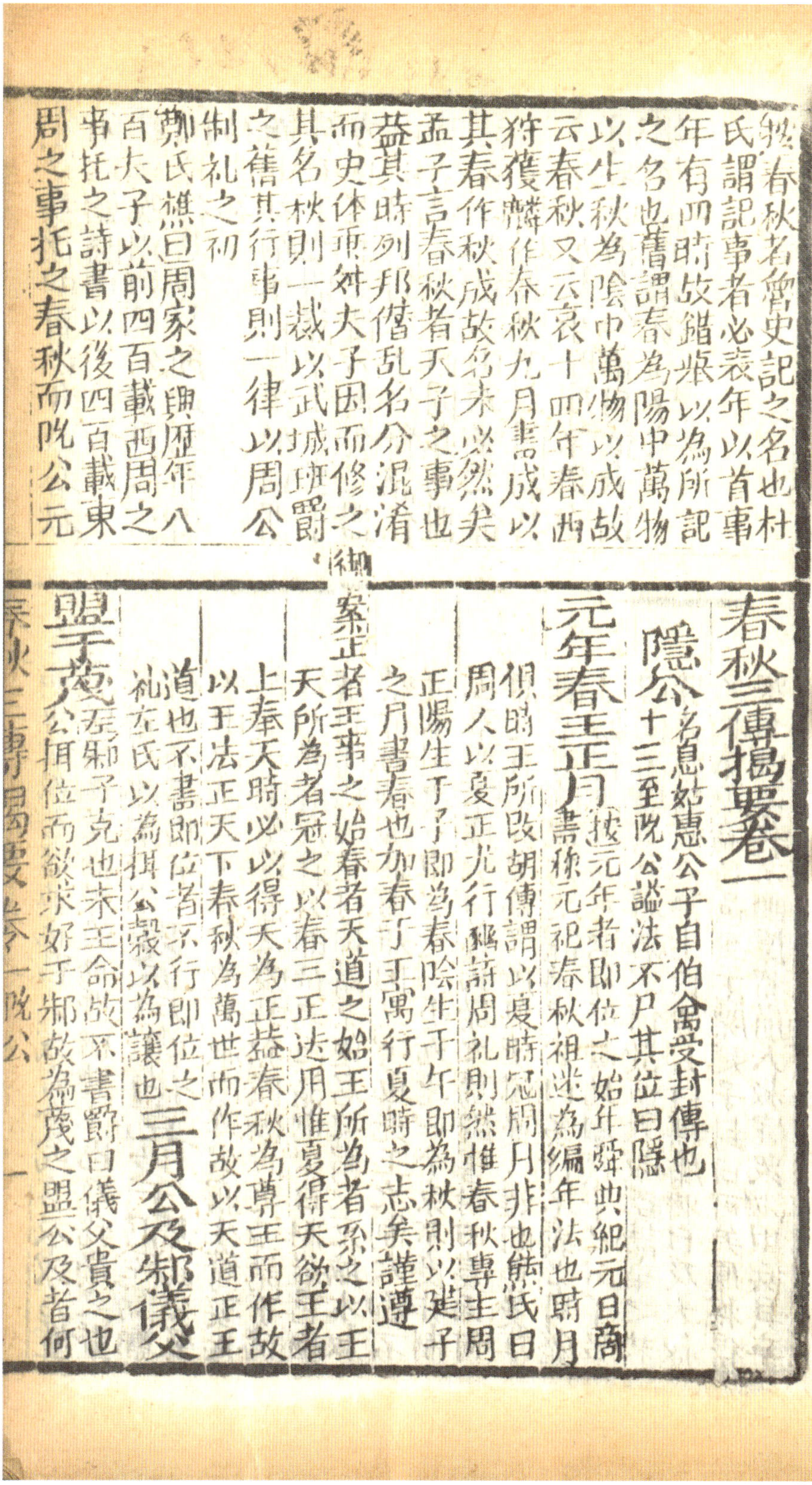

難春秋者魯史記之名也杜氏謂記事者必表年以首事年有四時故錯舉以為所記之名也舊謂春為陽中萬物以生秋為陰中萬物以成故云春秋又云哀十四年春西狩獲麟作春秋九月書成以其春作秋成故名未必然矣孟子言春秋者天子之事也蓋其時列邦僭亂名分混淆而史体亦殊夫子因而修之其名秋則一裁以武城班爵之舊其行事則一律以周公制礼之初

鄭氏樵曰周家之興歷年八百夫子以前四百載西周之事托之詩書以後四百載東周之事托之春秋而隱公元

春秋三傳撮要卷一

隱公

名息姑惠公子自伯禽受封傳也十三至隱公謚法不尸其位曰隱

元年春王正月 按元年者即位之始年舜典紀元日商書稱元祀春秋祖述為編年法也時月俱時王所改胡傳謂以夏時冠周月非也熊氏曰周人以夏正允行豳詩周礼則然惟春秋專主周正陽生于子即為春陰生于午即為秋則以建子之月書春也加春于王寓行夏時之志矣謹遵

御案正者王事之始春者天道之始王所為者系之以王天所為者冠之以春三正迭用惟夏得天欲王者上奉天時必以得天為正蓋春秋為尊王而作故以王法正天下春秋為萬世而作故以天道正王道也不書即位者不行即位之礼左氏以為攝公穀以為讓也

三月公及邾儀父盟于蔑 左邾子克也未王命故不書爵曰儀父貴之也公攝位而欲求好于邾故為蔑之盟公及者何

春秋三傳撮要卷一隱公 一

003.字學七種二卷　〔清〕李祕園撰　〔清〕張邦泰校刊　PL1291.L53

清光緒十三年(1887)上海大同書局石印本　原二册重裝爲一册

内封題“字學七種,光緒丙戌松竹齋校刊,張祖翼署”。牌記題“光緒丁亥季夏月上海大同書局石印”。卷端題“字學七種,江都李祕園先生原本,泰和張邦泰浦雲校刊”。

鈐印:“雲生”。

子目:

分毫字辨

同音異字

誤讀諸字

異音駢字

誤寫諸字

通用諸字

一字數音

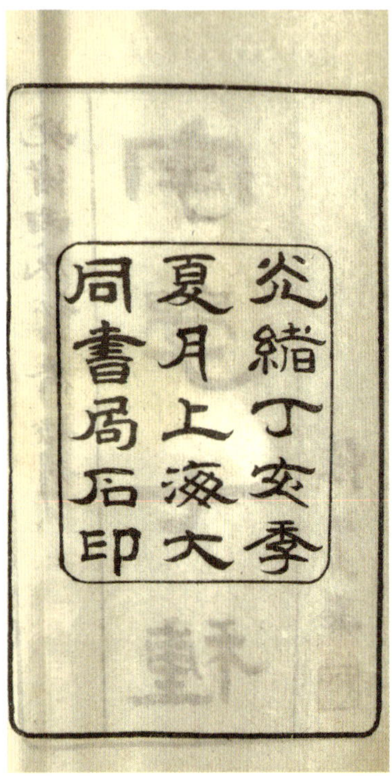

字學七種卷上

江都李祕園先生原本

泰和　張邦泰浦雲校刊

分毫字辨

字畫之辨在毫釐閒少不詳認謬以千里因首揭點
畫僅似者比體並列彼此相形俾奮藻之士一目了

分毫字辨　一　譚宗浚書

004.康熙字典十二集附備考一卷補遺一卷 〔清〕張玉書等纂修 PL1420.K32

清康熙五十五年（1716）刻本 四十册七函

半框高19.4釐米，寬13.8釐米，每半葉8行16字，小字雙行24字。四周雙邊，白口，單黑魚尾，版心上鎸書名，中鎸卷次、部名，下鎸葉碼。

目録端題“康熙字典”。

卷首有“御製康熙字典序”，署“康熙五十五年閏三月十九日”。

鈐印：“讀易草堂”“臣金棰印”“錢唐金氏家藏”。

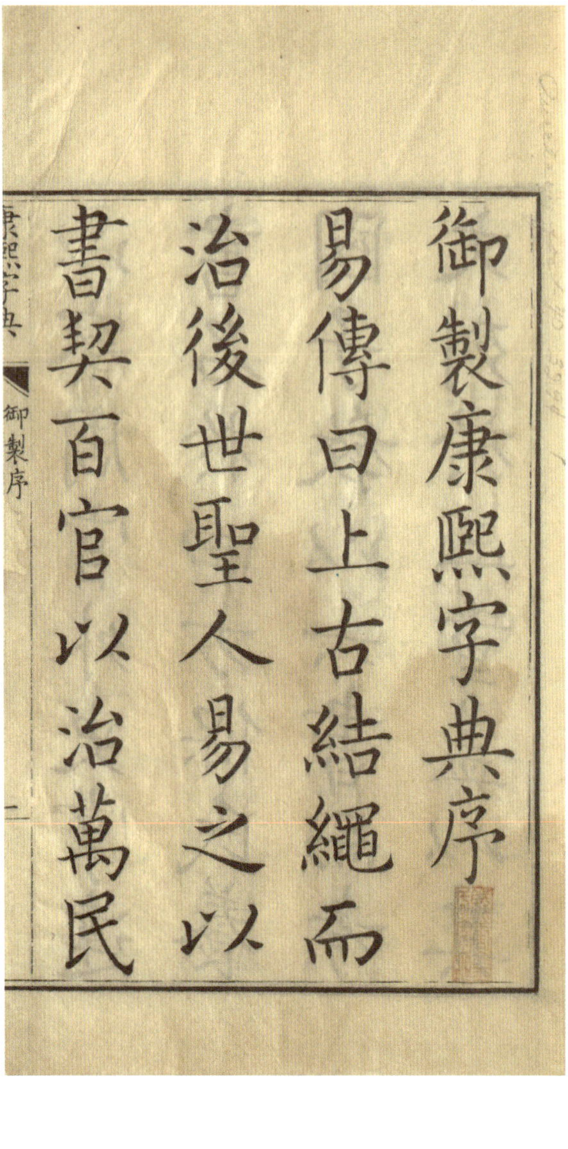

御製康熙字典序
易傳曰上古結繩而
治後世聖人易之以
書契百官以治萬民

康熙字典 御製序 一

康熙字典總目

子集上　一畫　二畫

一部

丨部

丶部

丿部

乙部

亅部

史部

005.歷代帝王年號録不分卷 〔清〕徐滙公學編纂

清宣統二年(1910)上海土山灣慈母堂鉛印本 一册

内封題"歷代帝王年號簡明表,宣統二年歲次庚戌,附年號檢字表、歷代興亡表"。牌記題"歷代帝王年號録,宣統二年夏日,徐滙公學編纂,上海土山灣慈母堂印行"。

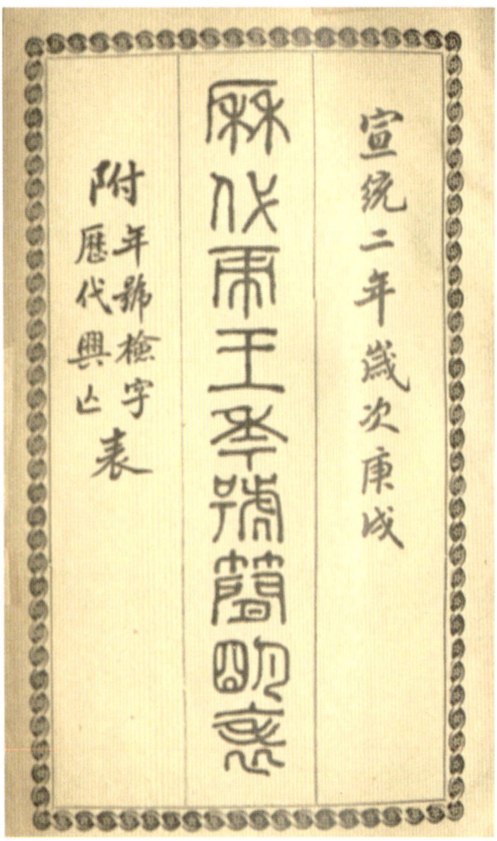
宣統二年歲次庚戌
歷代帝王年號簡明表
附年號檢字表
歷代興亡表

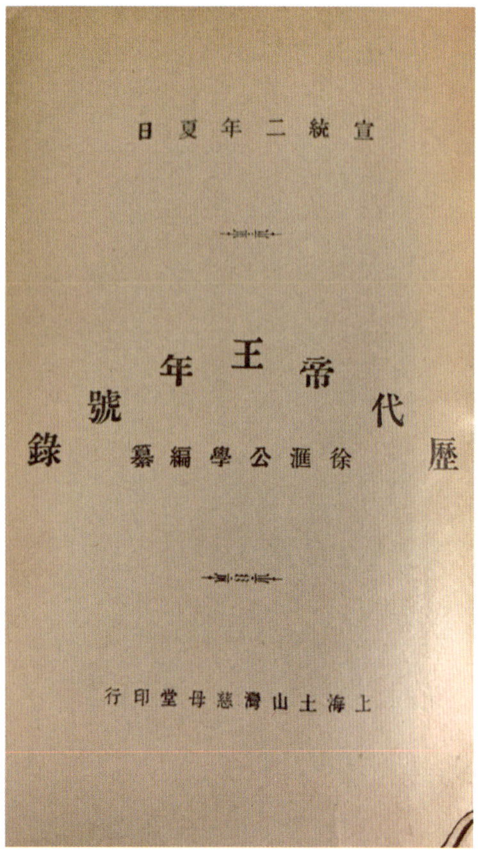
宣統二年夏日
歷代帝王年號錄
徐滙公學編纂
上海土山灣慈母堂印行

歷代帝王年號表

序

學堂注重歷史、俾知歷代興亡原因、甚要事焉、顧中國歷代帝王年號、紛如亂絲、初學者不易記、記亦不能盡、本公學憾焉、李氏五種歷代紀元編、有裨於學者不淺、但目今學堂講解歷史、不限於中國歷史、尤必兼攷西洋歷史、李氏紀元編、祇記中國帝王年號、於陽歷紀年未及備載、南沙張君璜、爰有歐亞紀元表之作、原原本本、早爲學子歡迎、然卷帙稍繁、檢閱需時、是表循張君範圍、分編歷代帝王年號表、後附年號檢字歷代興亡各表、繁者簡之、一索便得、或於學者研究歷史、不無小補云爾、

宣統二年夏日　徐滙公學編

006.大文堂綱鑑易知録一百七卷 〔清〕周之炯、吴乘權、周之燦輯

清乾隆五十年(1785)大文堂刻本　四十八册八函

半框高19.8釐米，寬13.2釐米，無界欄，上下兩欄，上欄爲注解，下欄每半葉9行20字，小字雙行同。四周單邊，白口，單黑魚尾，下欄版心上鎸書名，中鎸卷次、篇名，下鎸葉碼。

内封題"綱鑑易知録，吴大中丞鑑定，山陰周静專、吴楚材、周星若同輯，大文堂藏板"。卷端題"大文堂綱鑑易知録，山陰周之炯静專、吴乘權楚材、周之燦星若同輯"。

卷首有序，署"康熙五十年秋七月十五日山陰吴乘權楚材題於尺木堂"。

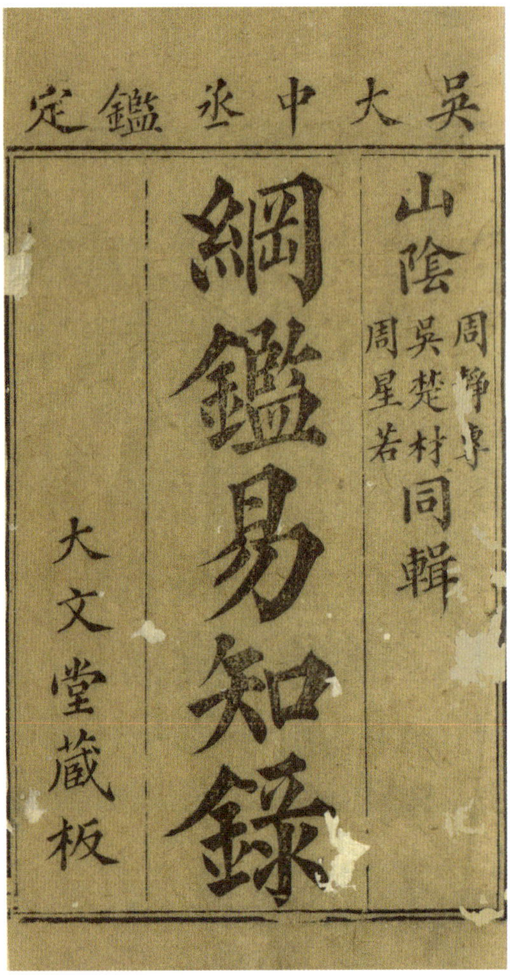

大文堂綱鑑易知錄卷之一

周之炯靜專
山陰吳乘權楚材 同輯
周之燦星若

通鑑前編定本

三皇紀

雙湖胡氏曰。三皇之號。昉於周禮。外史掌三皇五帝之書。而不指其名。其次則見於秦博士有天皇地皇人皇之議。秦去古未遠。意者三皇之稱。此或庶幾焉。漢孔安國書序。乃始以伏羲神農黃帝爲三皇。少昊顓頊高辛堯舜爲五帝。不知果何所本。蓋孔子於家語。自伏羲以下。皆稱曰帝。易大傳。春秋内外傳。有黃帝炎帝之稱。呂氏月令。雖不可爲據。然有曰帝太昊帝少帝帝

007.御撰資治通鑑綱目三編二十卷 〔清〕張廷玉等奉敕撰 DS753.Y8 v.1-4

清乾隆十一年（1746）刻本 四册一函

半框高20.3釐米，寬13.6釐米，每半葉11行22字，小字雙行同。四周單邊，白口，單黑魚尾，版心上鎸書名、卷次，中鎸年代，下鎸葉碼。

内封題“御撰資治通鑑明紀綱目”。卷端題“御撰資治通鑑綱目三編”。

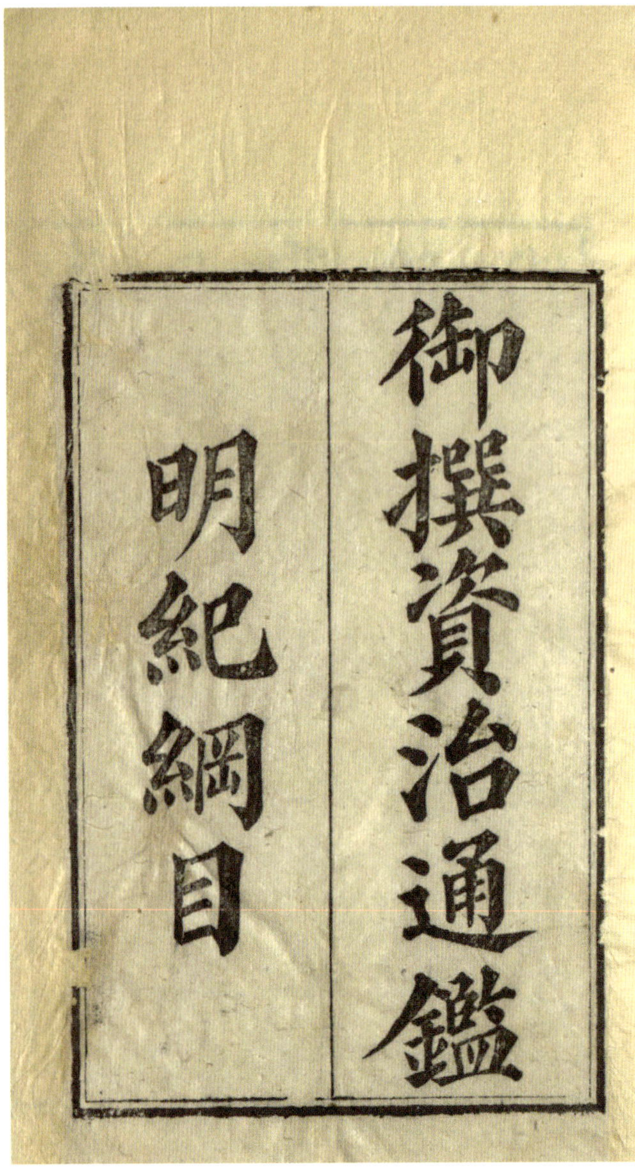

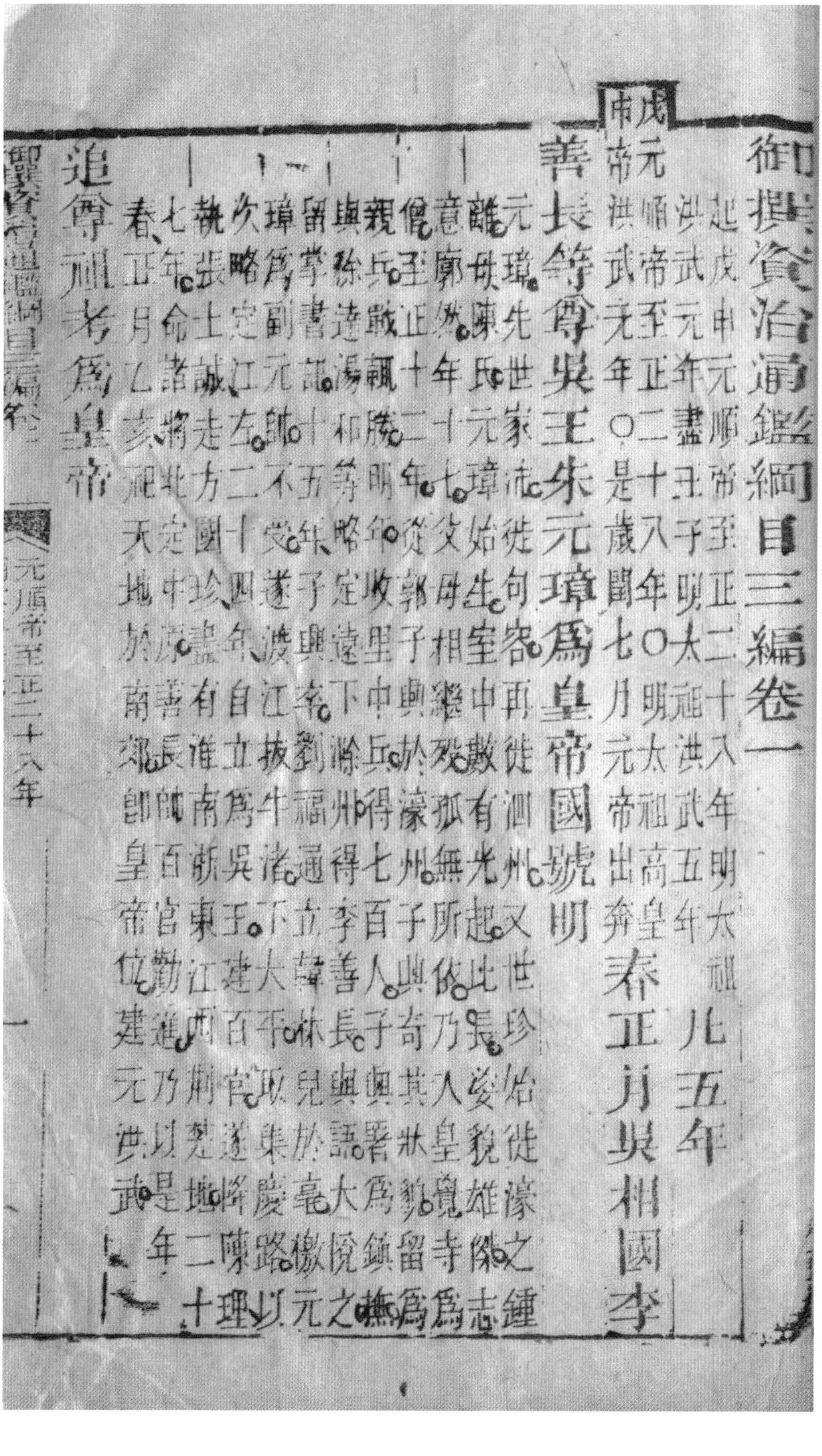

御撰資治通鑑綱目三編卷一

起戊申元順帝至正二十八年明太祖洪武元年盡壬子明太祖洪武五年凡五年

戊申 元順帝至正二十八年○明太祖高皇帝洪武元年○是歲閏七月元帝出奔

春正月吳相國李善長等尊吳王朱元璋為皇帝國號明

元璋先世家沛徙句容再徙泗州父世珍始徙濠之鍾離母陳氏元璋始生室中數有光起比長姿貌雄傑志意廓然年十七父母相繼殁孤無所依乃入皇覺寺為僧至正十二年從郭子興於濠州子興奇其狀貌留為親兵戰輒勝明年收里中兵得七百人子興署為鎮撫與徐達湯和等略定遠下滁州得李善長與語大悅之留掌書記十五年子興卒劉福通立韓林兒於亳檄元璋為副元帥不受遂渡江拔牛渚下太平取集慶路以次略定江左二十四年自立為吳王建百官遂降陳理執張士誠走方國珍盡有淮南浙東江西荊楚地二十七年命諸將北定中原善長帥百官勸進乃以是年春正月乙亥祀天地於南郊即皇帝位建元洪武

追尊祖考為皇帝

御撰資治通鑑綱目三編卷一 元順帝至正二十八年 一

008.韻史二卷 〔清〕許遯翁撰

清咸豐十一年（1861）雙門底啓智書局刻本　原二册重裝爲一册

半框高13.7釐米，寬8.7釐米，每半葉8行20字，小字雙行同。四周雙邊，白口，單黑魚尾，版心上鐫書名，中鐫卷次、小題，下鐫葉碼。

内封題“韻史，雙門底啓智書局藏板”。卷端題“韻史，靈泉遯翁高陽氏著，開原繼芳香庭校”。

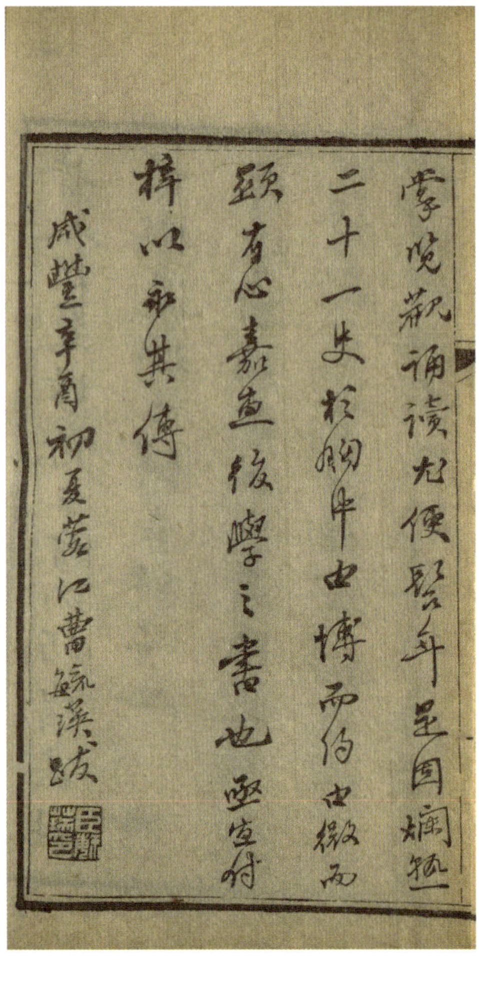

韻史上卷

靈泉遯翁高陽氏著　開原繼　芳香庭校

上古

民之初生混然元氣夢夢蚩蚩人物無異穴居野處木食草衣未有宮室衣裳爰始盤古太古王天下之號開天闢地相繼御世三皇五帝三皇天皇地皇人皇五帝伏羲神農黃帝堯舜飲食男女教之禮義宮室衣裳萬民以利伏羲太昊伏羲名太昊氏生而神靈觀圖畫卦以類物情觀河圖之數以畫八卦察陰陽之理以知物情

009.劉襄勤史傳稿不分卷　〔清〕何維樸録　

清宣統二年（1910）石印本　一册

卷端題“劉襄勤史傳稿”。

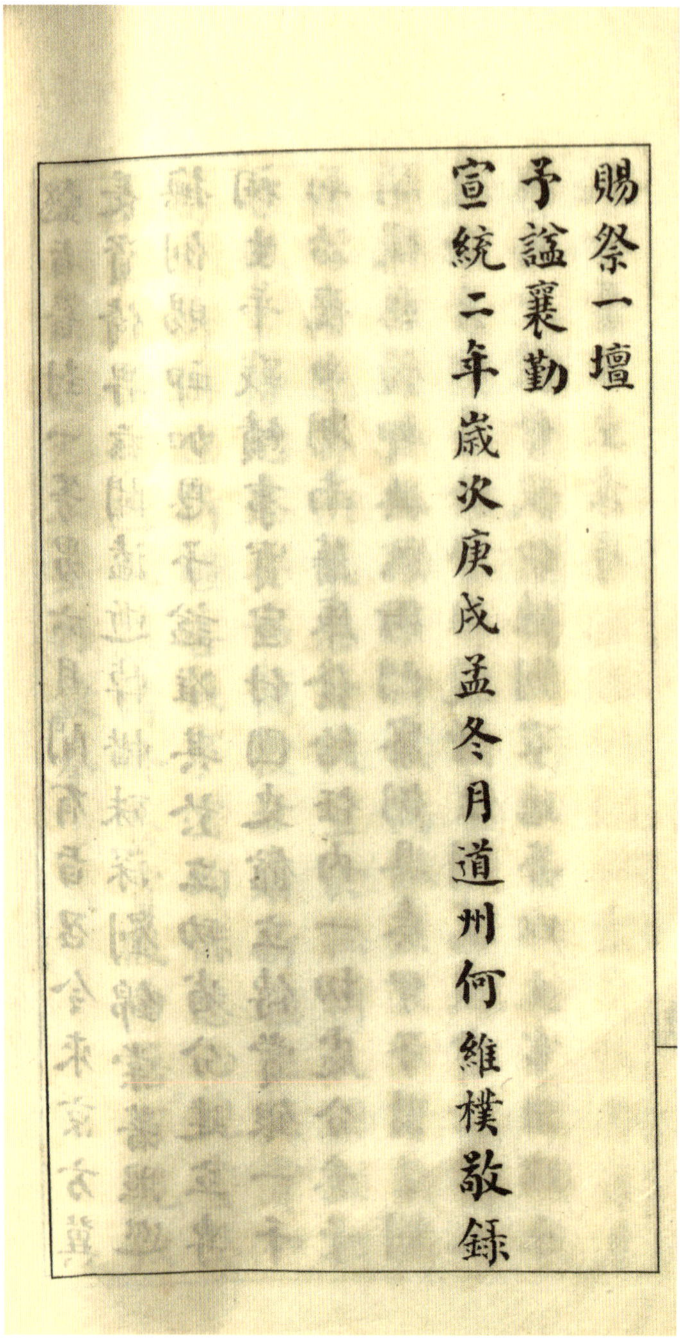

賜祭一壇
予謚襄勤
宣統二年歲次庚戌孟冬月道州何維樸敬錄

劉襄勤史傳稿

劉錦棠字毅齋湖南湘鄉人曾祖秉權祖忠馥父厚榮先世世農厚榮及其弟松山起田閒從軍錦棠狀有異表鼎角匿犀咸豐四年粵賊竄岳州厚榮逐賊陣陷歿錦棠年九歲聞父喪輒願一得當以滅賊報其父仇然性至孝家貧依其祖母陳以居不忍遽去好言兵然不肎竟讀孫吳諸書年十五從叔父松山江西行營優游幕帳參畫方略輒得其機要松山於諸將少許

010.浮山志五卷　〔清〕陳銘珪輯　PL2455.F8 v.1-5

清光緒七年（1881）荔莊刻本　五册一函

半框高16釐米，寬12釐米，每半葉11行22字，小字雙行同。左右雙邊，黑口，無魚尾，版心中鎸卷次、葉碼。

内封題“浮山志五卷”。牌記題“荔莊藏板”。卷端題“浮山志，酥醪洞主録”。

卷首有序，署“光緒辛巳中秋節酥醪洞主序”。卷末題“順德梁裕簡校刊”。

按：一説此書成稿於光緒七年，然並未刊行。後收入民國年間陳伯陶輯刻之《聚德堂叢書》，爲第八種。叢書前有總題名、總目録，並題有“本堂藏板”，有1929年陳伯陶序，1930年陳聚德堂公啓。公啓云已刻成十二種共五十七卷，書板暫存廣州市九曜坊翰元樓本堂，可自備印費刷印全書或單種。故現存者有叢書本，亦有單行本。

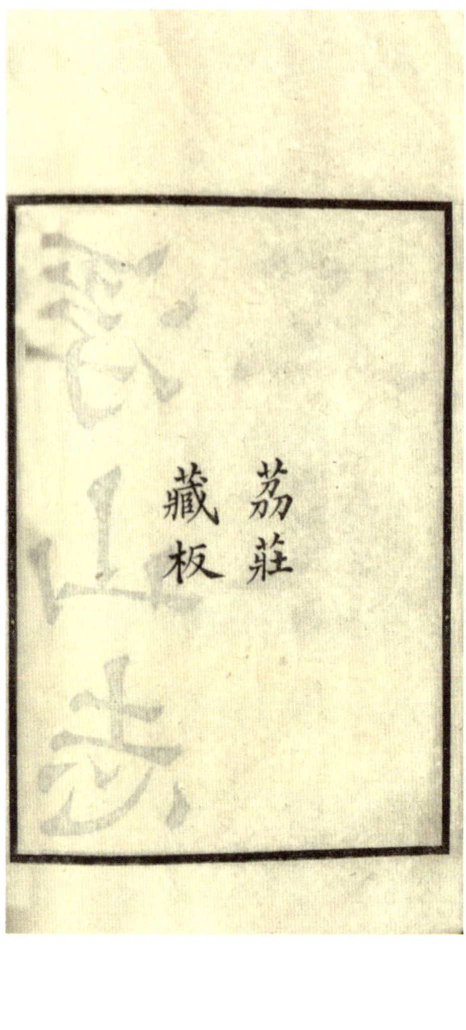

浮山志卷一　　　酥醪洞主錄

浮山小志　香山黃培芳香石著

浮山小志何爲而作也曰闡幽也羅浮之山峯巒澗谷以千百計浮尤深邃足跡弗能徧不盡可志前志旣詳可不復志專志浮山尤詳酥醪一洞不啻什一之於千百不已小乎然則何以遺大言天下之至賾而不可惡也山川情狀譬圖經之筆莫能窮其變探賾索隱擬諸形容其稱名小其取類也大矣若夫包羅綜貫大而能博者其惟先文裕公之羅浮志乎以大賅小卽小見大其義一也余兩遊浮山皆主酥醪道院與江瀛濤外史善瀛濤亟以闡幽屬余於是搜剔巖谷務窮幽深遊屐

子部

011.二程全書六十四卷附三卷　〔宋〕程顥、程頤撰　〔宋〕朱熹編

清康熙間寶誥堂刻本　原十四册重裝爲四册

半框高17.8釐米，寬14釐米，每半葉12行22字。左右雙邊，黑口，雙黑花魚尾，版心中鎸書名、卷次，下鎸葉碼。

内封題“二程全書，御兒吕氏寶誥堂刻”。目録端題“河南二程全書”。

鈐印：“撫已愧前賢”“倪坤私印”“敬輿”“一字厚父”。

子目：

遺書二十五卷附録一卷

外書十二卷

明道先生文集五卷

伊川先生文集八卷附録二卷

周易傳四卷

經説八卷

粹言二卷

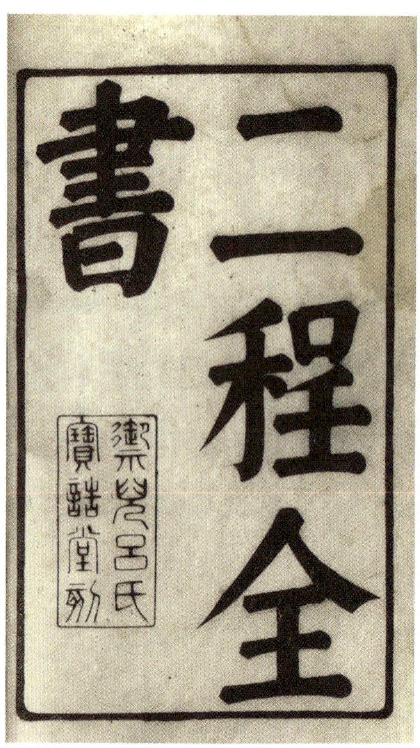

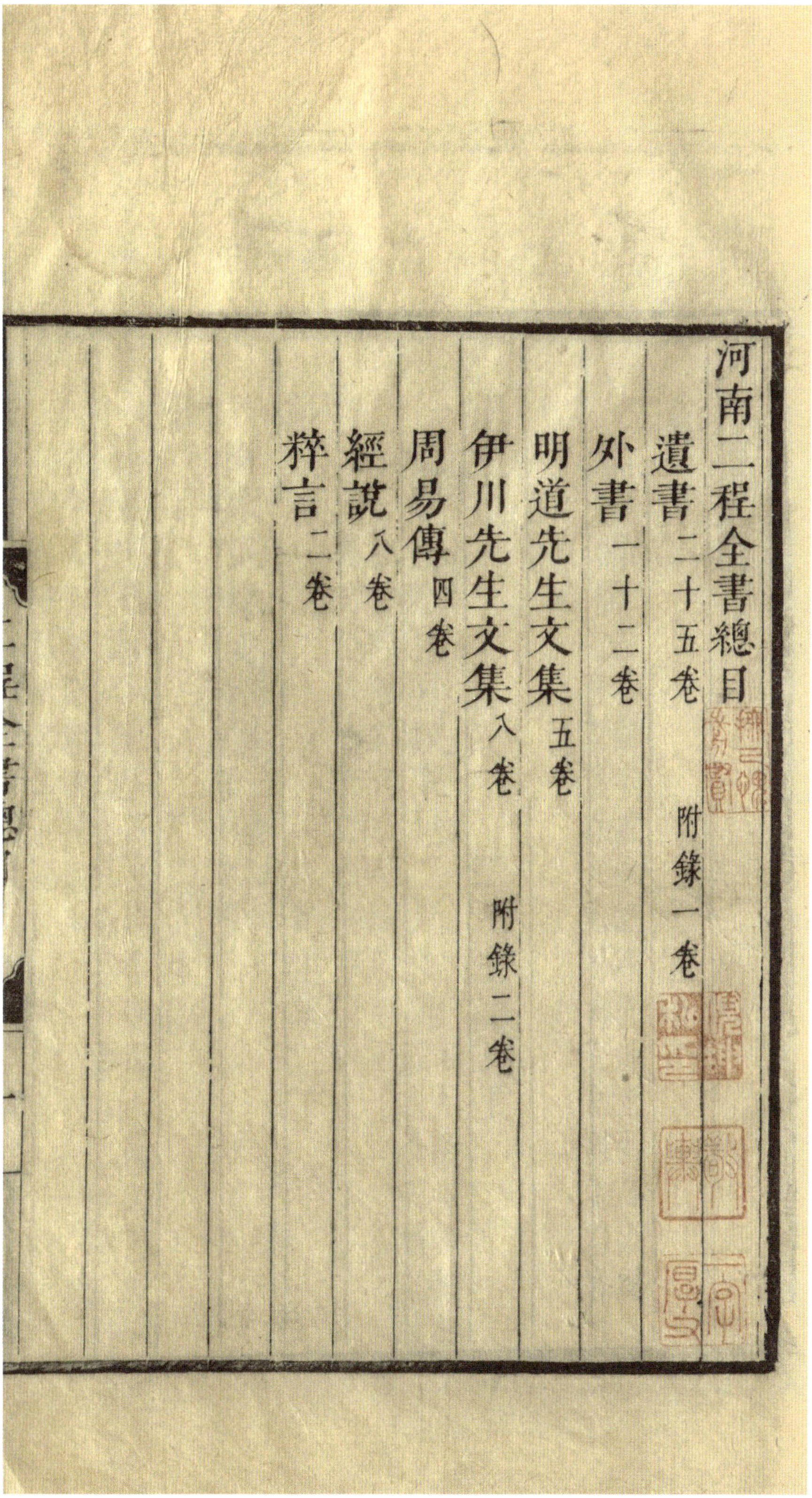

河南二程全書總目

遺書二十五卷　附錄一卷

外書一十二卷

明道先生文集五卷

伊川先生文集八卷　附錄二卷

周易傳四卷

經說八卷

粹言二卷

012.九進十連環三才克敵陣圖式 不題撰者 U43.C6 J58

清彩色手繪本 一册

每葉高52釐米，寬26釐米，無界欄。

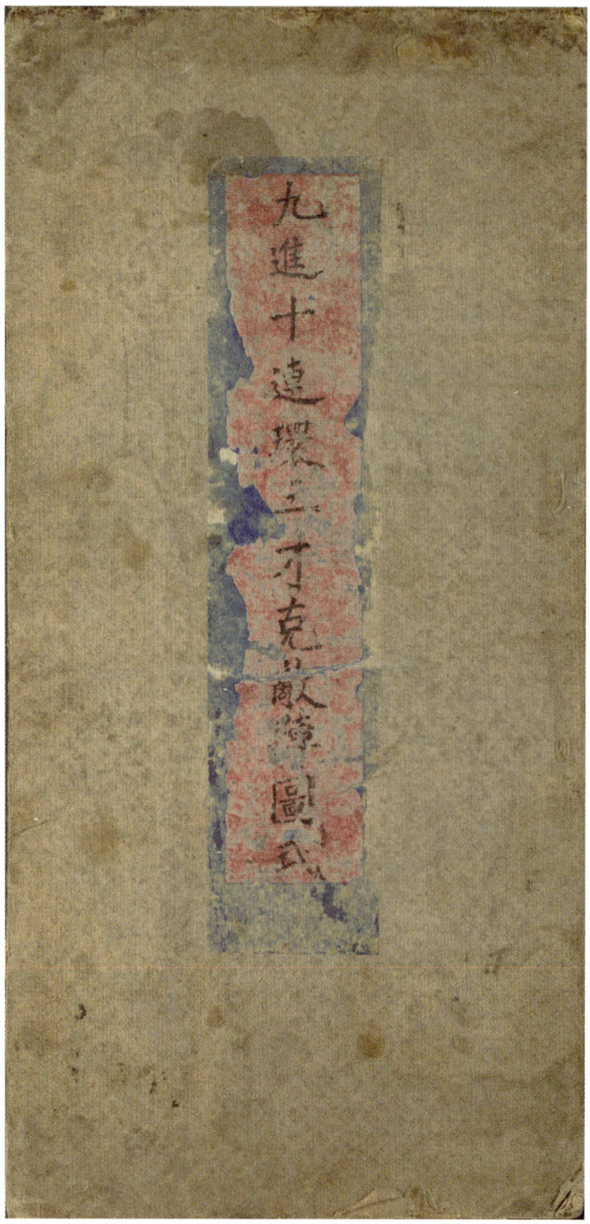

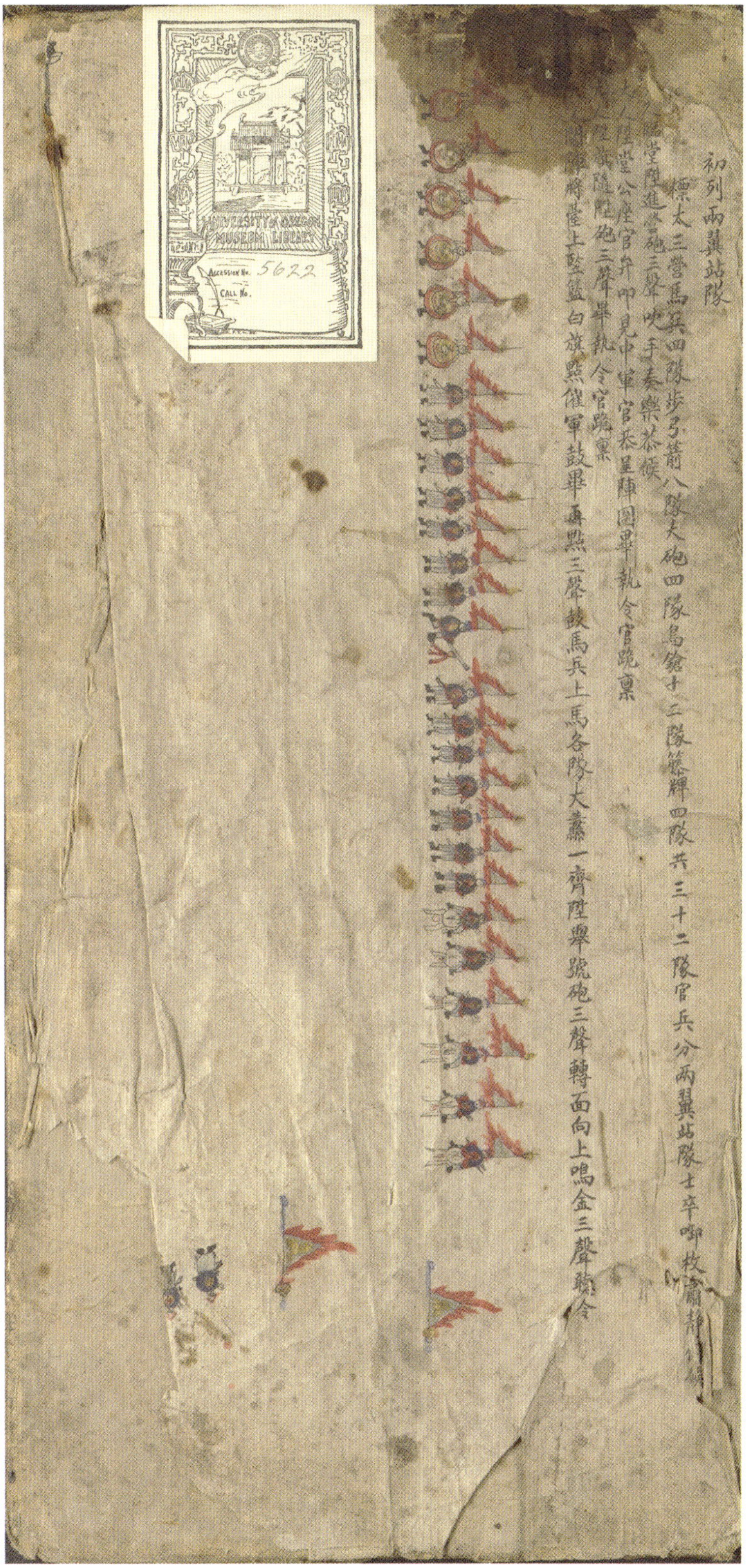

初列兩翼站隊
標太三營馬兵四隊步弓箭八隊大砲四隊鳥鎗十二隊籐牌四隊共三十二隊官兵分兩翼站隊士卒啣枚肅靜
大臨堂陞進營砲三聲吹手奏樂恭候
大人陞堂公座官弁叩見中軍官恭呈陣圖畢執令官跪稟
大人陞旗隨陞砲三聲畢執令官跪稟
閱陣將臺上竪藍白旗點催軍鼓畢再點三聲鼓馬兵上馬各隊大纛一齊陞舉號砲三聲轉面向上鳴金三聲聽令

013.御題棉華圖不分卷　〔清〕方觀承編　

清乾隆三十年(1765)藍拓本　一册

半框高23.5釐米,寬25.5釐米。

卷末牌記依次題"御題棉華圖,布種、灌溉、耘畦、摘尖、采棉、揀曬、收販、軋核","御題棉華圖,彈華、拘節、紡綫、挽經、布漿、上機、織布、練染"。

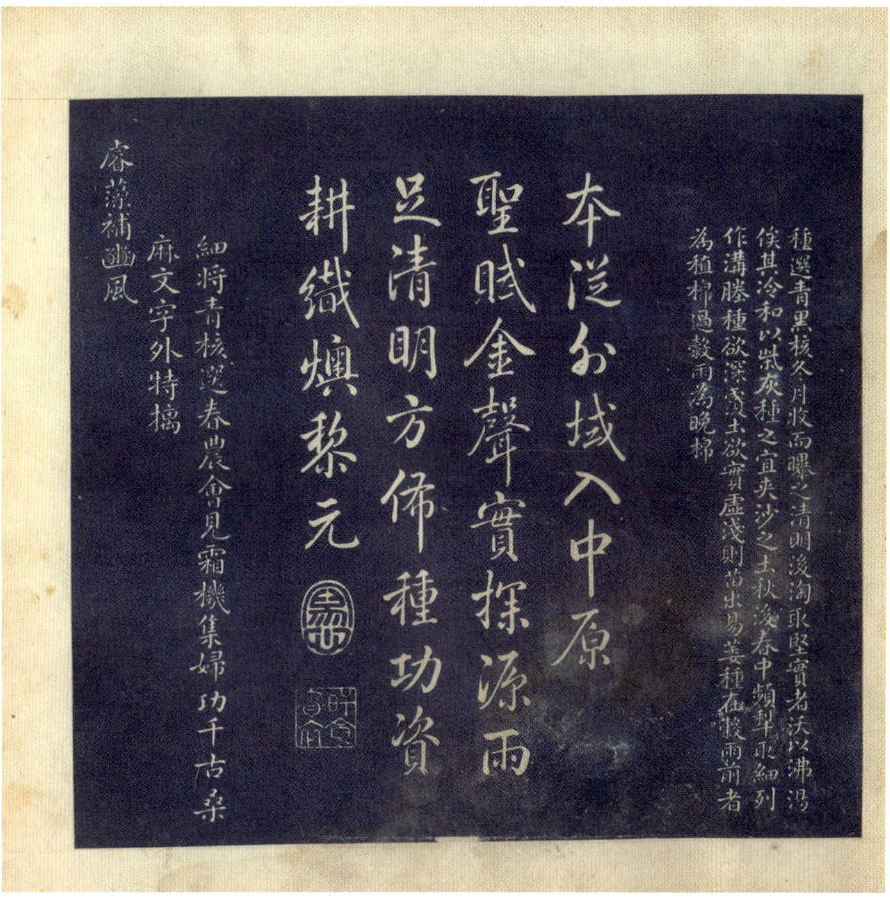
種選青黑核冬月收而曝之清明後淘取堅實者沃以沸湯
俟其冷和以柴灰種之宜夾沙之土秋後春中頻犁取細列
作溝塍種欲深覆土欲實虛淺則苗出易萎種在穀雨前者
為稙棉過穀雨為晚棉
本從外域入中原
聖賦金聲實探源
豆清明方佈種功資
耕織慎黎元
細將青核選春農會見霜機集婦功千古桑
麻文字外特摛
睿藻補豳風

014.格言聯璧上下二卷 〔清〕金纓輯

清宣統三年（1911）學院前合璧齋刻本 一册

半框高13.6釐米，寬9.8釐米，每半葉9行21字，小字雙行同。四周單邊，白口，單黑魚尾，版心上鎸書名，中鎸篇名，下鎸葉碼。

内封題“格言聯璧，光緒戊子年重鎸，板藏粵東省城學院前守經齋”。卷端題“格言聯璧，山陰金纓蘭生輯”。

卷末題“宣統三年辛亥季秋月，學院前合璧齋藏板”。

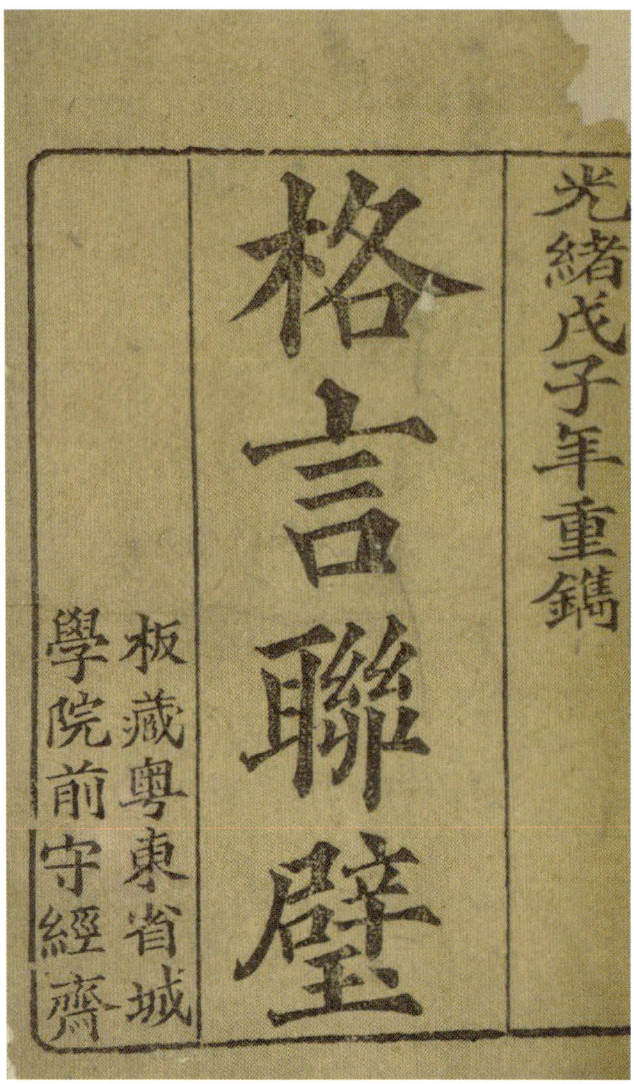

學問類

山陰金纓蘭生輯

古今來許多世家，無非積德；天地間第一人品，還是讀書。傳家久遠，總不外讀書積德四字。若紛紛勢利，真如風花過眼，須臾變滅。古聯云：樹德承鴻業，傳經裕燕詒。又云：樹德箕裘惟孝友，傳家彝鼎在詩書。又云：天庥滋至惟為善，祖澤長延在讀書。又云：欲高門第須為善，要好兒孫必讀書。又云：立品定須成白璧，讀書何止到青雲。皆格言也。

讀書即未成名，究竟人高品雅；修德不期獲報，自然夢穩心安。不因果報方脩德，豈為功名始讀書。

為善最樂。茅鹿門云：人生在世，多行救濟事，則彼之感戴中懷，傾倒浸人肝脾，何幸而得人必如此哉！此事之最樂而莫可加者也。若徒求諸綺席之豐、堂構之美，潤屋潤身，相去殆有

015.芥子園畫傳初集五卷　〔清〕王槩等輯　〔清〕李漁論定

清康熙十八年（1679）刻本　金鑲玉裝五册一函

半框高22釐米，寬15釐米，每半葉8行20字。四周單邊，白口，單黑魚尾，版心上鎸書名，中鎸卷次，下鎸葉碼。卷五插圖多爲彩色，其他卷爲黑白。

内封題“芥子園畫傳，李笠翁先生論定，綉水王安節摹古，本衙藏板”。目録端題“芥子園畫傳”。

鈐印：“天生我才必有用”“日須三省”“清白吏子孫”“不厭求詳”“李漁之印”“湖上笠翁氏”。

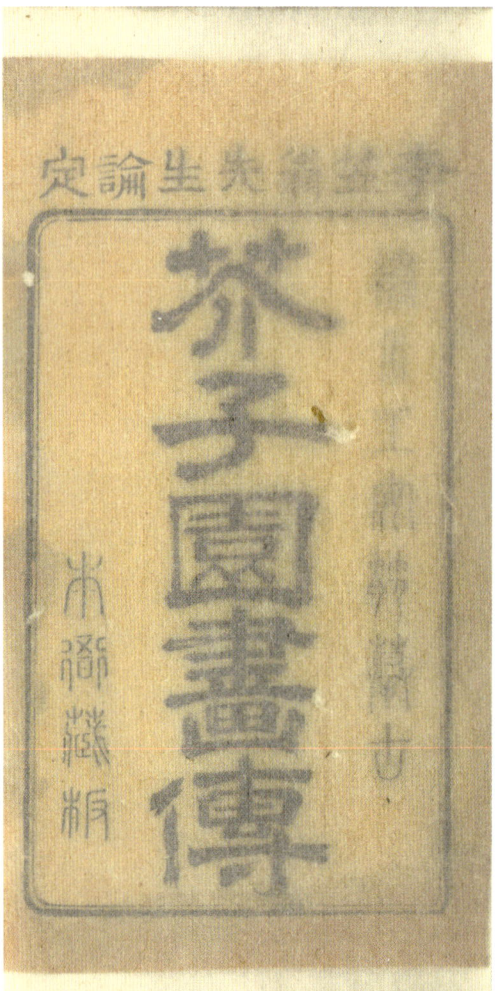

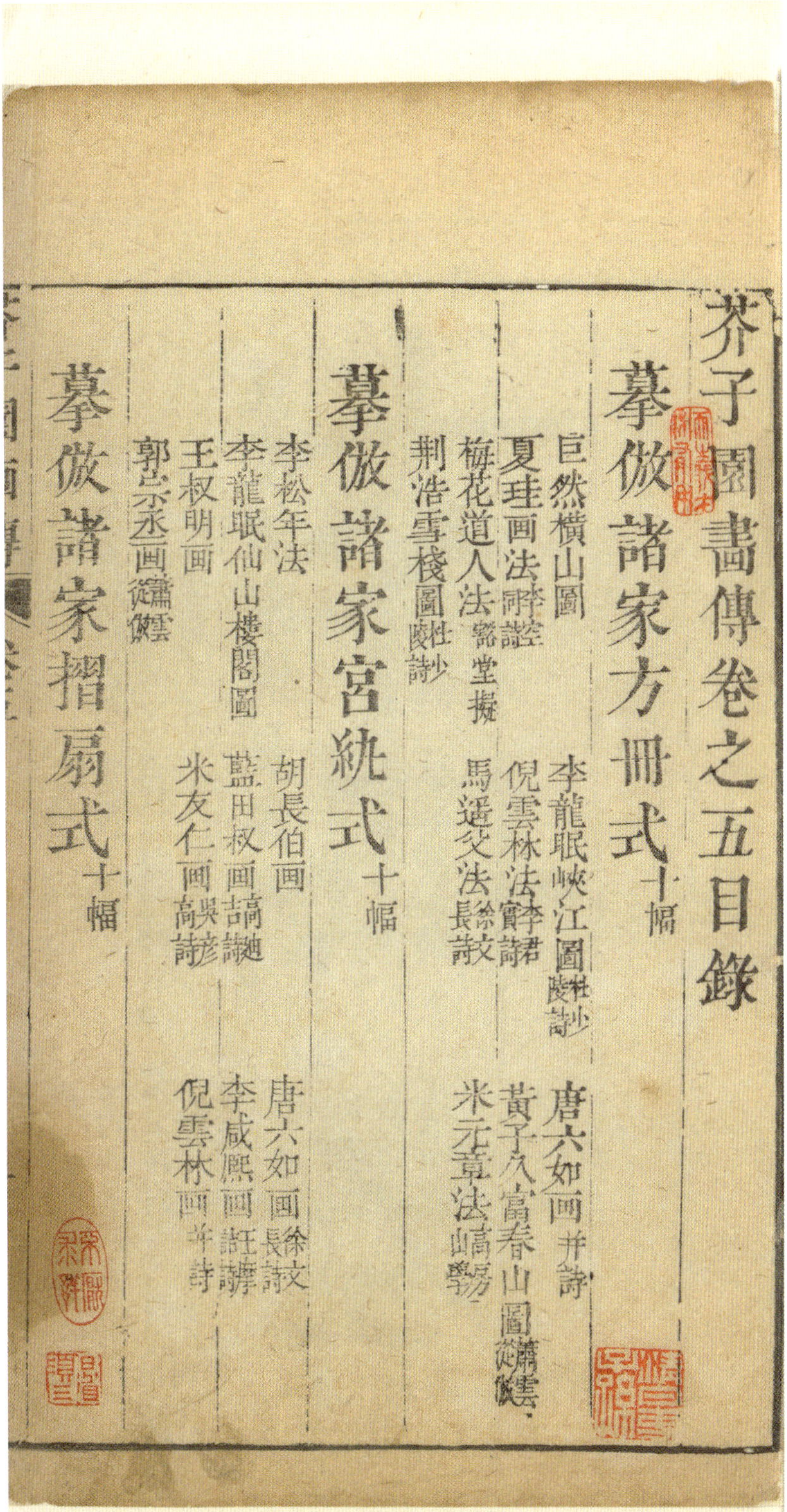

芥子園畫傳卷之五目錄

摹倣諸家方册式 十幅

巨然横山圖　李龍眠峽江圖 杜少陵詩　唐六如画并詩

夏珪画法 李空同詩　倪雲林法 李君實詩　黄子久富春山圖 蕭雲從傚

梅花道人法 谿堂擬　馬遥父法 徐文長詩　米元章法 高房山學

荆浩雪棧圖 杜少陵詩

摹倣諸家宮紈式 十幅

李松年法　胡長伯画　唐六如画 徐文長詩

李龍眠仙山樓閣圖　藍田叔画 高適古詩　李咸熙画 王摩詰詩

王叔明画　米友仁画 吳彥高詩　倪雲林画并詩

郭宗丞画 蕭雲從傚

摹倣諸家摺扇式 十幅

016.芥子園畫傳三集二卷　〔清〕王槩等輯　

清康熙四十年（1701）金陵芥子園刻本　金鑲玉裝二册

半框高22釐米，寬15釐米，每半葉9行20字。四周單邊，書耳鐫章節名，版心下鐫葉碼。

内封題“畫傳三集，宇内諸名家合訂，綉水王宓草、王安節、王司直摹古，草蟲華卉譜、翎毛華卉譜，金陵芥子園重鐫”。

目録端題“畫傳三集”。

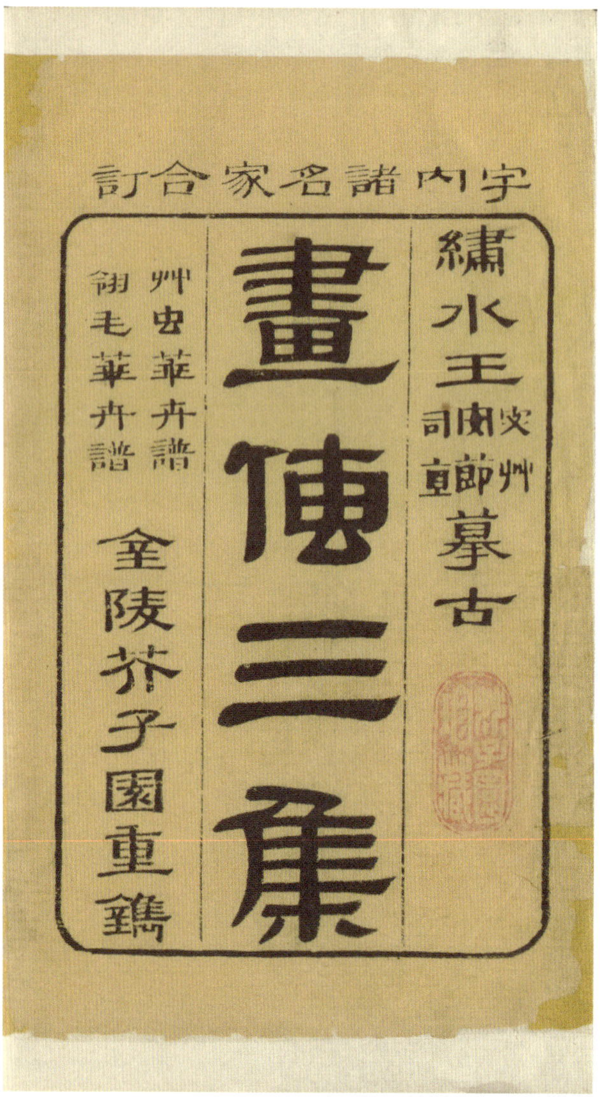

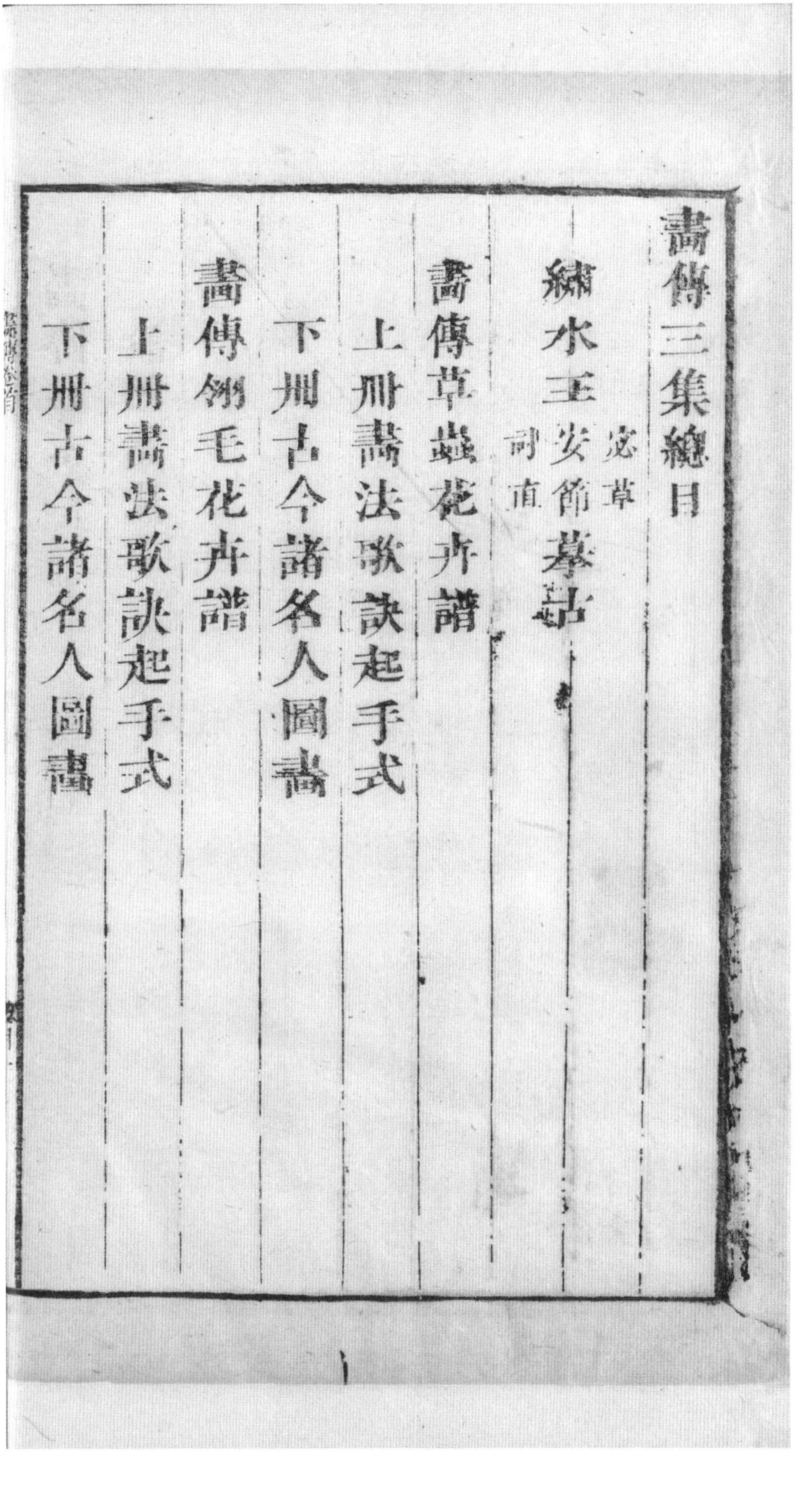

畫傳三集總目

綉水王安節宓草司直摹古

畫傳草蟲花卉譜

上冊畫法歌訣起手式

下冊古今諸名人圖畫

畫傳翎毛花卉譜

上冊畫法歌訣起手式

下冊古今諸名人圖畫

017.芥子園畫傳四集四卷　〔清〕丁臯等輯　

清嘉慶二十三年（1818）小西山房刻本　四册一函

半框高21釐米，寬14.7釐米，無界欄，每半葉10行21字。四周單邊，白口，單黑魚尾，版心上鎸“畫傳四集”，中鎸篇名、葉碼，下鎸“芥子園”。

内封題“芥子園畫傳四集，寫真秘傳、仙佛圖、賢后圖、美人圖，附圖章會纂，小西山房藏板”。

卷首有序，署“大清嘉慶廿三年春二月既望大雷居士倪模題”。

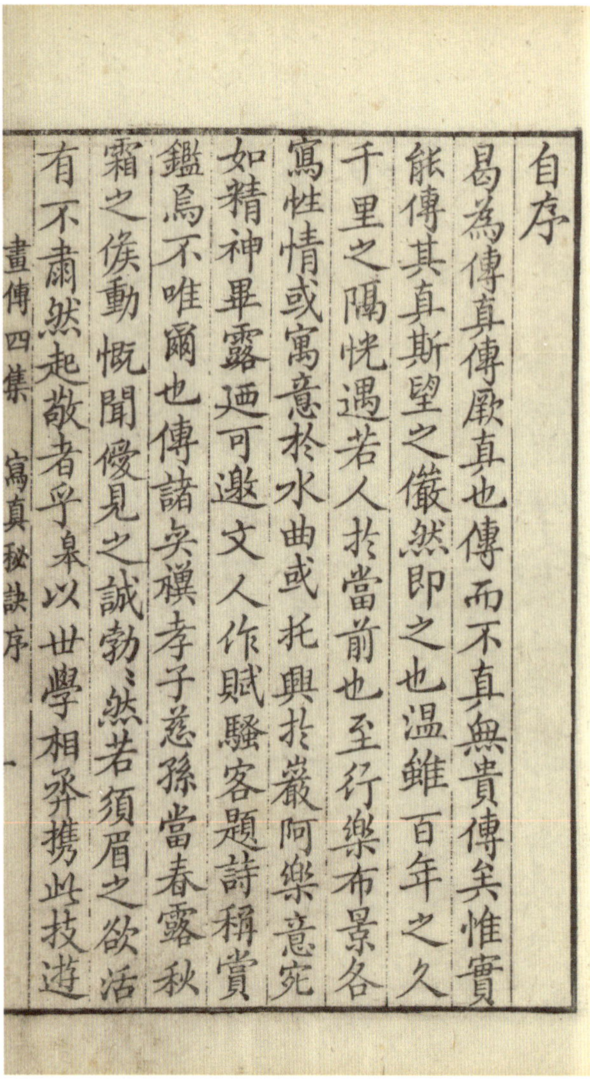

自序

曷爲傳真傳厥真也傳而不真無貴傳矣惟實
能傳其真斯望之儼然即之也温雖百年之久
千里之隔怳遇若人於當前也至行樂布景各
寫性情或寓意於水曲或托興於巖阿樂意宛
如精神畢露迺可邀文人作賦騷客題詩稱賞
鑑爲不唯爾也傳諸奕禩孝子慈孫當春露秋
霜之候動愾聞僾見之誠勃勃然若須眉之欲活
有不肅然起敬者乎臯以世學相承携此技遊

畫傳四集　寫真秘訣序　一

芥子園畫傳四集寫眞秘訣

目錄

018.耕織圖不分卷　不題撰者　S471.C6 G46

年代不詳　一册

畫幅長24釐米，寬24釐米。共二十九幅圖。

外封墨筆題“耕織圖，蕙園申潤福，純祖朝人”。

原件裱在舊紙上，舊紙上爲唐杜甫、李白詩。

按：此書或是朝鮮純祖時期出版物。據《畫士譜略》，申潤福，字笠夫，號蕙園，生於世代畫員的高靈申家，爲畫員申漢枰之子。據《朝鮮王朝實録·正祖實録》，正祖五年八月二十六日條，申漢枰和畫員金弘道、韓宗裕一起曾參與正祖大王禦真的製作。不過有關申潤福的具體生卒年代，則未見於任何史料。韓國學界的一般看法是，申潤福的出生時間約在1755至1758年之間，主要活動在正祖（在位1776—1800年）年間到純祖（在位1800—1834年）初年，相當於我國的乾隆中晚期到嘉慶初期。

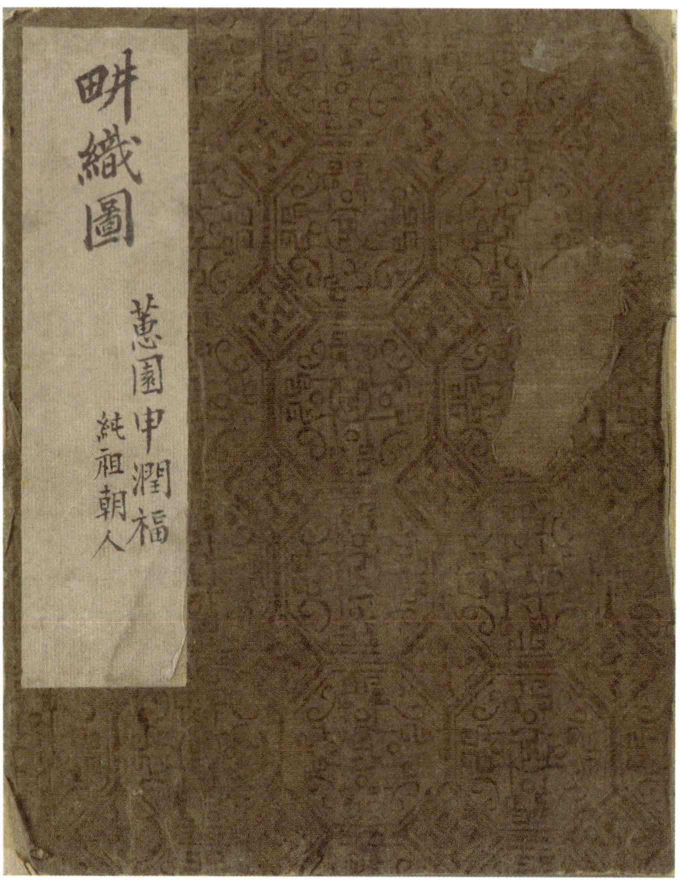

019.古今名人畫稿三卷 不題撰者 ND1042.K7 v.1-3

清光緒三十二年(1906)上海通時書局石印本 原三册重裝爲一册

牌記題“光緒丙午孟夏上海通時書局石印”。

鈐印:“知己”。

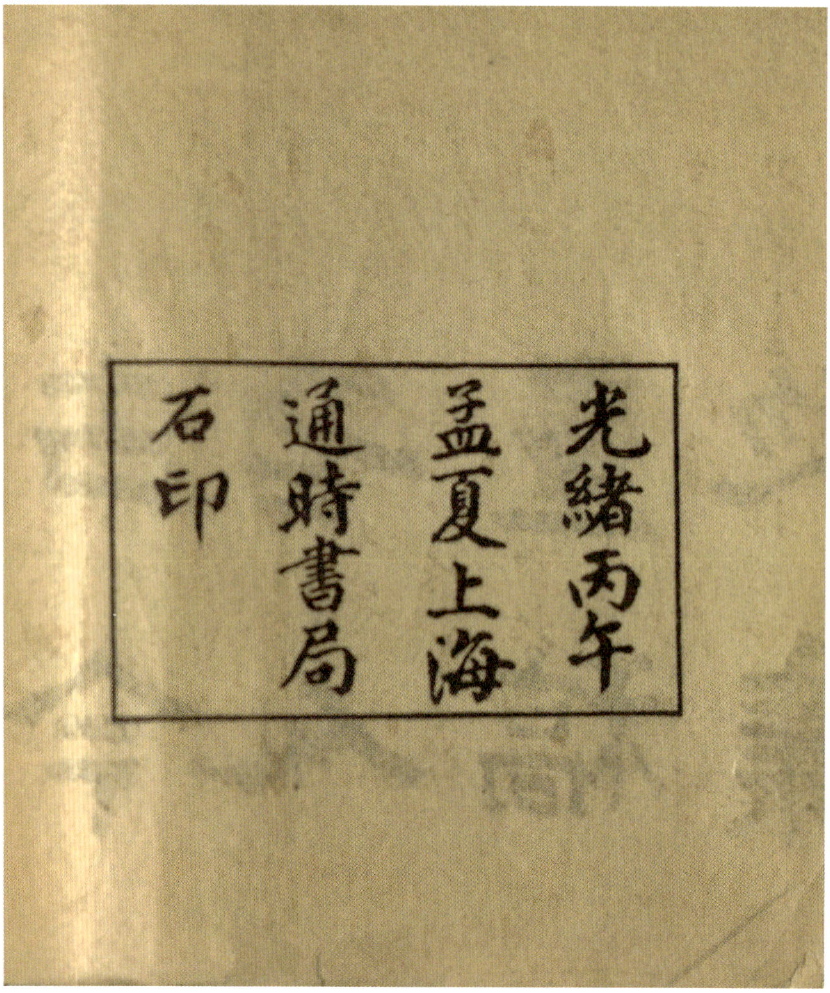

仕女六十

020.甌鉢羅室書畫過目考四卷附一卷　〔清〕李玉棻輯

清宣統三年（1911）北京晉華書局石印本　四册一函

内封題“甌鉢羅室書畫過目考，田慰農書專，京師藏古書畫樓精校”。牌記題“宣統辛亥夏北京晉華書局印”。目録端題“甌鉢羅室書畫過目考，通州李玉棻真木編輯”。

鈐印：“老梅軒記”“古雪庵藏”。

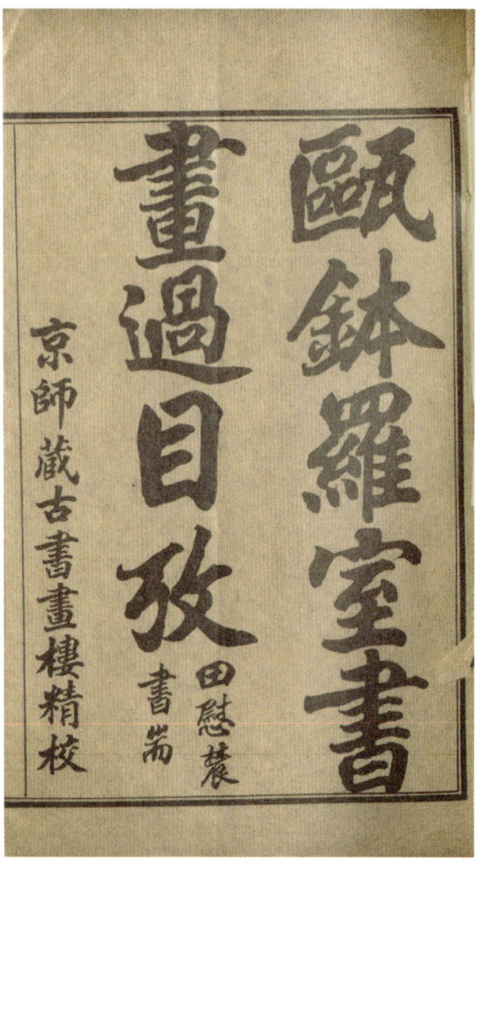

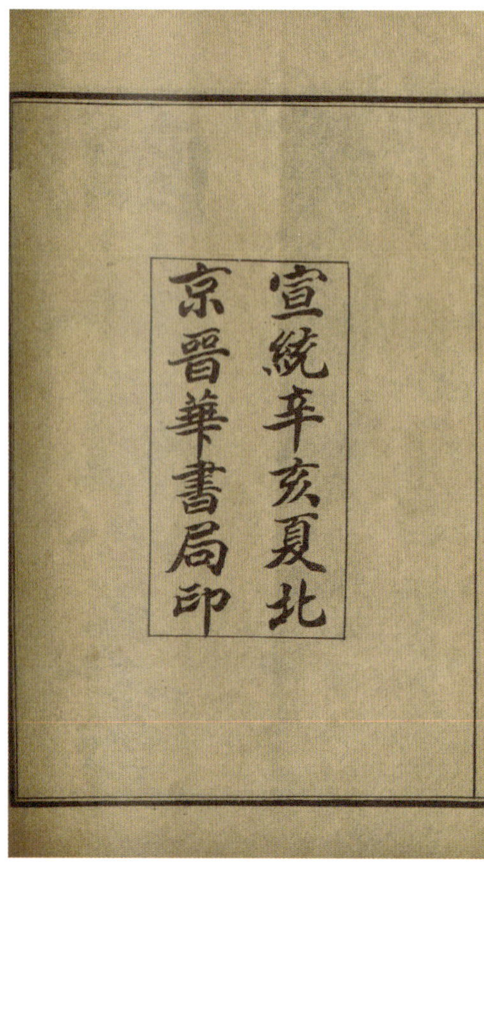

甌鉢羅室書畫過目攷卷首

通州李玉棻真木編輯

王公宗室目錄

承澤裕親王

慎靖郡王

固山貝子弘旿

質莊親王

成哲親王

岳端

書誠

永忠

021.陰騭文圖説四卷 〔清〕黄正元輯 BL1900.A1 H86 1810 v.1-4

清嘉慶十八年（1813）文興齊刻本　四册一函

半框高20釐米，寬15釐米，每半葉9行25字，小字雙行同。四周雙邊，白口，單黑魚尾，版心上鎸書名，中鎸篇名，下鎸葉碼。

内封題“繪像丹桂籍，嘉慶庚午年重刊，好善君子願印施者板藏太原省城靴巷文興齋刻字鋪”。卷端題“陰騭文圖説，閩中黄正元泰一纂輯，男光錡又韓、光鈺守璞、光鎮定遠，孫淮桐源同正字，弟正綱會一參閲，山陽王龍池涵粊、莪川姜旦魯齋同校，甬水周兆璧穀符寫圖，山陰姜公鋆行遠謄真”。

卷首有“重刊陰騭文圖説序”，署“嘉慶癸酉六月大理寺卿提督山西學政湘潭周系英敬序”。

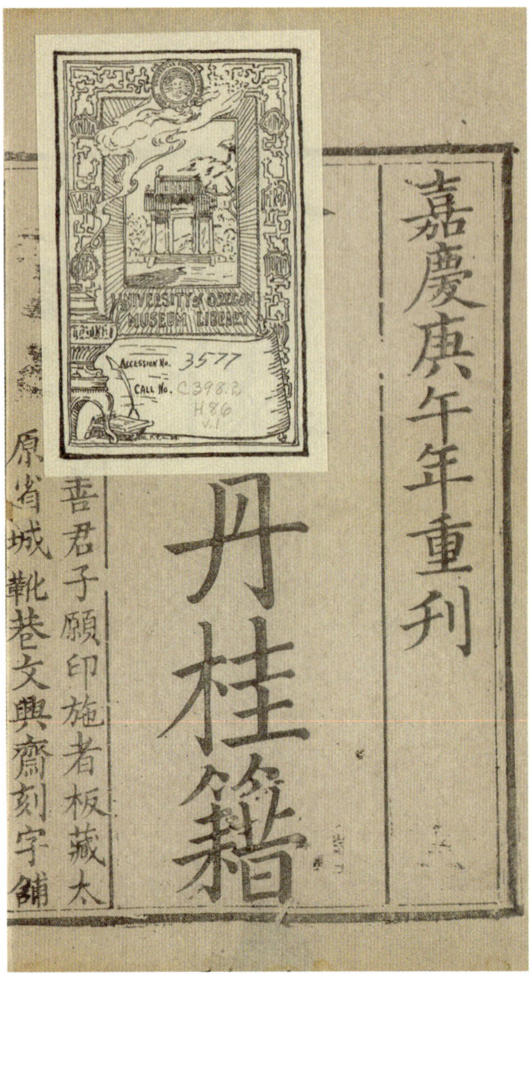

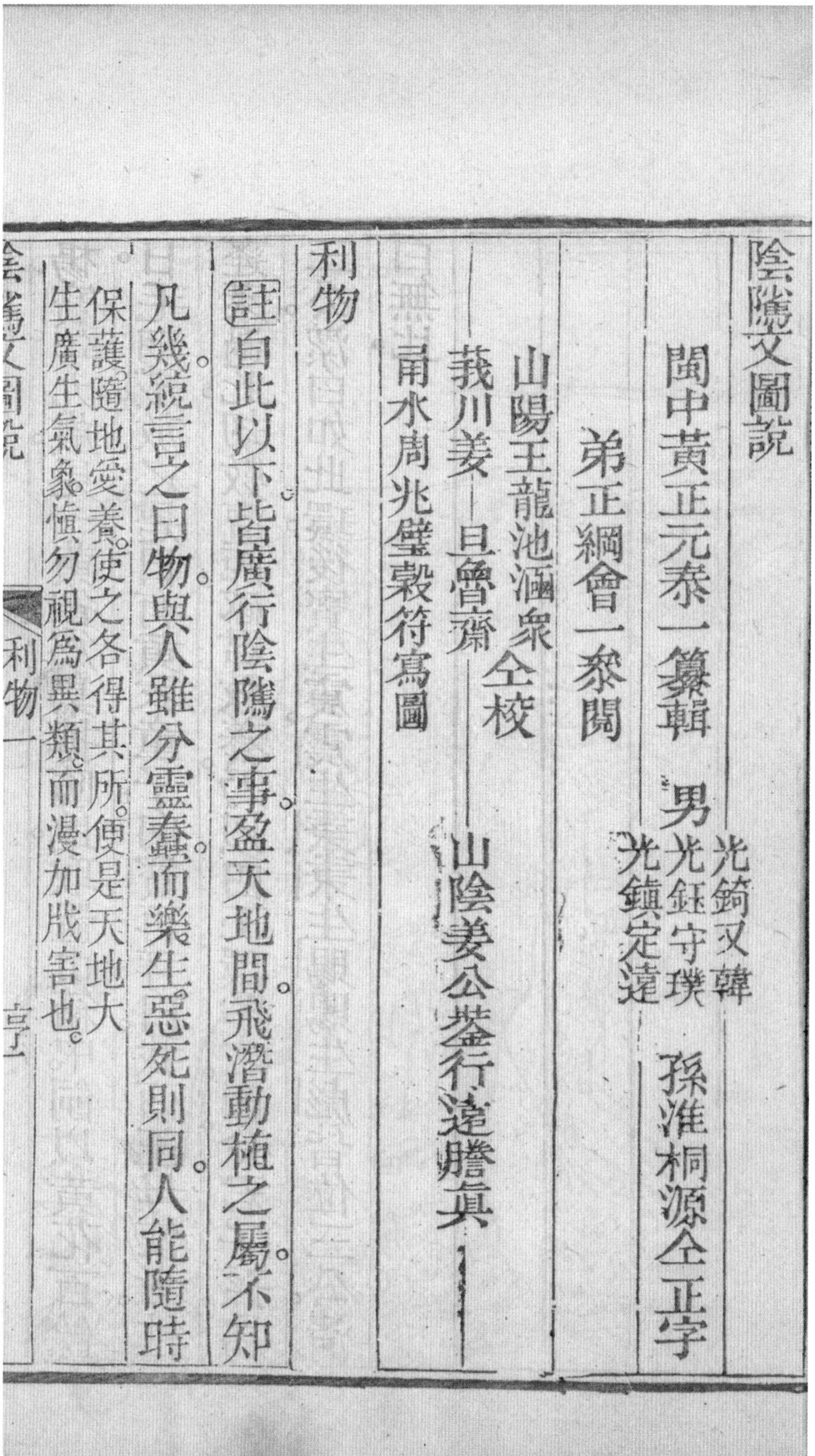
陰隲文圖說

閩中黄正元泰一纂輯　男光錡又韓　光鈺守璞　光鎮定遠　孫淮桐源仝正字

弟正綱會一參閱

山陽王龍池涵泉　義川姜一旦魯齋　仝校

山陰姜公荃行遠謄眞

甬水周兆璧穀符寫圖

利物

註自此以下皆廣行陰隲之事盈天地間飛潛動植之屬不知凡幾統言之曰物與人雖分靈蠢而樂生惡死則同人能隨時保護隨地愛養使之各得其所便是天地大生廣生氣象慎勿視爲異類而漫加戕害也

陰隲文圖說　利物　一　亨上

022.摩尼燭坤集要七十二卷 〔清〕尼得一撰 BQ2011.S4 v.1-13

清光緒八年（1882）杭州西湖昭慶慧空經房刻本　原十三册重裝爲三册

半框高17.5釐米，寬12.5釐米，每半葉10行21字。四周雙邊，上白口下黑口，雙黑魚尾，版心上鎸書名，中鎸卷次、篇名及葉碼。

内封題“摩尼燭坤集要全帙，大清光緒八年歲次壬午四月穀旦，板存杭省西湖昭慶慧空經房”。牌記題“浙省杭州府仁和縣慈孝禪院嗣法門人比邱尼靈禪、靈鋭敬鎸”。卷端題“摩尼燭坤集要”。

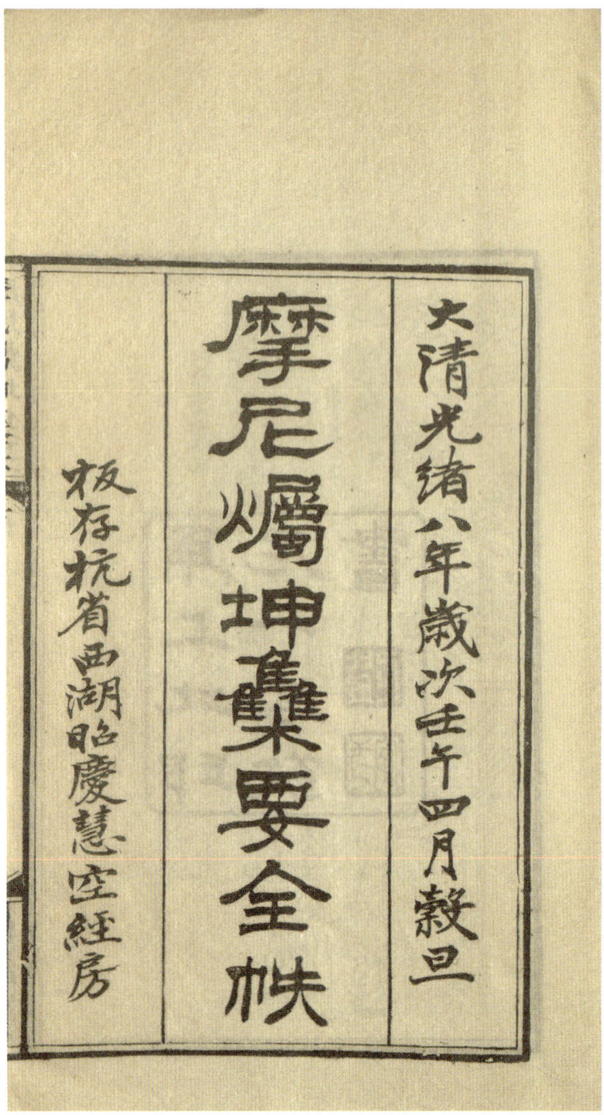

摩尼爥坤集要卷一

佛說觀無量壽佛經

優婆夷善一輯集
宋元嘉中畺良耶舍譯
比邱尼慧機校字

如是我聞一時佛在王舍城耆闍崛山中與大比邱衆千二百五十人俱菩薩三萬二千文殊師利法王子而爲上首爾時王舍大城有一太子名阿闍世隨順調達惡友之敎收執父王頻婆娑羅王幽閉置於七重室內制諸羣臣一不得往國太夫人名韋提希恭敬大王澡

023.大方廣佛華嚴經卷第三十一　〔唐〕釋實叉難陀譯　

明永樂十七年（1419）單刻本　經摺裝一册

版框高26.5釐米，一摺寬12釐米，每摺5行15字，無界欄，有扉畫。

卷端題“大方廣佛華嚴經，于闐國三藏沙門實叉難陀譯”。

卷首有經牌贊“御製，六合清寧、七政順序、雨暘時若、萬物阜豐、億兆康和、九幽融朗、均躋壽域、溥種福田、上善攸臻、障礙消釋、家崇忠孝、人樂慈良、官清政平、訟簡刑措、化行俗美、泰道咸亨、凡厥有生、倶成佛果”。

卷末鎸“永樂十七年十二月十三日奉佛弟子福賢發心書寫鋟梓謹施”。

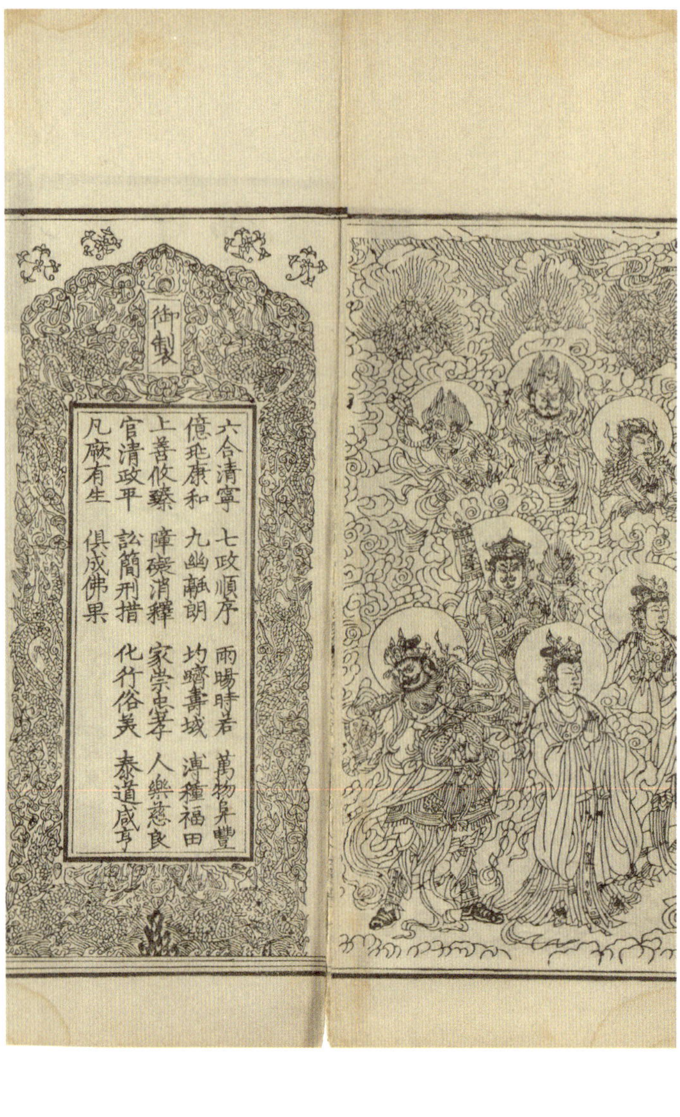

大方廣佛華嚴經卷第三十一

于闐國三藏沙門實叉難陁譯

十迴向品第二十五之九

佛子。云何為菩薩摩訶薩無著無縛解脱迴向。佛子。是菩薩摩訶薩於一切善

根心生尊重。所謂於出生死心生尊重。於攝取一切善根心生尊重。於希求一切善根心生尊重。於悔諸過業心生尊重。於隨喜善根心生尊重。於禮敬諸佛心生尊重。於合掌恭敬心生尊重。於頂

024.大般涅槃經卷第三十四、三十六　〔晋〕釋曇無讖譯

［明永樂間刻本］　經摺裝二册

版框高25.2釐米，一摺寬12釐米，每摺5行15字，無界欄，有扉畫。

卷端題“大般涅槃經，北凉天竺三藏曇無讖奉詔譯”。

卷首有經牌贊“御製，六合清寧、七政順序、雨暘時若、萬物阜豐、億兆康和、九幽融朗、均躋壽域、溥種福田、上善攸臻、障礙消釋、家崇忠孝、人樂慈良、官清政平、訟簡刑措、化行俗美、泰道咸亨、凡厥有生、俱成佛果”。

按：版式同《大方廣佛華嚴經》，或同爲永樂刻本。

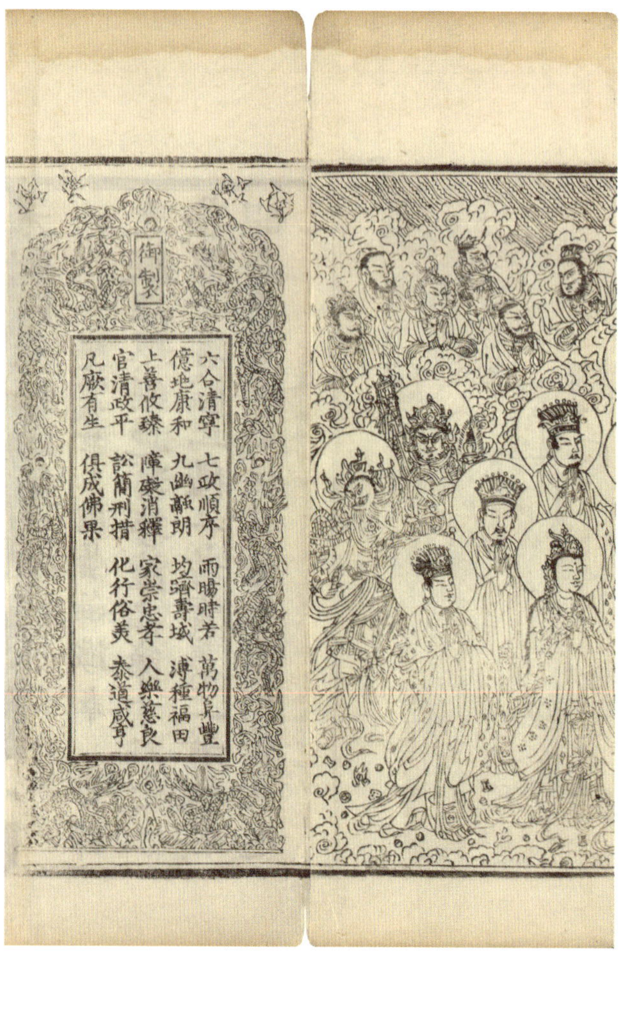

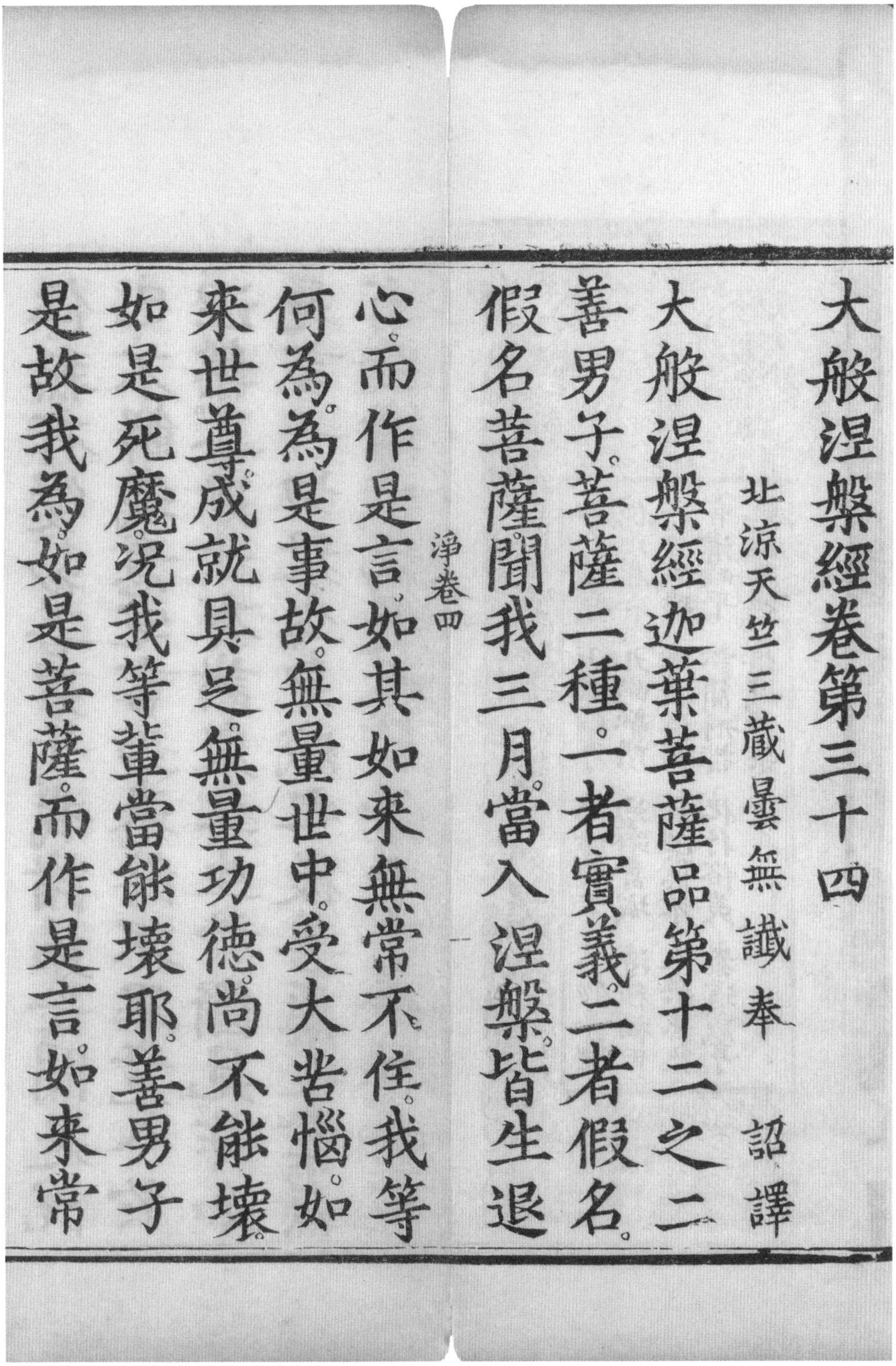

大般涅槃經卷第三十四

北涼天竺三藏曇無讖奉　詔譯

大般涅槃經迦葉菩薩品第十二之二

善男子。菩薩二種。一者實義。二者假名。假名菩薩聞我三月當入涅槃。皆生退

淨卷四

心。而作是言。如其如來無常不住。我等何為為是事故。無量世中。受大苦惱。如來世尊成就具足。無量功德。尚不能壞。如是死魔。況我等輩當能壞耶。善男子是故我為如是菩薩。而作是言。如來常

025.佛説大藏正教血盆經 不題撰者 BQ4570.W6 F6 1898

清光緒二十四年(1898)鼓山涌泉禪寺刻本 經摺裝一册

版框高22.6釐米,一摺寬10.5釐米,每摺5行15字,無界欄,有扉畫。

卷端題“佛説大藏正教血盆經”。

卷尾鎸“時光緒二十四年歲次戊戌孟秋閩邑弟子林景熙捐貲敬鎸此,血盆尊經一册藏板鼓山涌泉禪寺流通,伏願,佛天慈憫亡過慈母林門吴氏孺人具大悲心生極樂國”。

佛說大藏正教血盆經

爾時目連尊者昔日往到羽州追陽縣
見一血盆池地獄闊八萬四千由旬池
中有一百二十件事鐵梁鐵柱鐵枷鐵
索見南閻浮提女人許多披頭散髮長
枷杻手在地獄中受罪獄卒鬼王一日
三度將血勸教罪人吃此時罪人不肯
伏吃遂被獄主將鐵棒打作叫聲目連
悲哀問獄主不見南閻浮提丈夫之人
受此苦報只見許多女人受此苦痛獄

026.妙法蓮華經文句記三十卷　〔後秦〕釋鳩摩羅什譯　〔唐〕釋湛然輯

清光緒七年（1881）姑蘇刻經處刻本　原十五册重裝爲三册

半框高17釐米，寬13釐米，每半葉10行20字，眉上鎸評，行4字。左右雙邊，白口，無魚尾，版心中鎸書名、卷次及葉碼。

卷端題"妙法蓮華經文句記，姚秦三藏法師鳩摩羅什奉詔譯，隋天台智者大師説，門人灌頂記，唐天台沙門湛然述"。

卷末題"光緒辛巳年四月姑蘇刻經處識"。

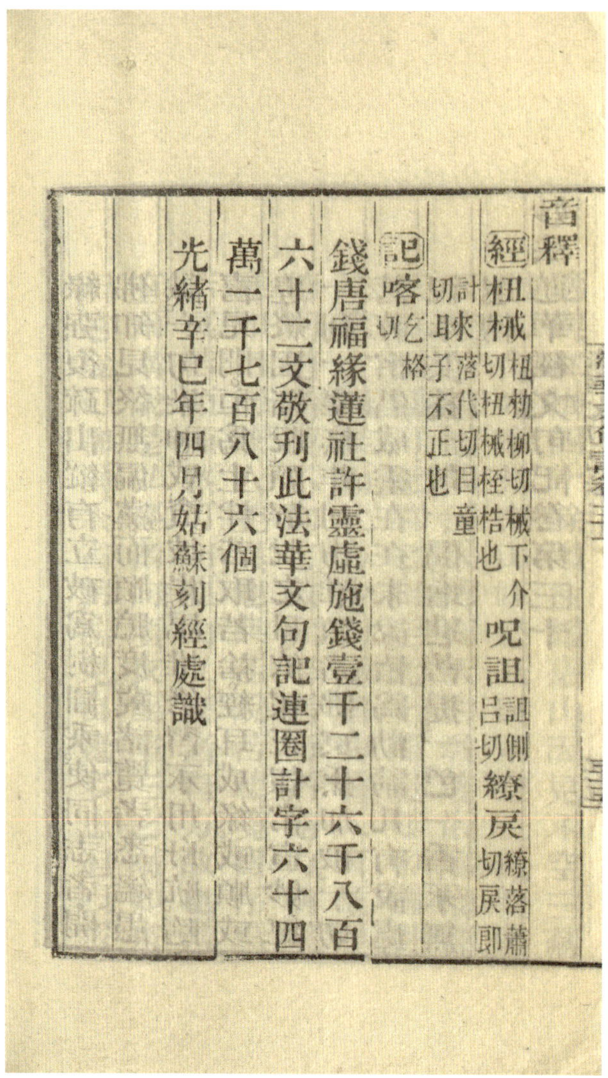

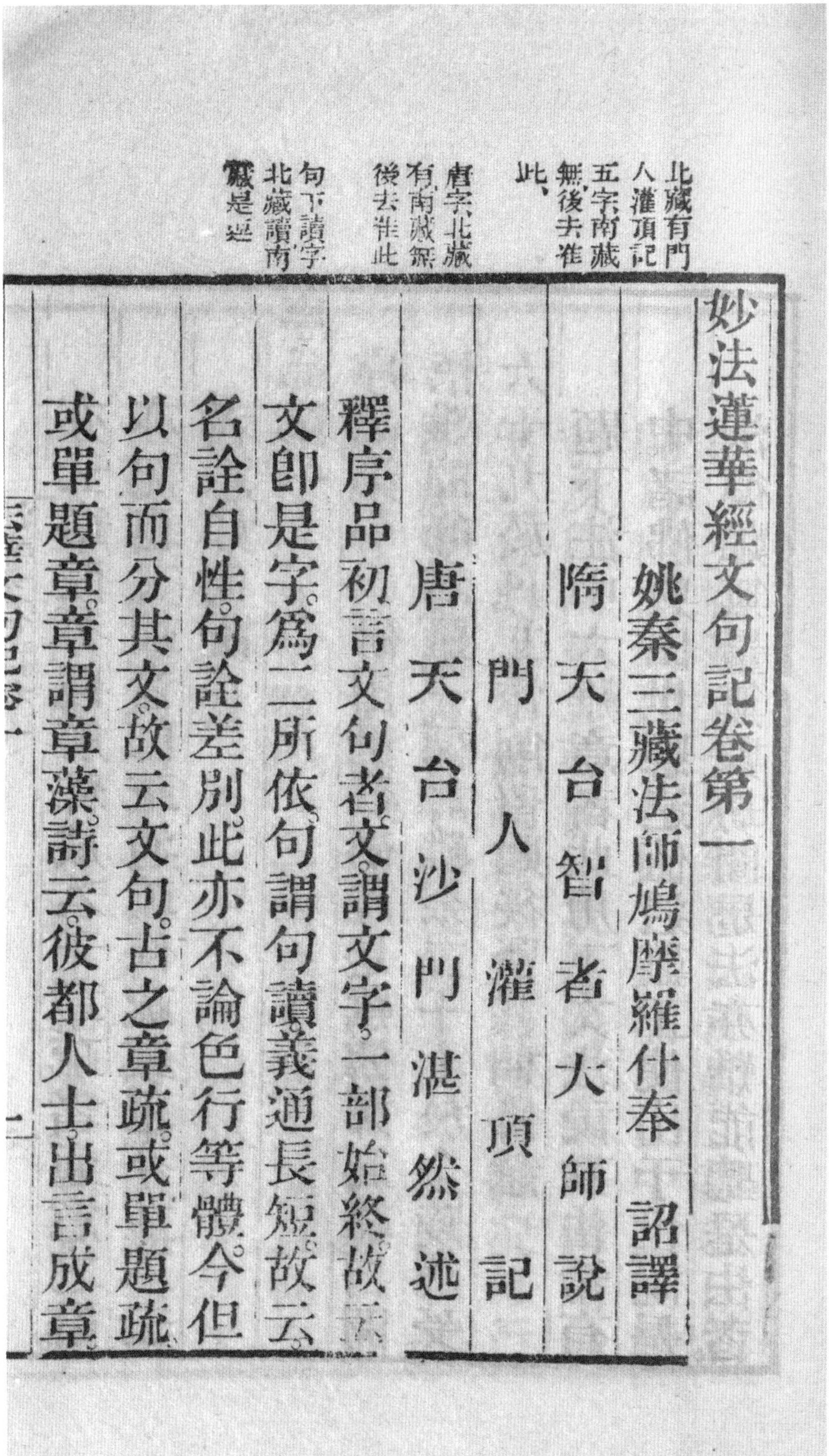

北藏有門人灌頂記五字南藏無後去准此、

唐字北藏有南藏無後去准此

句下讀字北藏讀南藏是逗

妙法蓮華經文句記卷第一

姚秦三藏法師鳩摩羅什奉　詔譯

隋天台智者大師說

門人灌頂記

唐天台沙門湛然述

釋序品初言文句者文謂文字一部始終故云文即是字爲二所依句謂句讀義通長短故云名詮自性句詮差別此亦不論色行等體今但以句而分其文故云文句古之章疏或單題疏或單題章章謂章藻詩云彼都人士出言成章

法華文句記卷一　二

027.宗鏡録一百卷 〔宋〕釋延壽集

清光緒二十五年（1899）江北刻經處刻本 原二十册重裝爲四册

半框高16.5釐米，寬13釐米，每半葉10行20字。左右雙邊，白口，無魚尾，版心中鎸書名、卷次及葉碼。

卷端題“宗鏡録，宋慧日永明妙圓正修智覺禪師延壽集”。

卷末題“光緒二十五年四月初八日江北刻經處識”。

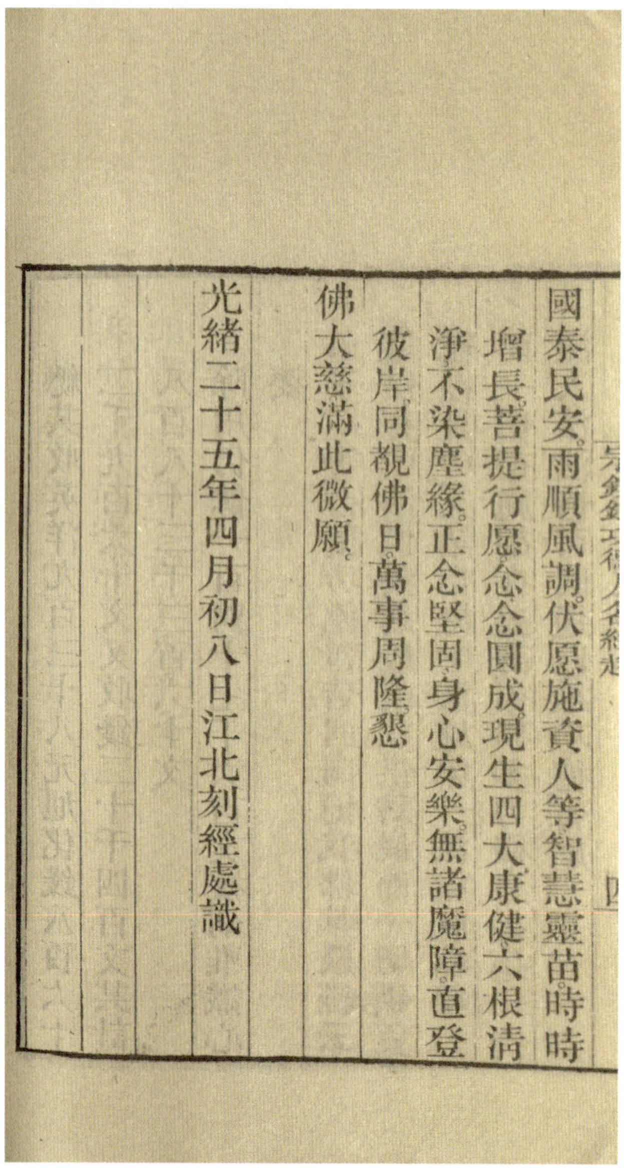

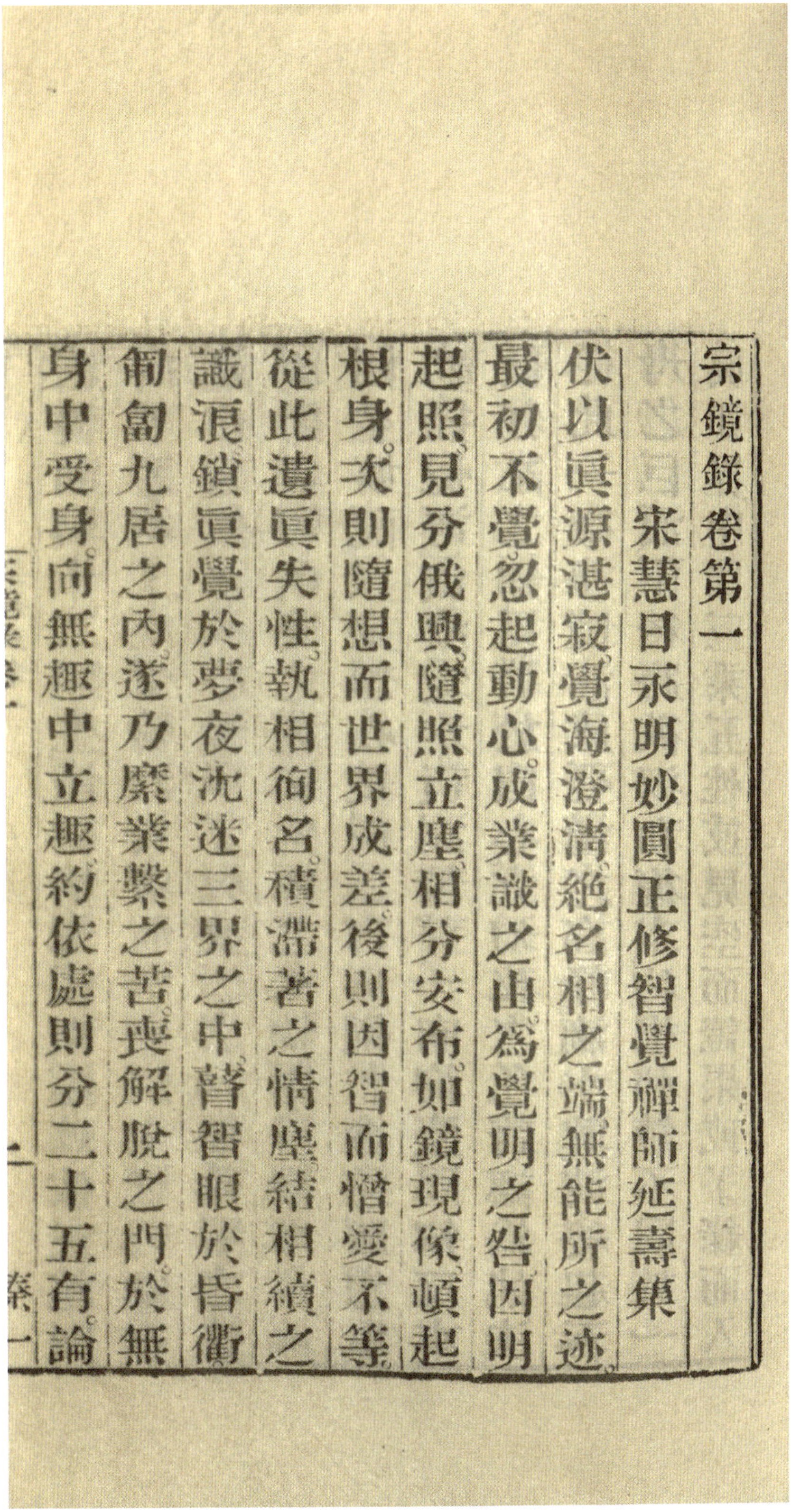
宗鏡錄卷第一
宋慧日永明妙圓正修智覺禪師延壽集
伏以眞源湛寂。覺海澄清。絶名相之端。無能所之迹。
最初不覺。忽起動心。成業識之由。爲覺明之咎。因明
起照。見分俄興。隨照立塵。相分安布。如鏡現像。頓起
根身。次則隨想而世界成差。後則因智而憎愛不等。
從此遺眞失性。執相徇名。積滯著之情塵。結相續之
識浪。鎖眞覺於夢夜。沈迷三界之中。瞽智眼於昏衢。
匍匐九居之內。遂乃縻業繫之苦。喪解脫之門。於無
身中受身。向無趣中立趣。約依處則分二十五有。論
宗鏡卷一

028.福音講臺二百篇 不題撰者 BV4254.C5 D8

清光緒十五年（1889）上海美華書館鉛印本 一册

内封題“福音講臺，耶穌降世一千八百八十九年，大清光緒十五年歲次己丑，上海美華書館鉛板”。

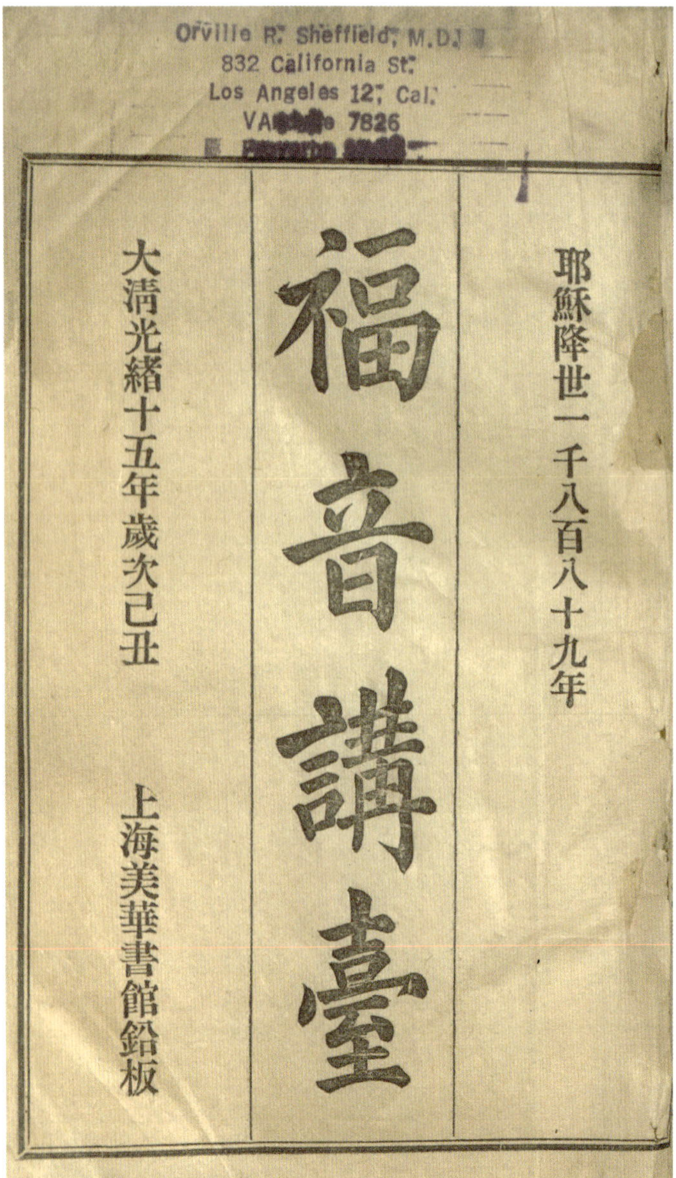
Orville R. Sheffield, M.D.
832 California St.
Los Angeles 12, Cal.
7826

耶穌降世一千八百八十九年

福音講臺

大清光緒十五年歲次己丑

上海美華書館鉛板

儒教無天之主宰

釋迦牟尼說無上主

道教亦然

靈魂爲證

聰明爲證

一篇上主有無

儒釋道三教無上主　良心記性聰明爲證
萬國人有拜神之心　假神千萬眞神惟一

講到福音第一要緊、是要考究天上的　主有無、有了　上主、我們的福音是眞的、若沒有　上主、我所講的福音就虛假了、論天地的　主有無的道理、有許多人不明白、就是聚集十八省的博學的讀書人、請問請問他們、也有些答應不來、看中國書籍也不少、幾千年以來有歷代聖賢著的書、也沒有一本書中講明天之　主宰、所以曉得儒教是不考究這件事情、再看到佛教、若是聚集有道學的和尙、請問他們、也要說沒有什麼　上主、査到佛教的起頭、就是釋迦牟尼是一个老和尙、當時印度國本教的人、同他辨說、總有一个造天地萬物的　主、釋迦牟尼答應說、定沒有、所以佛教以爲沒有這位　天主、不過有佛、再看到道教、他們全不能懂得這个事情、更要說沒有了、我現在講是有一位造天地萬物的　主、請你們留心聽這源頭的道理、一則、人的靈魂是憑據有造天地萬物的　主、人若沒有靈魂、就不能看、不能聽、不能行動、靈魂是爲一身之主、人的靈魂實在寬闊得狠、也實在希奇、人若沒有靈魂、就像死的一般、有了靈魂、樣樣都會做了、你總要想這个靈魂是那裡來的、若沒有　上主怎麼生這个靈魂呢、二則、你看到人的聰明、也要想你的聰明是那裡來的、比方虎豹獅象畜牲雖大、沒有知識、只有人會想念頭、有聰明、有悟性、會覺着、會思想、但是這个聰明是怎麼有的、若是沒有一个聰明的　主賜你這樣的天性、你就不會想什麼、不會懂什麼、必有一个眞活的神、人是他造的、聰明是他賜的、這个事情是頂容

集部

029.韋蘇州集十卷 〔唐〕韋應物撰 PL2677.W47 1911

清宣統三年(1911)上海自强書局石印本 原四册重裝爲一册

内封題“韋蘇州集,依宋版重刊,項氏玉淵堂”。牌記題“宣統辛亥精校石印,上海自强書局發行”。卷端題“韋蘇州集,蘇州刺史韋應物”。

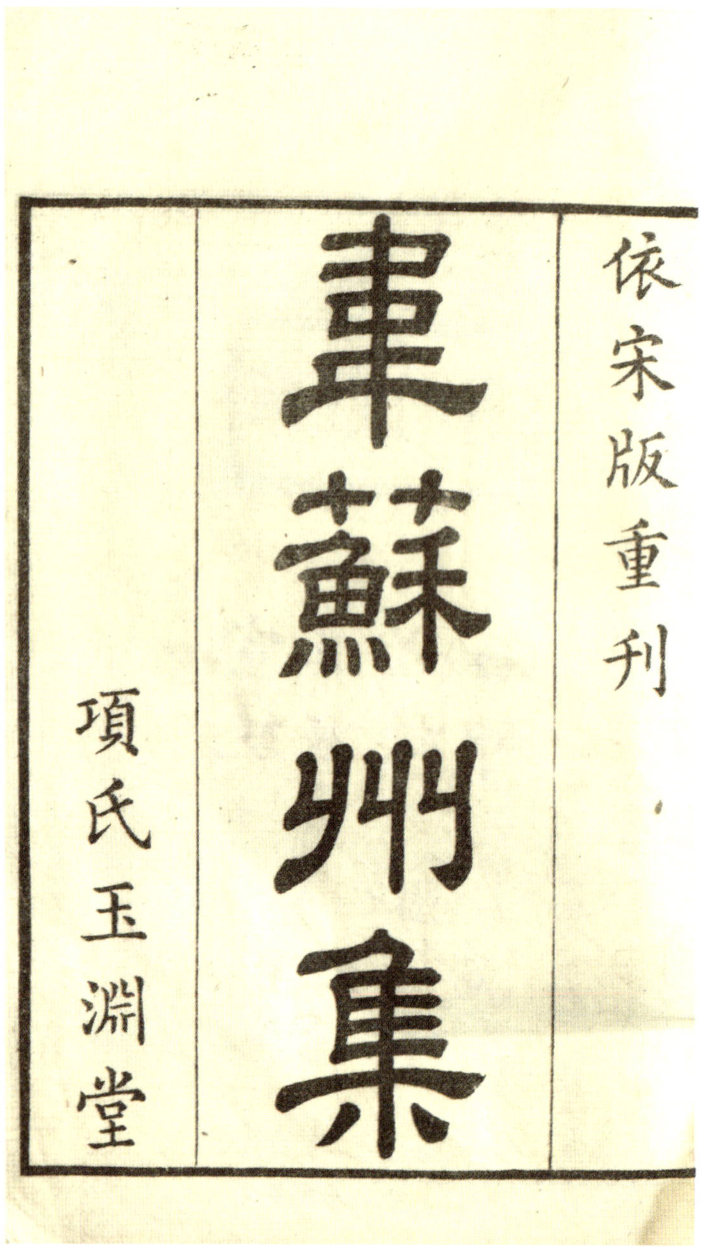

韋蘇州集卷第一

蘇州刺史韋　應物

古賦一首

冰賦

雜擬二十一首

擬古詩十二首

雜體五首

與友生野飲效陶體一首

效何水部二首

效陶彭澤一首

燕集二十一首

030.白香山詩集四十卷　〔唐〕白居易撰　〔清〕汪立名編

PL2674.A1 1900z v.1-10

清康熙四十二年（1703）一隅草堂刻本　十册一函

半框高18.5釐米，寬15釐米，每半葉12行21字，小字雙行同。左右雙邊，白口，單黑魚尾，版心中鎸書名、卷次，下鎸葉碼及“一隅草堂”。

内封題“白香山詩集，古歙汪西亭編訂，長慶集、後集、别集、白集補遺，一隅草堂藏板”。目録端題“白香山詩集”。

卷首依次有本傳；年譜舊本；年譜；白氏文集自記；目録。

鈐印：“隨月收藏”“書味盎然”“半㳅西莊古藻香”“朱氏珍藏”。

子目：

長慶集二十卷

後集十七卷

别集一卷

補遺上下二卷

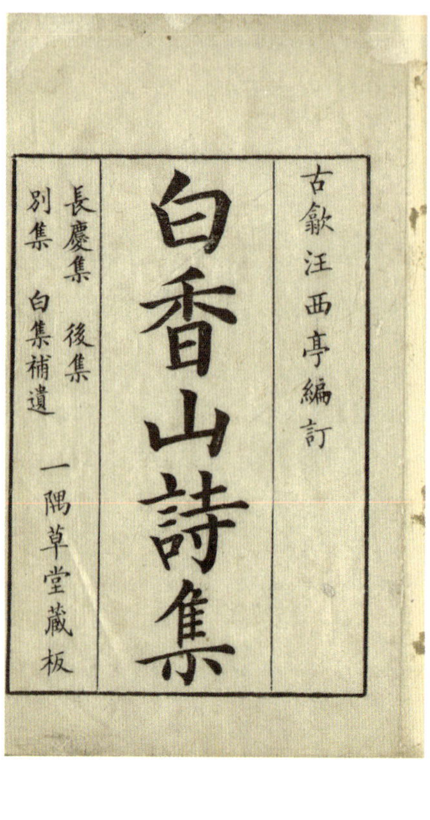

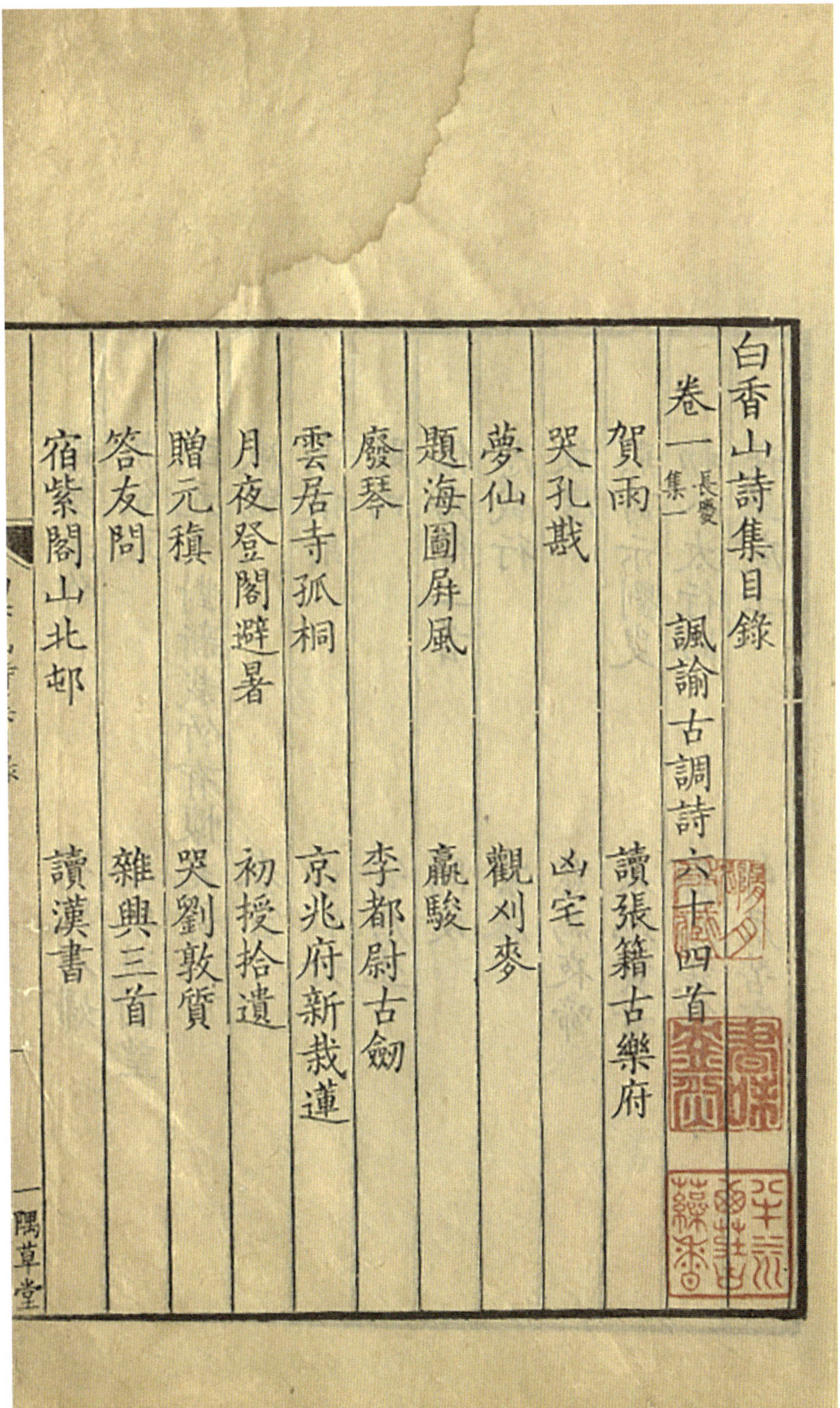

白香山詩集目錄

卷一 長慶集一 諷諭古調詩六十四首

賀雨　讀張籍古樂府

哭孔戡　凶宅

夢仙　觀刈麥

題海圖屏風　羸駿

廢琴　李都尉古劍

雲居寺孤桐　京兆府新栽蓮

月夜登閣避暑　初授拾遺

贈元稹　哭劉敷質

答友問　雜興三首

宿紫閣山北邨　讀漢書

一隅草堂

031.歐陽文忠公全集一百五十三卷附録五卷 〔宋〕歐陽修撰

清乾隆十一年(1746)歐陽安世刻本 原三十二册重裝爲六册

半框高22釐米,寬16.5釐米,每半葉9行20字。左右雙邊,白口,單黑魚尾,版心上鎸書名,中鎸卷次,下鎸葉碼。

目録端題“歐陽文忠公全集”。

卷首依次有蘇序、周序、本傳、年譜、集古録目序、濮議序、内制集序、歐陽文忠公全集總目。

鈐印:“嚴啓豐印”“歸安嚴氏啓豐迪莊之印記”。

子目:

居士集五十卷外集二十五卷

易童子問三卷

外制集三卷内制集八卷

表奏書啓四六集七卷

奏議集十八卷

雜著述十九卷

集古録跋尾十卷

書簡十卷

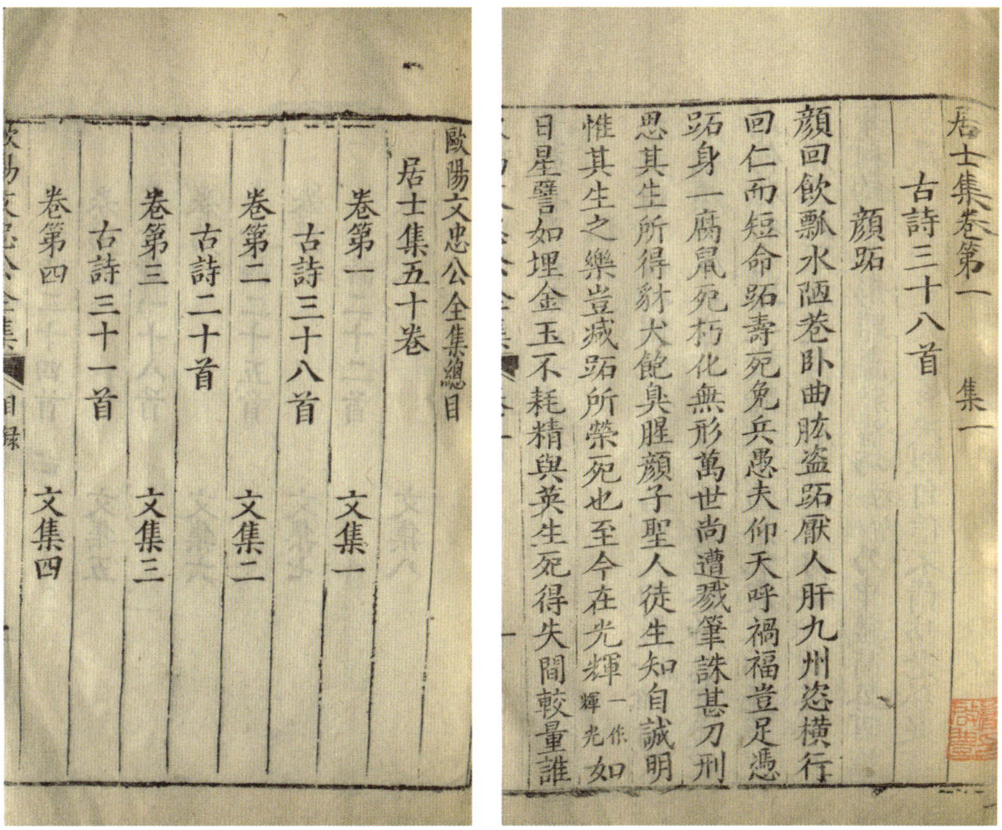
歐陽文忠公全集總目

居士集五十卷

卷第一　文集一

古詩三十八首

卷第二　文集二

古詩二十首

卷第三　文集三

古詩三十一首

卷第四　文集四

歐陽文忠公全集　目録

居士集卷第一　集一

古詩三十八首

顔跖

顔回飲瓢水陋巷卧曲肱盜跖厭人肝九州恣横行回仁而短命跖壽死免兵愚夫仰天呼禍福豈足憑跖身一腐鼠死朽化無形萬世尚遺戮筆誅甚刀刑思其生所得豺犬飽臭腥顔子聖人徒生知自誠明惟其生之樂豈減跖所榮死也至今在光輝（一作輝光）如日星譬如埋金玉不耗精與英生死得失間較量誰

032.王臨川全集一百卷　〔宋〕王安石撰　

清光緒九年（1883）聽香館刻本　原二十册重裝爲四册

半框高17.6釐米，寬13釐米，每半葉11行22字。左右雙邊，黑口，雙黑魚尾，版心中鎸書名、卷次及葉碼。

内封題“王臨川全集”。牌記題“光緒九年刊，聽香館藏版”。目録端題“王臨川全集”。

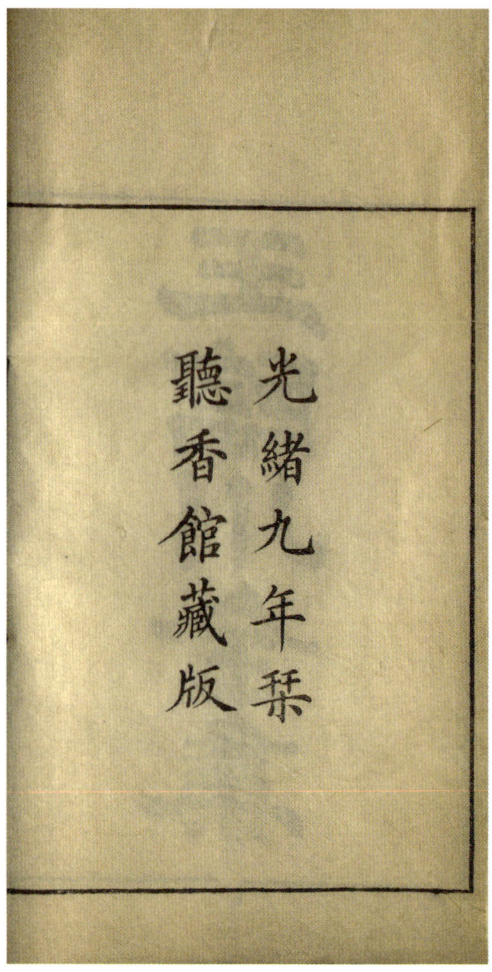

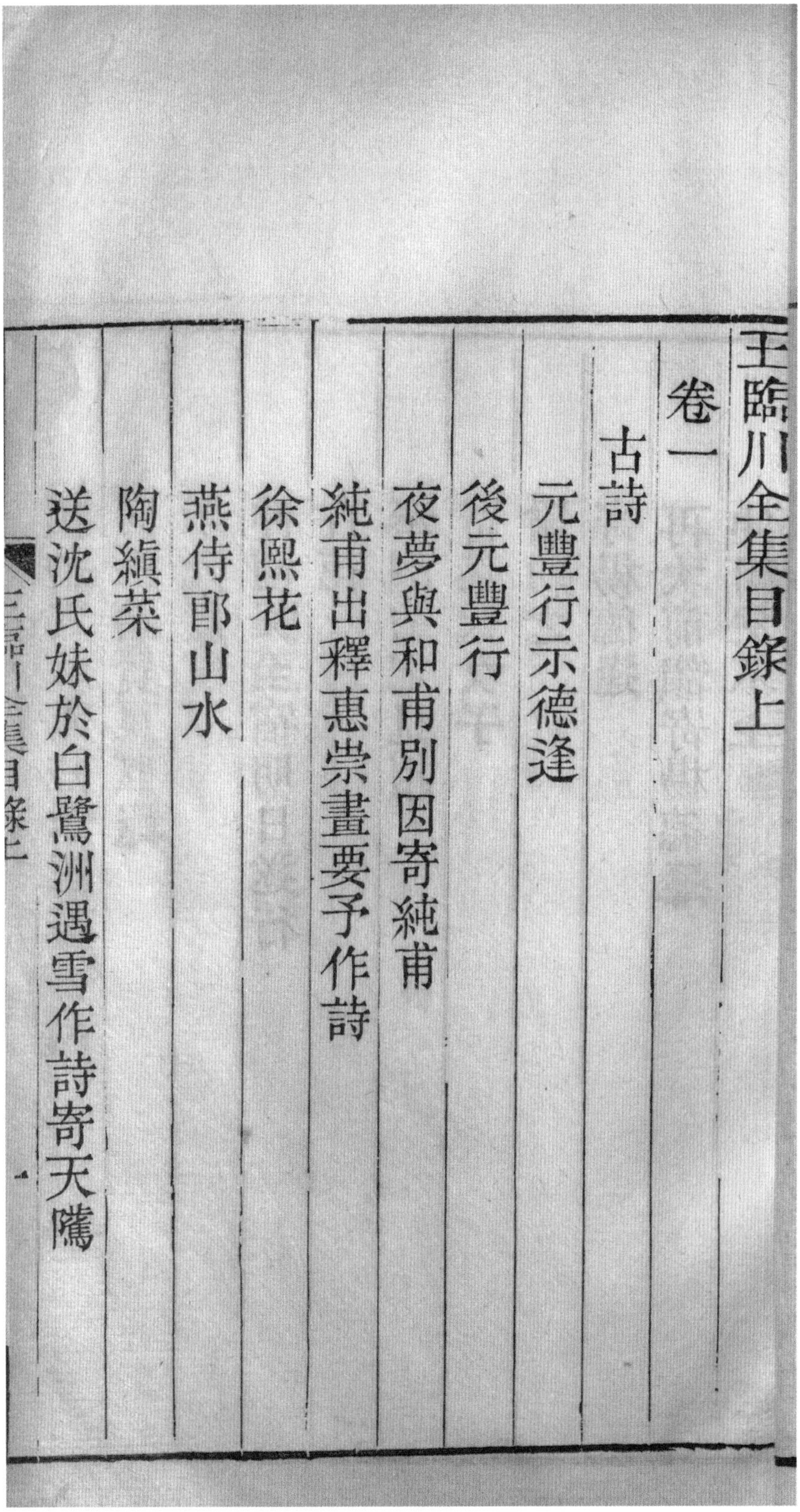
王臨川全集目錄上

卷一

古詩

元豐行示德逢

後元豐行

夜夢與和甫別因寄純甫

純甫出釋惠崇畫要予作詩

徐熙花

燕侍郎山水

陶縝菜

送沈氏妹於白鷺洲遇雪作詩寄天騭

王臨川全集目錄上　一

033.渭南文集五十卷　〔宋〕陸游撰　

明末［1573—1644］毛氏汲古閣刻本　原十册重裝爲二册

半框高18.8釐米，寬14.3釐米，每半葉8行18字。左右雙邊，白口，無魚尾，版心上鎸書名，中鎸卷次、葉碼，下鎸"汲古閣"。

卷端題"渭南文集，宋陸游務觀"。

卷首依次有"傳"，"渭南文集總目"。卷尾有"跋"，署"嘉定十有三年十一月壬寅幼子承事郎知建康府溧陽縣主管勸農事子遹謹書"；毛晋跋。

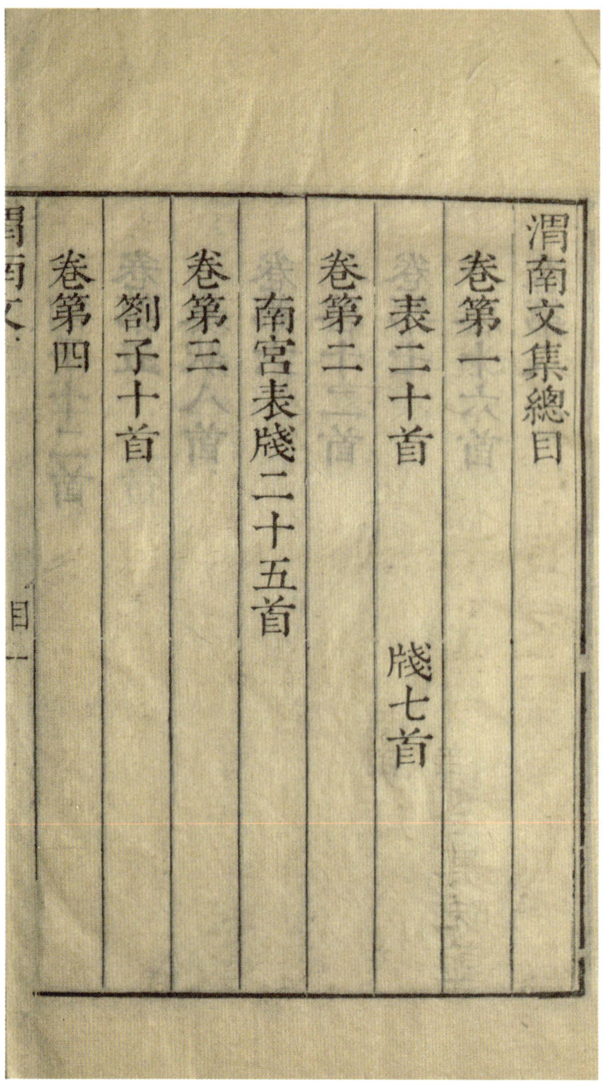

渭南文集卷第一

宋　陸游務觀

天申節賀表

化國之日舒以長運啓千齡之盛天子之父尊之至心均萬寓之驩敢卽昌期虔申壽祝中賀恭惟太上皇帝陛下宅心淸靜受命溥將協氣熏爲太平華夷銜莫報之德孫謀以燕翼子宗社傛無疆之休誕敷錫於下民丕靈承於上帝臣

034.吴詩集覽二十卷談藪一卷　〔清〕吴偉業撰　〔清〕靳榮藩輯注

清乾隆四十年（1775）凌雲亭刻本　原十六册重裝爲四册

半框高18.7釐米，寬13.5釐米，正文每半葉9行21字，小字雙行同。四周雙邊，上白口下黑口，單黑魚尾，版心上鎸書名，中鎸卷次、葉碼。

内封題“吴詩集覽，乾隆四十年春鎸，凌雲亭藏版”。卷端題“吴詩集覽，黎城靳榮藩介人輯”。

鈐印：“吹萬”“格簃劫後藏書”“曾在三百堂陳氏處”。

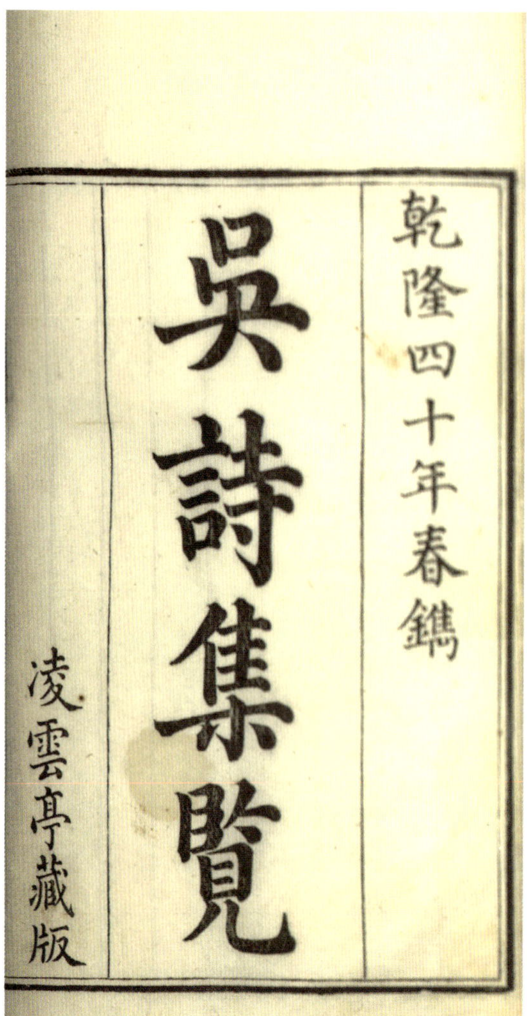

吳梅村先生行狀

太倉顧湄伊人

先生諱偉業。字駿公。姓吳氏。吳爲崑山名族。五世祖禮部主事諱凱。高祖河南叅政諱愈。父子皆八十。有重德。其行事載吳中先賢傳中。曾祖鴻臚序班諱南。自禮部公以下。三世皆塟於崑。祖贈嘉議大夫少詹事諱議。始遷太倉。父封嘉議大夫少詹事諱琨。以經行崇祀鄉賢祠。母朱太淑人娠先生時。夢朱衣人送鄧以讚會元坊至。生先生。有異質。少多病。輒廢讀。而才學輒自進。迨爲文。下筆頃刻數千言。時經生家崇尚俗學。先生獨好三

狀

035.西堂全集六十一卷　〔清〕尤侗撰　PL2733.U77 v.1-14

清順治十二年(1655)刻本　原十四册重裝爲四册

半框高17.6釐米,寬13.5釐米,每半葉10行21字。四周單邊,白口,單黑魚尾,版心上鎸子目書名,中鎸卷次、葉碼。

内封題“西堂全集,長洲尤悔庵著”。目録端題“西堂全集”。

鈐印:“薊垣珍藏”。

子目:

西堂雜組一集八卷

西堂雜組二集八卷

西堂雜組三集八卷

剩稿二卷

秋夢録一卷

小草一卷

論語詩一卷

右北平集一卷

看雲草堂集八卷

述祖詩一卷

于京集五卷

哀絃集一卷

擬明史樂府一卷

外國竹枝詞一卷

百末詞六卷

性理吟前後二卷

湘中草六卷

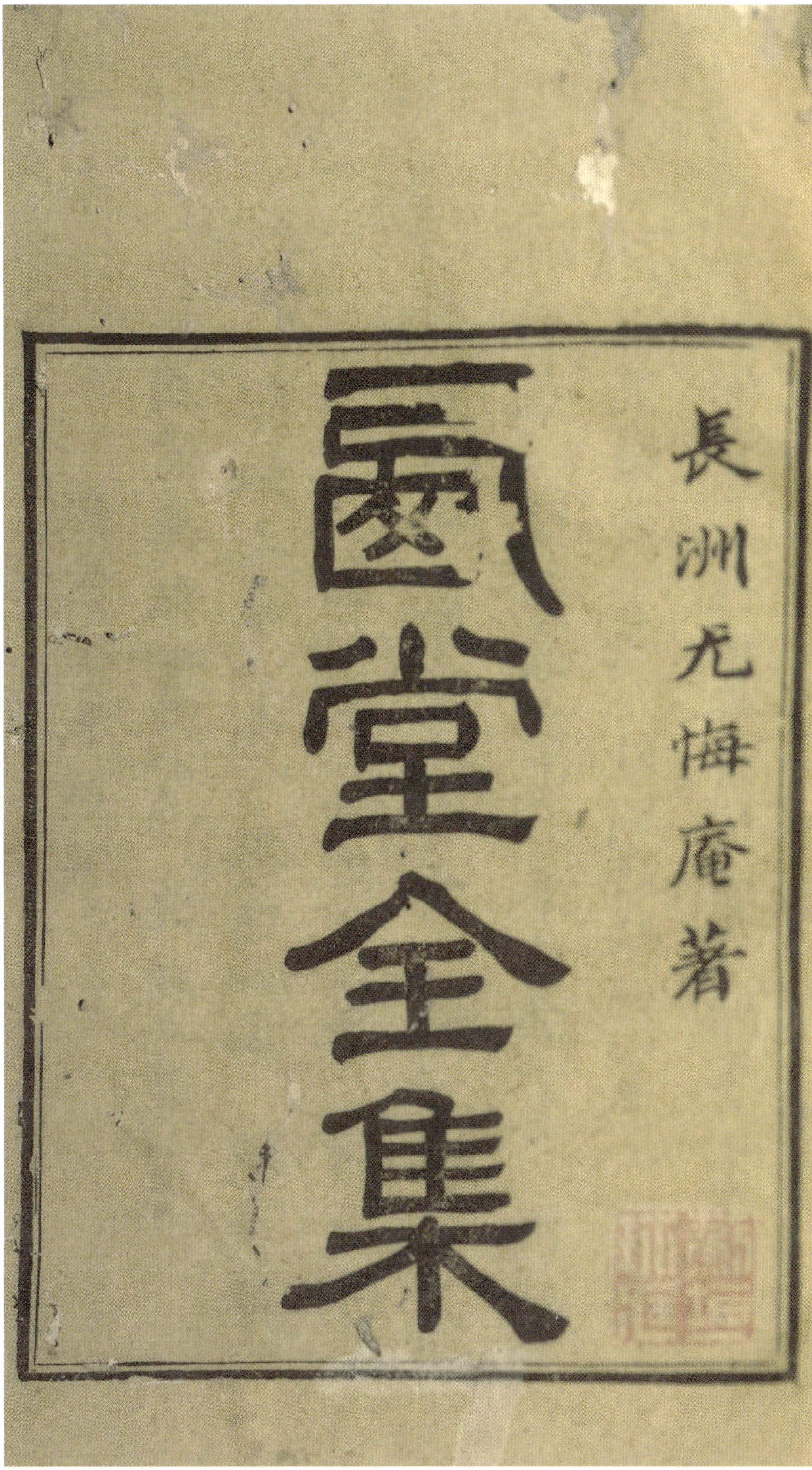
西堂全集
長洲尤悔庵著

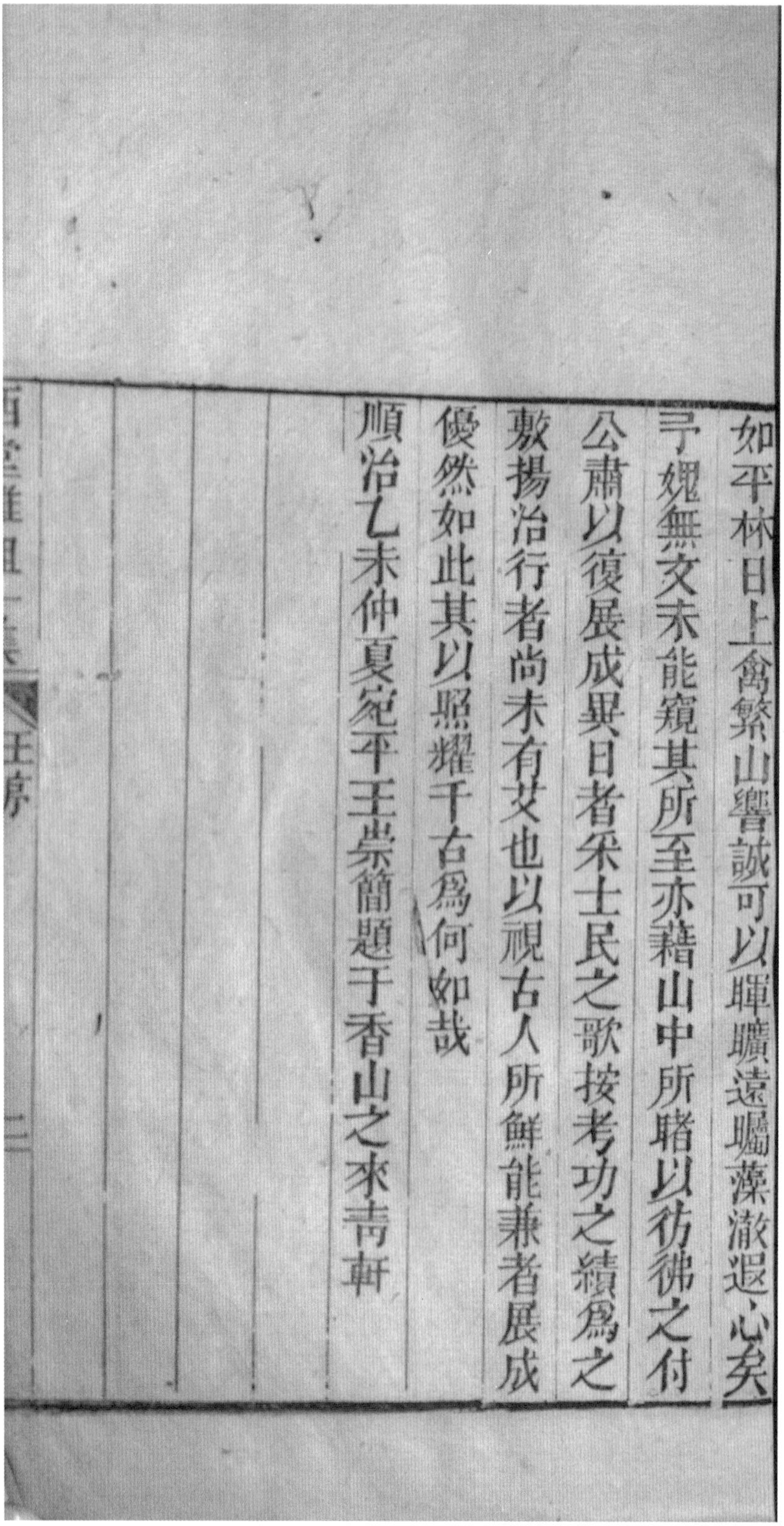
如平林日上禽繁山響誠可以暉曠遠矚藻澈遐心矣
寻媿無文未能窺其所至亦藉山中所睹以彷彿之付
公肅以復展成異日者采士民之歌按考功之績爲之
敷揚治行者尚未有艾也以視古人所鮮能兼者展成
優然如此其以照耀千古爲何如哉
順治乙未仲夏宛平王崇簡題于香山之來青軒

西堂雜俎一集　王序　二

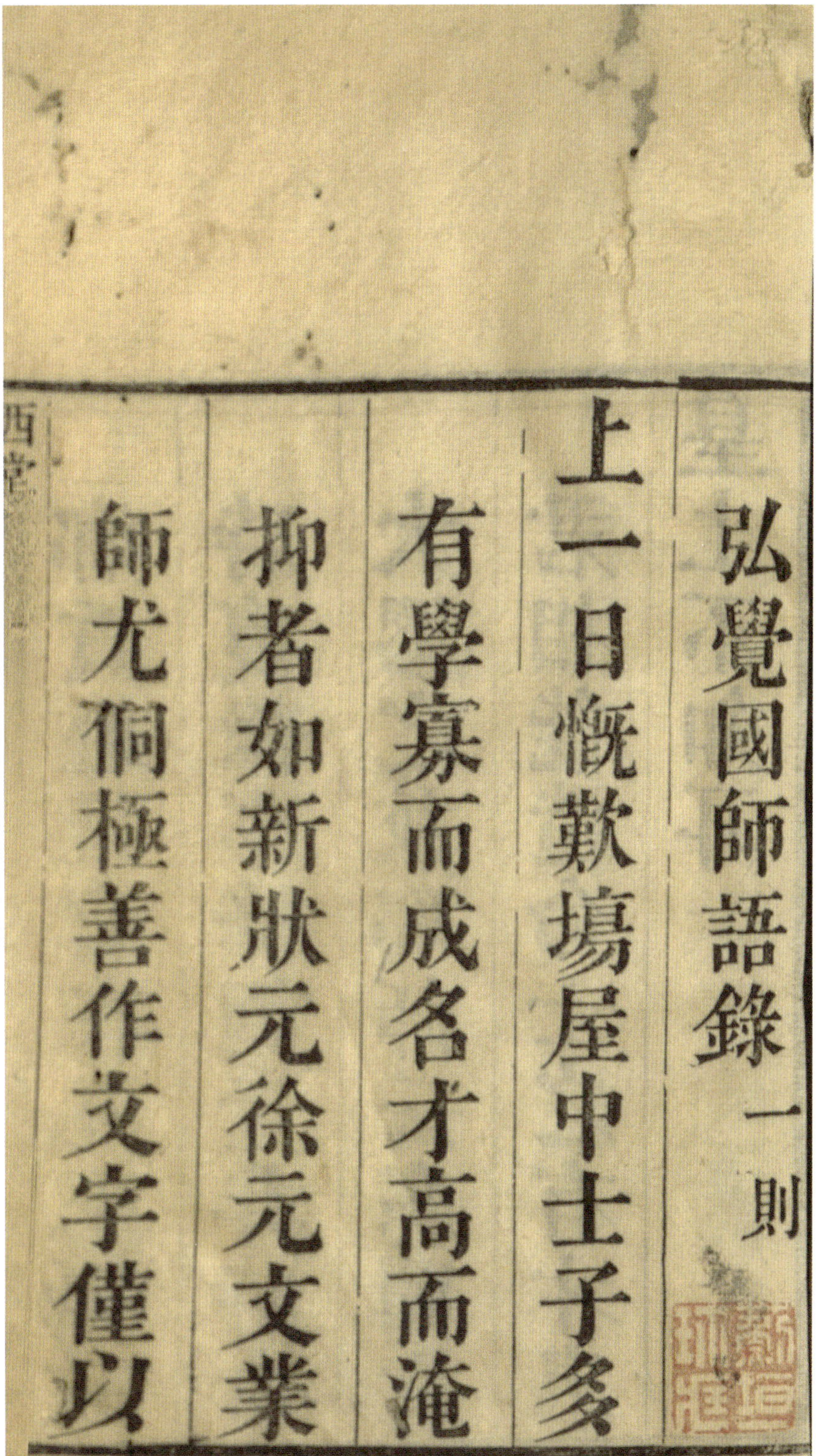

弘覺國師語錄 一則

上一日慨歎場屋中士子多有學寡而成名才高而淹抑者如新狀元徐元文業師尤侗極善作文字僅以

西堂

036.曾文正公全集一百八十六卷　〔清〕曾國藩撰　〔清〕李瀚章輯

清光緒十四年（1888）鴻文書局石印本　四十八册重裝爲十二册

目録端題“曾文正公全集”。首卷内封題“曾文正公全集首卷”。牌記題“光緒戊子四月鴻文書局校印”。

子目：

首一卷

奏稿三十卷

十八家詩鈔二十八卷

經史百家雜鈔二十六卷

經史百家簡編二卷

鳴原堂論文二卷

詩集四卷

文集四卷

書札三十三卷

批牘六卷

雜著四卷

求闕齋讀書録十卷

求闕齋日記類鈔二卷

年譜十二卷　〔清〕黎庶昌撰

孟子要略五卷

家書十卷

家訓上下二卷

大事記四卷

榮哀録不分卷

按：總目寫“一百六十四卷”，實爲一百八十六卷，因其并未將《孟子要略》《家書》《家訓》《大事記》《榮哀録》計入。

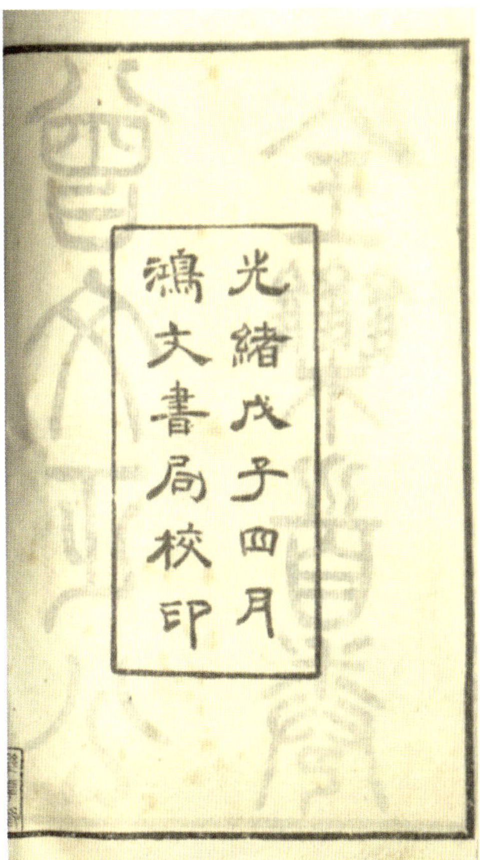

光緒戊子四月
鴻文書局校印

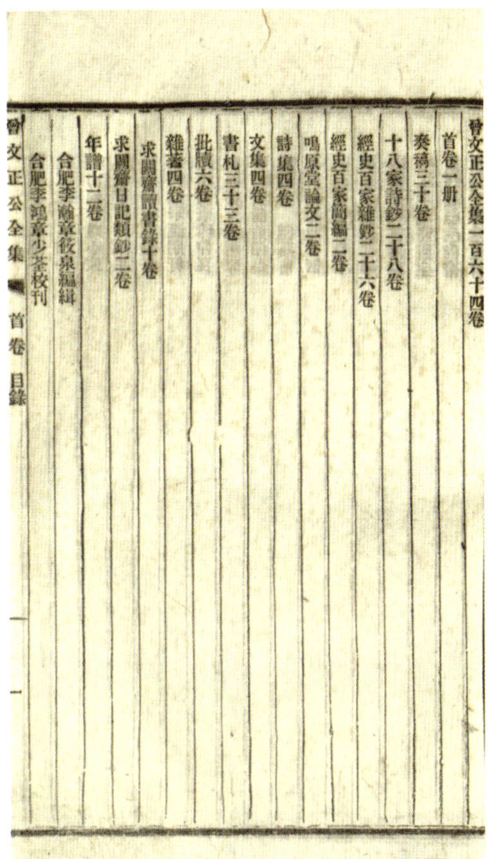

曾文正公全集一百六十四卷
首卷一冊
奏稿三十卷
十八家詩鈔二十八卷
經史百家雜鈔二十六卷
經史百家簡編二卷
鳴原堂論文二卷
詩集四卷
文集四卷
書札三十三卷
批牘六卷
雜著四卷
求闕齋讀書錄十卷
求闕齋日記類鈔二卷
年譜十二卷
合肥李瀚章筱泉編緝
合肥李鴻章少荃校刊

曾文正公全集　首卷　目錄

037.樂府詩集一百卷　〔宋〕郭茂倩編次　〔明〕毛晋訂正

清同治十三年（1874）湖北崇文書局刻本　原十六册重裝爲四册

半框高18釐米，寬12.9釐米，每半葉11行21字。四周雙邊，黑口，單黑魚尾，版心中鎸“樂府”、卷次及葉碼。

内封題“樂府詩集”。牌記題“同治甲戌湖北崇文書局重雕”。卷端題“樂府詩集，太原郭茂倩編次”。每卷卷尾題“東吴毛晋訂正”。

鈐印：“徐景軾圖籍印”“必有憙齋”。

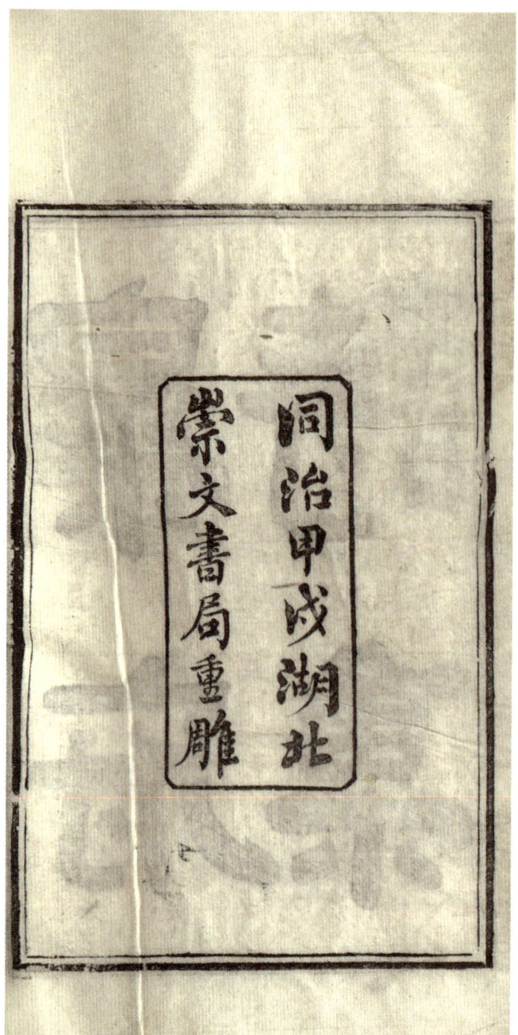

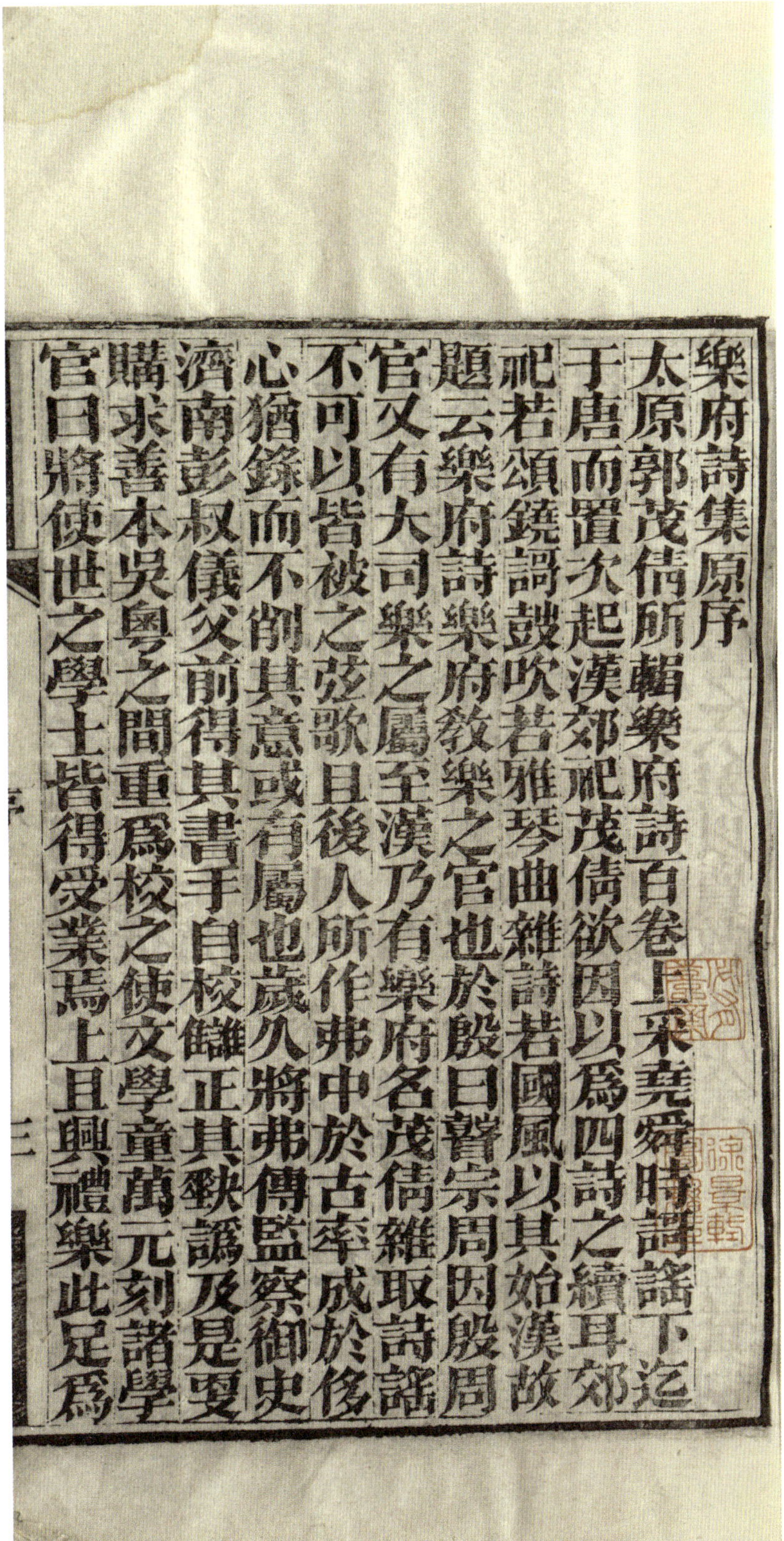

樂府詩集原序

太原郭茂倩所輯樂府詩百卷上采堯舜時謌謠下迄于唐而置次起漢郊祀茂倩欲因以爲四詩之續耳郊祀若頌鐃謌鼓吹若雅琴曲雜詩若國風以其始漢故題云樂府詩樂府敎樂之官也於殷曰瞽宗周因殷周官又有大司樂之屬至漢乃有樂府名茂倩雜取詩謠不可以皆被之弦歌且後人所作弗中於古卒成於後心猶錄而不削其意或有屬也歲久將弗傳監察御史濟南彭叔儀父前得其書手自校讎正其訛譌及是要購求善本吳粤之間重爲校之使文學童萬元刻諸學官曰將使世之學士皆得受業焉上且興禮樂此足爲

038.漁洋山人古詩選三十二卷惜抱軒今體詩選十八卷 〔清〕王士禛輯 （惜抱軒今體詩選）〔清〕姚鼐輯 PL2517.W4 1866 v.1-10

清同治五年（1866）金陵書局刻本 原十册重裝爲三册

半框高17.8釐米，寬13.5釐米，每半葉10行22字，小字雙行同。左右雙邊，黑口，雙黑魚尾，版心中鎸子目篇名、卷次及葉碼。

内封題“漁洋山人古詩選”。牌記題“同治五年十月金陵書局開雕”。

子目：

漁洋山人古詩選

五言詩十七卷

七言詩十五卷

惜抱軒今體詩選

五言今體詩鈔九卷

七言今體詩鈔九卷

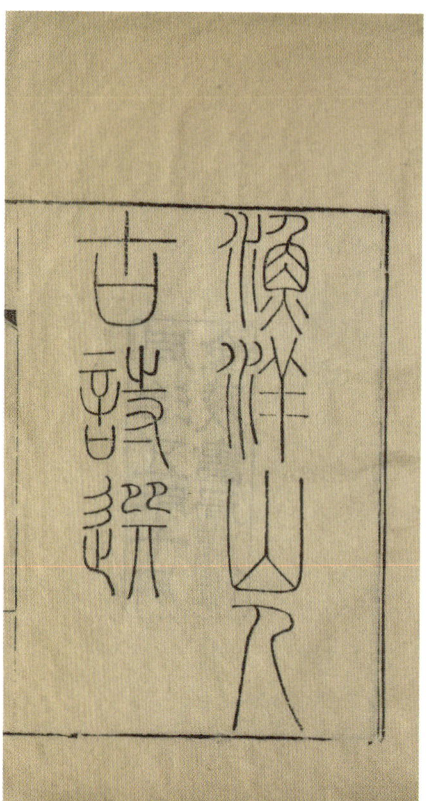

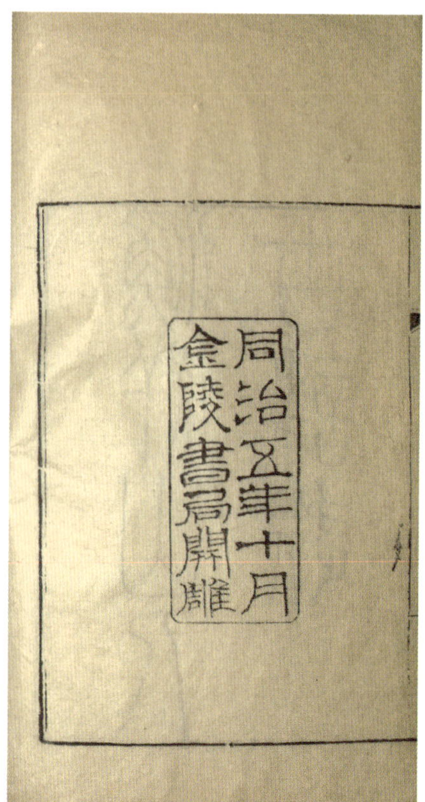

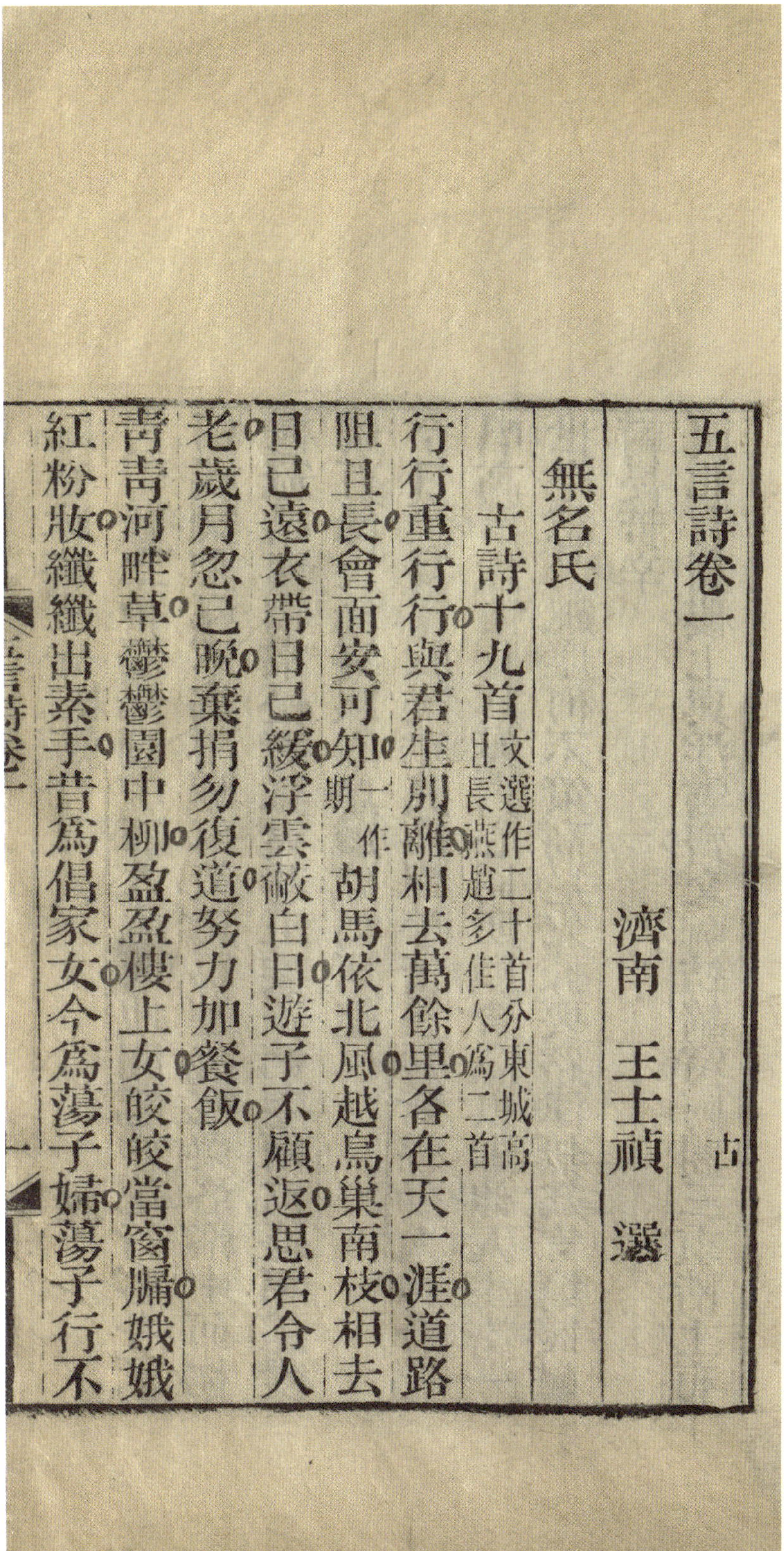

五言詩卷一　　古

濟南　王士禎　選

無名氏

古詩十九首 文選作二十首分東城高且長燕趙多佳人爲二首

行行重行行與君生別離相去萬餘里各在天一涯道路阻且長會面安可知一作期胡馬依北風越鳥巢南枝相去日已遠衣帶日已緩浮雲蔽白日遊子不顧返思君令人老歲月忽已晚棄捐勿復道努力加餐飯

青青河畔草鬱鬱園中柳盈盈樓上女皎皎當窗牖娥娥紅粉妝纖纖出素手昔爲倡家女今爲蕩子婦蕩子行不

五言詩卷一　一

039.新倭袍四集二十回　　題〔清〕蹉跎子撰　　

清宣統元年（1909）上海新新小説社鉛印本　一册

内封題“新倭袍，言情小説，上海新新小説社印行”。卷端題“續倭袍，新陽蹉跎子著”。

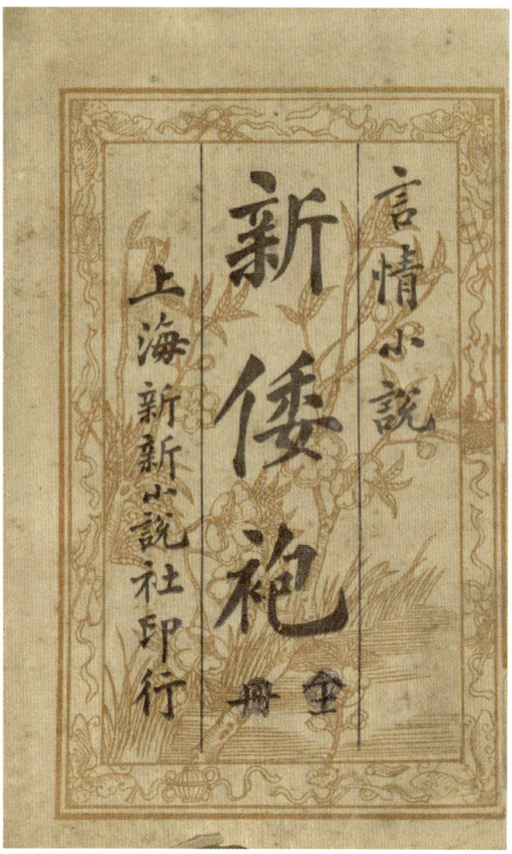

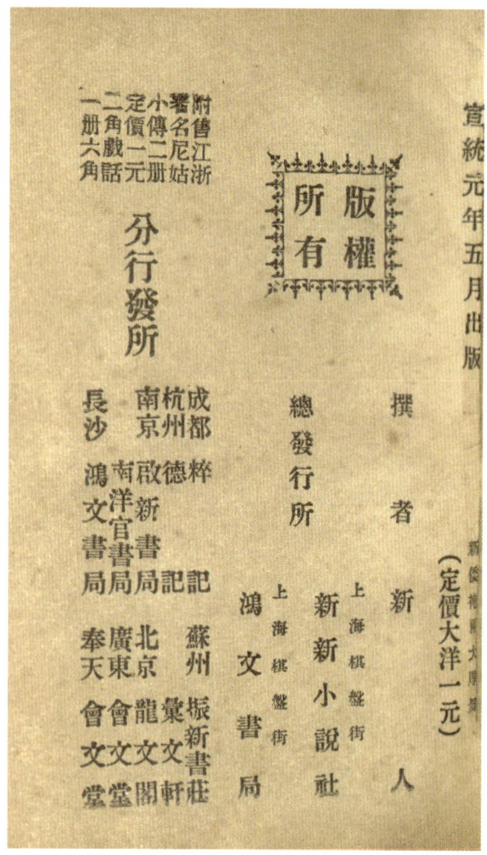

續倭袍初集

新陽蹉跎子著

第一回　得第

小生引　一貫中西學問高維新事業屬吾曹龍門萬丈波濤壯初唱鴻臚獨占鰲開風氣稱英豪蓋世才名海外標年少春風誇及第　獨可憐　玉闈金屋還待藏嬌　小生白　小生姓唐名望雲表字從龍别號倭袍管領者祖籍湖北荆州府支江縣人氏先父唐紹傑在日曾爲京畿道監察御史母授五花官誥以故小生自幼卽隨宦京師不幸父喪娘亡伶仃孤弱虧得叔父紹英撫養成人送入京城通譯館肄業嗣蒙管理學部章之達一見小生謬加奬譽逕咨送往華盛頓大學習兵科專門五年刻苦居然異域留名一試殿廷竟爾瓊林領袖只是金榜雖已題名洞房未完花燭鄙門春色黯淡無華兀不

040.珊海餘詼十二卷　題〔清〕玉册道人撰　

清光緒三十二年(1906)中新書局鉛印本　一册

卷端題"珊海餘詼,玉册道人著"。

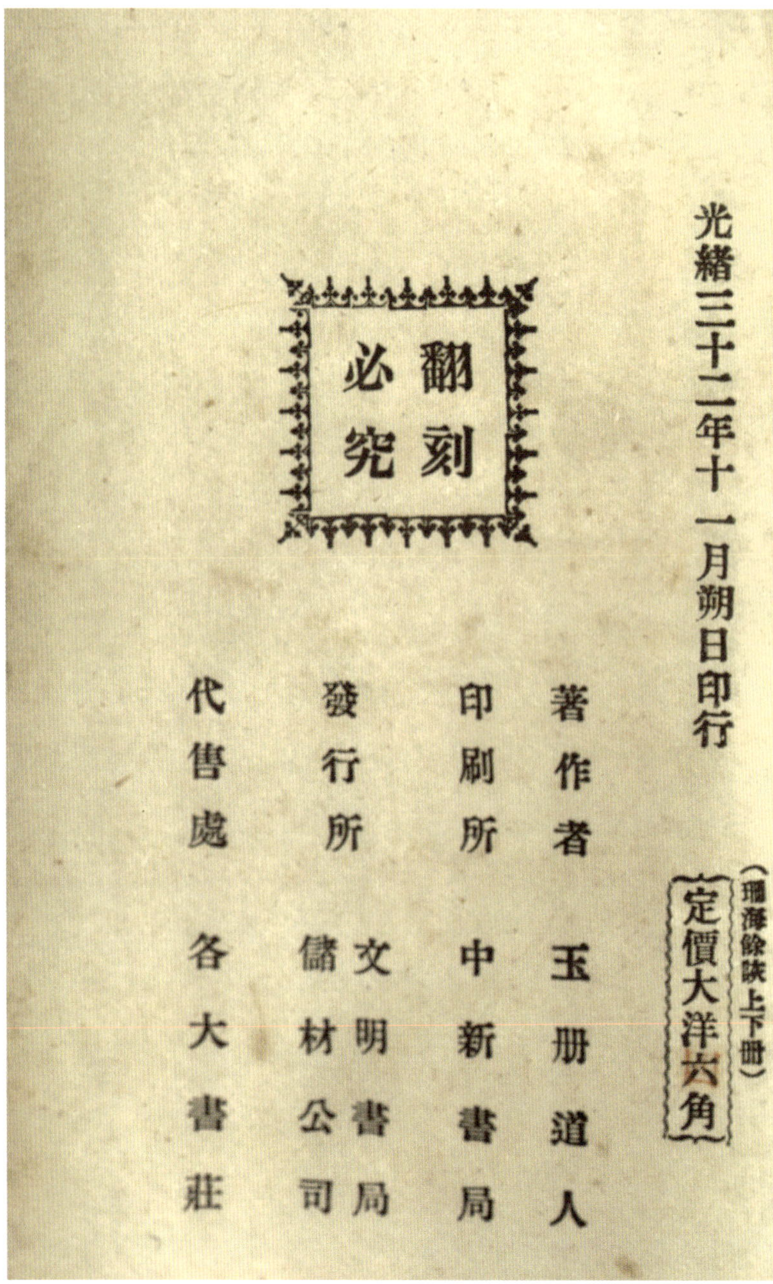
光緒三十二年十一月朔日印行
（珊海餘詼上下册）定價大洋六角
著作者　玉册道人
印刷所　中新書局
發行所　文明書局　儲材公司
代售處　各大書莊
翻刻必究

珊海餘詠卷一

玉册道人著

烟鬼歎

余髫齡有客談鴉片烟。詢其狀。客約略言之。恨未見也。戊寅秋闈。聞某號有吸烟者。搴簾問之。台州人。鳩形鵠面。疲憊不支。言吸此五六年。欲罷不能。家本中貲。邇年來漸覺拮据。不知作何究竟。言已長嘆。華陽茂才鄧紫南忻有洋烟嘆十六首。語極沈痛。可以警世。詩云。鬼性妖胎巧獨傳。罪魁千古創洋烟。泥丸轉覺心頭蕩。香餌能教嗜好偏。直使中原財易盡。翻令花外富無邊。願將十萬錢鏐弩。破浪乘風射海船。又小癖能教罪滅門。衆生何苦日昏昏。都

041.俠客談不分卷附世界奇談不分卷 陳景韓撰 PL2779.E58 H77 1910

清宣統二年(1910)秋星社鉛印本 一册

卷端題“俠客談,冷血”。

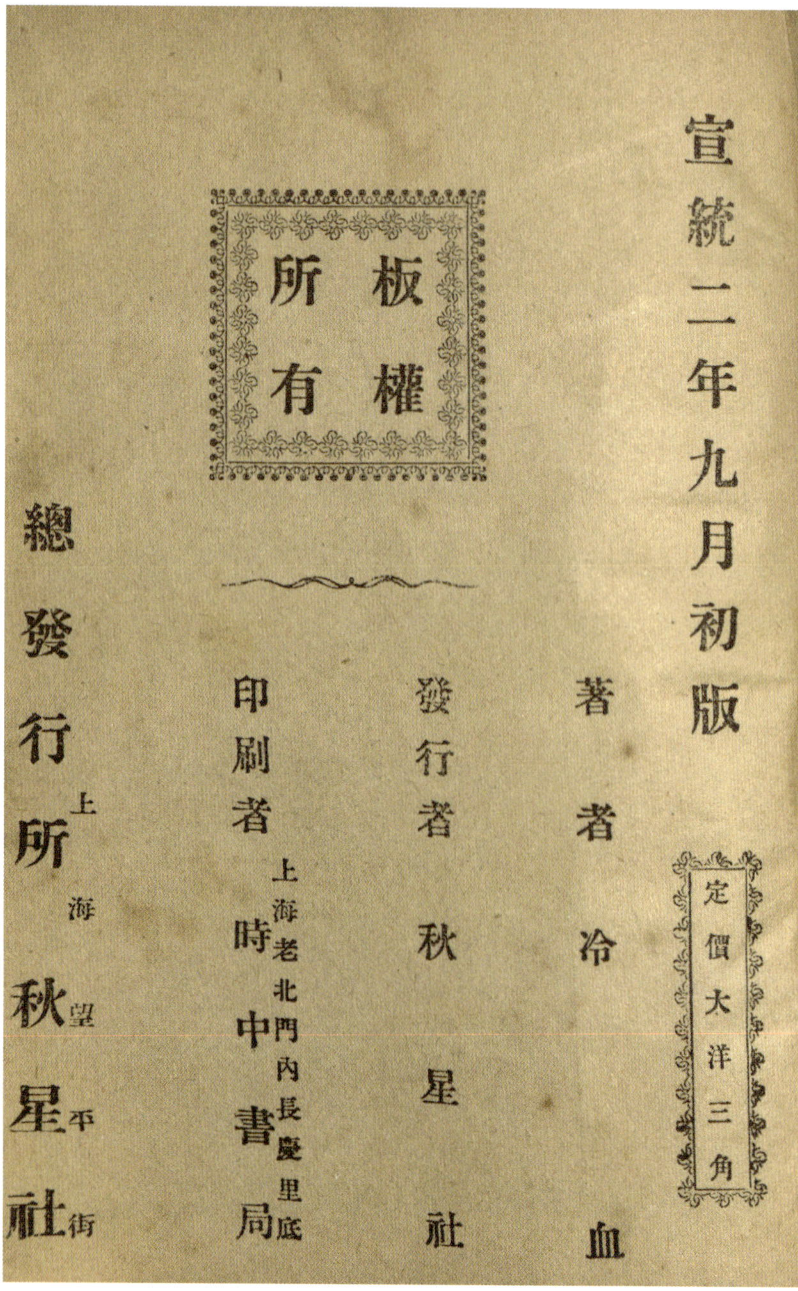
宣統二年九月初版

定價大洋三角

板權所有

著者 冷血

發行者 秋星社

印刷者 時中書局 上海老北門内長慶里底

總發行所 秋星社 上海望平街

俠客談

刀餘生傳（第一）（冷血）

强盜！强盜！

有一旅客且喊且走在荒野中正當天地冥黑星月全無之夜半後有一人如飛而來身體上下一色全黑右手執寶刀左手袖口束細索未及百步旅客遂被執

旅客既被執强盜乃取袖口細索縛兩手提錢囊負於背牽之行曲折入一山谷此山谷中有石穴入石穴再曲折行約半里忽然開朗有石室石室之中電燈上下明亮如白晝有椅有桌有各式應用物有八九人咸全黑如彼强盜裝束狀寶刀繫腰上左旁褲袋微露手槍柄或坐或立均默靜無一語

旅客既牽至即有三人來助强盜解旅客縛搜旅客身畔一切銀錢貴重物一人隨

042.蘇州新年不分卷 〔清〕遯廬撰 PL2729.U45 S8 1906

清光緒三十二年（1906）樂群小説社鉛印本 一册

卷端題"蘇州新年，舊人作"。

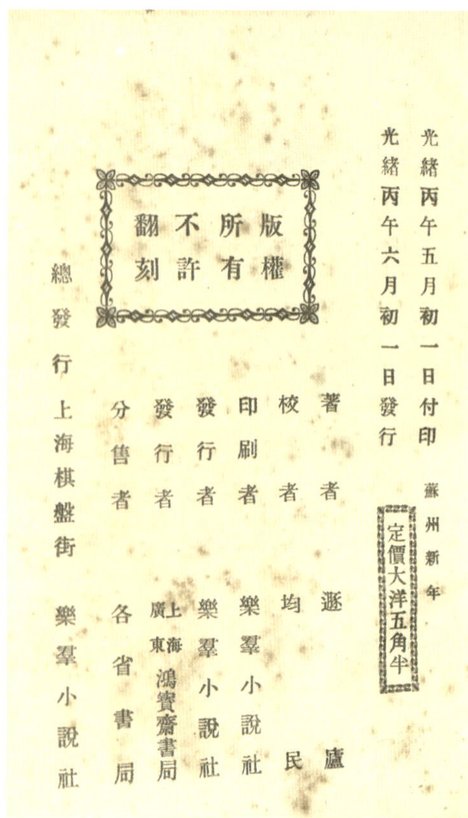

光緒丙午五月初一日付印
光緒丙午六月初一日發行

蘇州新年

定價大洋五角半

版權所有 不許翻刻

著者	遯盧
校者	均民
印刷者	樂羣小說社
發行者	樂羣小說社
發行者	上海 廣東 鴻寶齋書局
分售者	各省書局

總發行 上海棋盤街 樂羣小說社

蘇州新年

舊人作

（引）閒來無事說蘇州。空頭。新年新歲鬧啾啾。虛浮。道子難描地獄囚。可憂。
誰人能挽此洪流。千秋。過了一年又一年。今朝又是一新年。有人議論日俄
戰事。我想我們中國人是局外人。況且這東三省。離我這裏遠得很。有事也
不與我相干。我是一品大百姓。自然聽官府的說話。嚴守中立。不談戰事。大
年初一覺得悶氣。倒不如走上街頭。消消悶。一出門來便看見兩個老先生。
對面相遇。大家恭恭敬敬的作上一個揖。一個道恭喜恭喜新春如意。一個
說道發財發財。又過了一個太平年了。我聽見這句話。不知什麼緣故。不知
不覺的滴下淚來。幾乎要哭出聲來。連忙用手巾揩那眼淚。放開脚步便走。
走過那邊。聽得一家人家。裏頭有個女人的口音。在那裡叮囑他的丈夫模

043.學生現形記八回 〔清〕遯廬撰

清光緒三十三年(1907)樂群小説社鉛印本 一册

卷端題"學生現形記,小説叢書第三"。

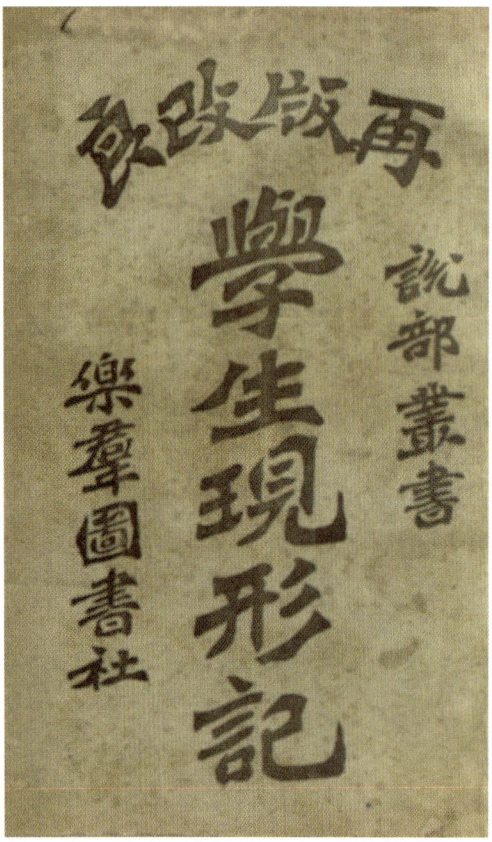

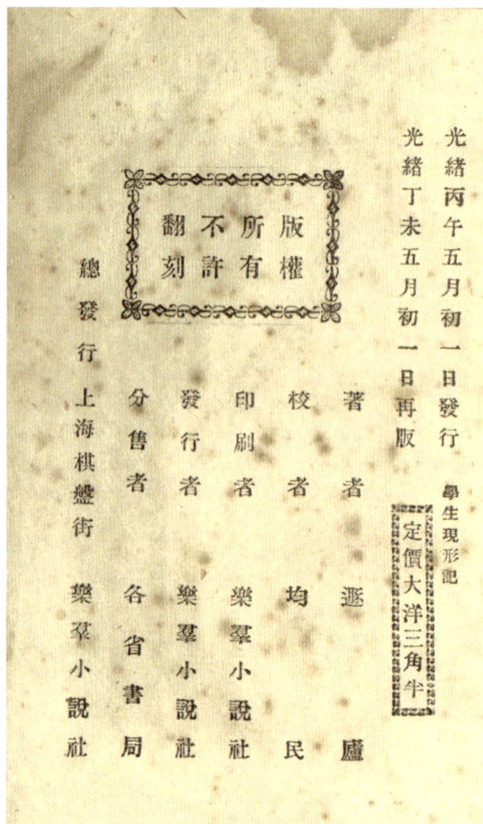

學生現形記

小說叢書第三

第一回 極樂國開創渾沌帝 剖驗所閱看游學生

狡獪人猿。儘遊戲大千世界。騙盡了紅塵俗眼。齊聲喝彩。錯認長房工縮地。眞成精衞能塡海。便英雄漢武也沉迷。魚龍駭。神仙技。從誰賣。蒼生禍。憑誰解。嘆腹書篝火。紛紜變態。斗米翻興張角亂。方車寧免蚩尤敗。誓蕩除雲霧覩青天。銷遺害。 調寄滿江紅

話說南洋海島裏面。有个大國。名叫極樂國。因爲他國裏從古至今。都是守的一個得過且過的政策。聽說這個政策。是他們太祖高皇帝定下來的。這位太祖高皇帝。名叫渾沌。有人說是盤古之兄。有人說是盤古之弟。年湮代遠。就是史書上也無從查考的了。但從這渾沌開國以後。也不知換了幾多

044.大良阿斗官十回　〔清〕潘俠魂輯　PL2699.A2 1910

清宣統元年（1909）守經堂鉛印本　一册

内封題“大良阿斗官”。

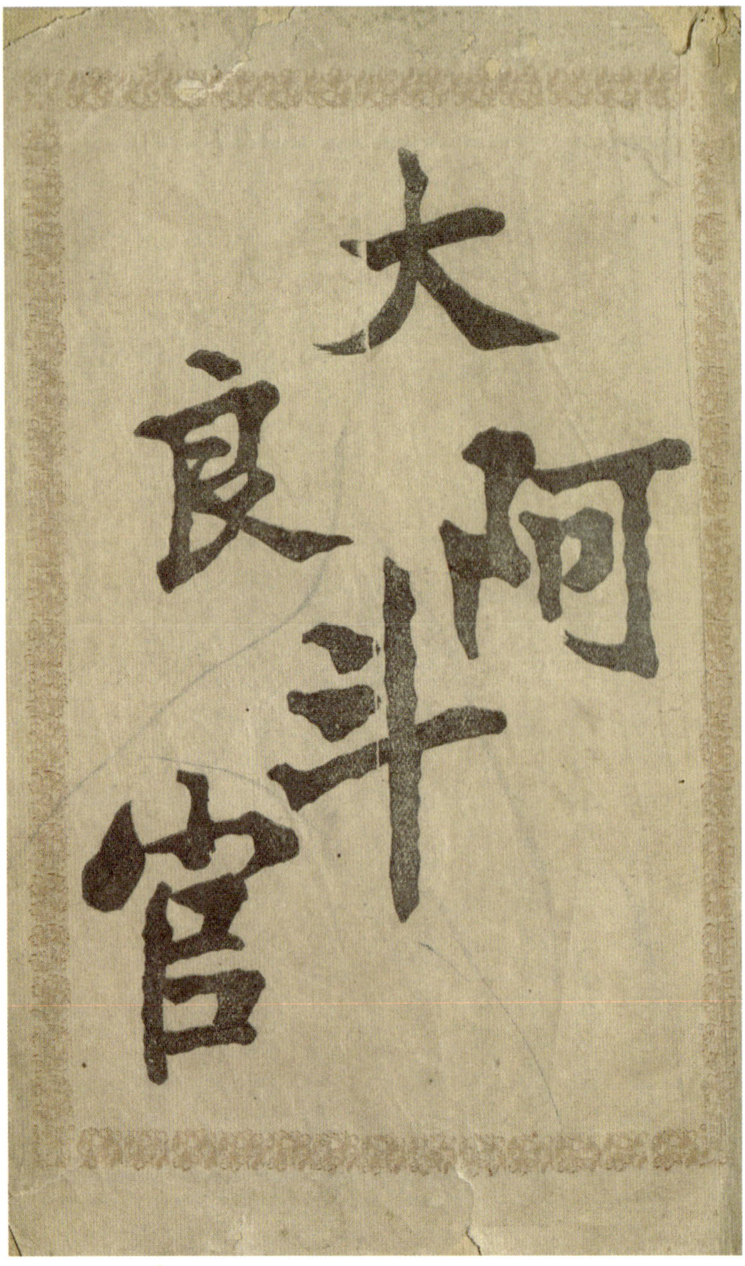

緒言

夫人爲萬物之靈。腦質中含有一種神經。能印記已往。悟澈將來。雖生生死死。歷于萬億刧。而靈氣有不可磨滅者。故近世神學家言。謂肉身旣路。其疏飄泊於兩間。當皈衣救主。使得永生天國。而格學家亦以物旣化分。當不滅其原質之重量。由此理推測去。知人身雖死。其所以構造此身者。必不同歸泯滅。循是之故。吾儒所謂報應。佛門所謂因果。皆由靈魂之說。遞推泥行。而知其當然也。攷之稗史。晋元入夢。兆趙構之偏安。小吏登床。知楊素之族滅。脫胎換形。感恩報怨。豈盡荒渺難稽哉。今冬十有一月。本社遷於書芳街在美書室之南軒。維時朔風怒號。景物咸疏。余方圍爐熾炭。枯坐斗室。適社員馮君。以大良阿斗官小說稿相寄。披誦之餘。語語涉趣。雖其中談果報之理。頗類怪誕。而揆今社會程度。正爲對症之良藥也。爰泚筆書此。以質諸海內諸君子。

己酉仲冬朔後七日　輯者潘俠魂撰

045.新鐫濟顛大師醉菩提全傳二十回 題〔清〕天花藏主人編次

清維揚集文堂刻本 四册一函

半框高14釐米，寬10釐米，每半葉9行20字，無界欄。四周單邊，白口，單黑魚尾，版心上鎸“濟顛全傳”，中鎸回次，下鎸葉碼。

内封題“醉菩提傳，濟顛真跡，維揚集文堂藏板”。卷端題“新鐫濟顛大師醉菩提全傳，天花藏主人編次”。

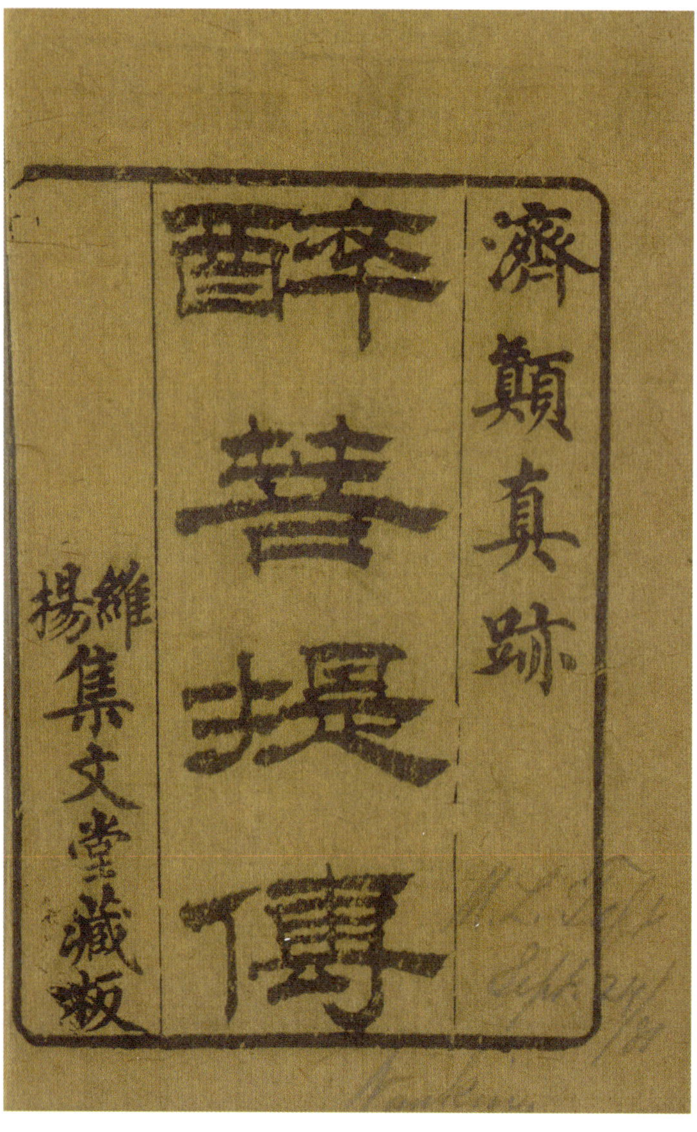

新鐫濟顛大師醉菩提全傳第一回

天花藏主人編次

靜中動羅漢投胎　來處去高僧辭世

詩曰

愛網無關愛不纏　金田有種種金仙
禪心要在塵中淨　功行終須世上全
煩惱脫於煩惱際　死生超出死生前
不能火裏生枝葉　安得花開火裏蓮

此八句詩是說那釋教門中的羅漢雖然上登極樂

類叢部

046.佩文韻府一百六卷　〔清〕張玉書等奉敕纂　AE17.P4 v.1-100

清道光間嶺南潘氏海山仙館覆刻武英殿本　一百册十六函

半框高16.5釐米，寬11.4釐米，每半葉12行25字，小字雙行同。四周雙邊，白口，單黑魚尾，版心上鎸書名，中鎸卷次、韻部名，下鎸葉碼。

卷端題“佩文韻府”。

鈐印：“張祖年印”“維石”“祖年大利”“天漢支機羅浮綻雪”“懷燕堂”“紅梅華館”。

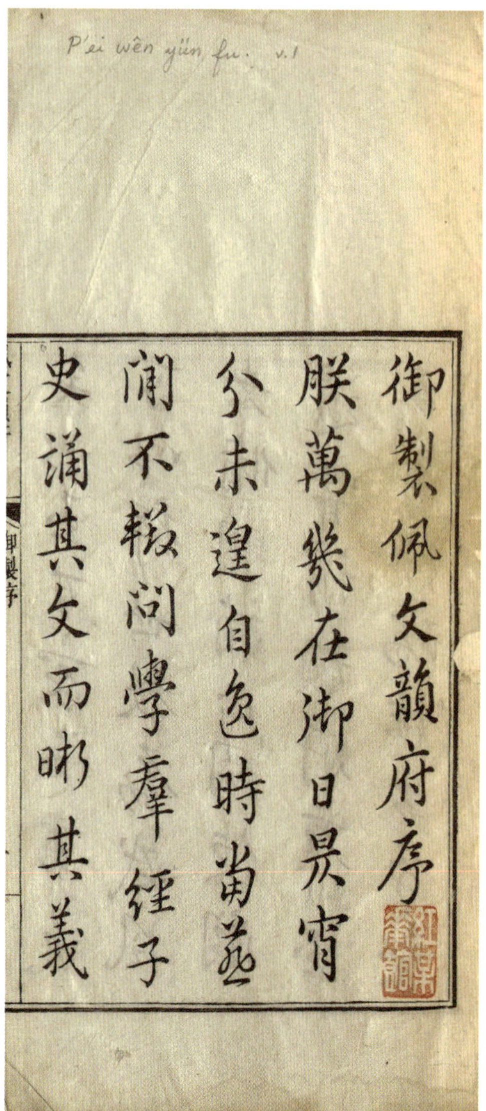

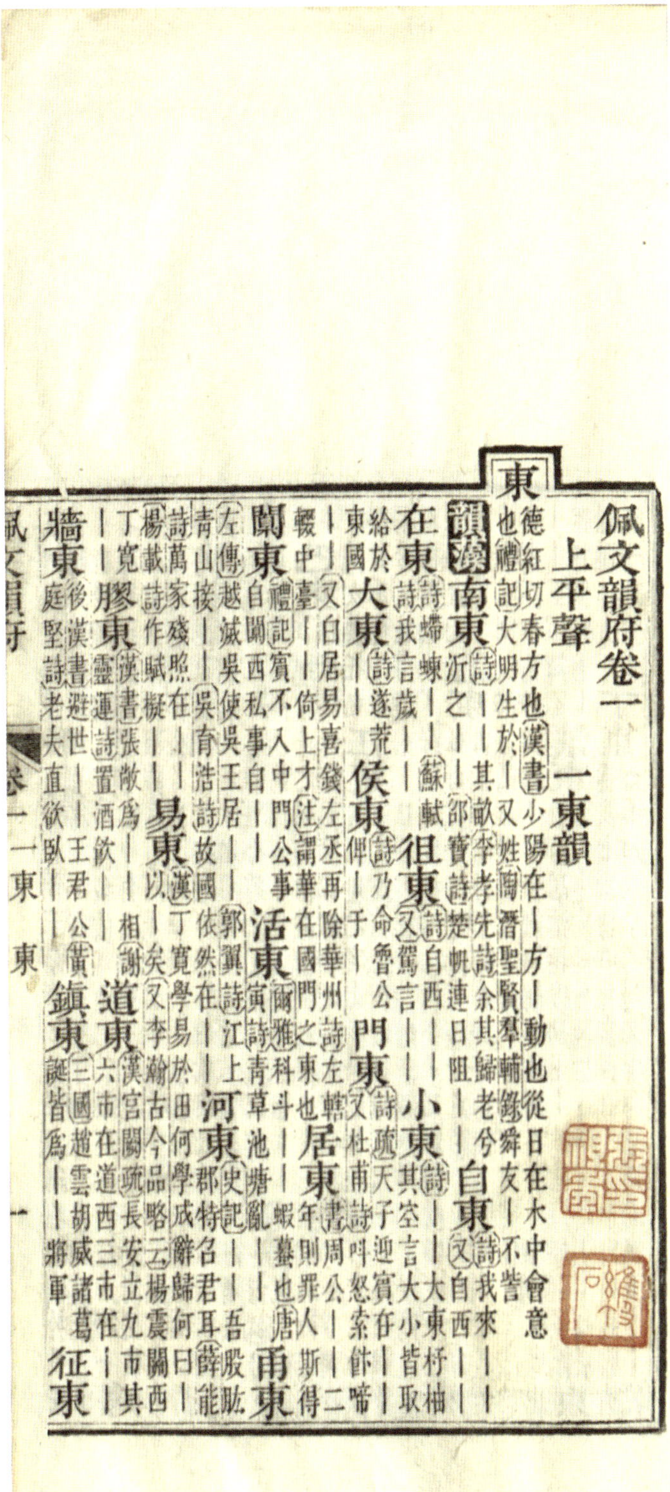
佩文韻府卷一
上平聲　一東韻
東德紅切春方也漢書少陽在丨方丨動也從日在木中會意也禮記大明生於丨又姓陶潛聖賢羣輔錄舜友丨不訾
韻藻南東詩丨丨其畝李孝先詩余其歸老兮沂之丨丨邵寶詩楚帆連日阻丨丨自東詩我來丨丨又自西丨丨
在東詩蝃蝀丨丨蘇軾詩我言歲丨丨徂東詩自西丨丨又駕言丨丨小東詩丨丨大東杼柚其空言大小皆取
給於東國大東詩遂荒丨丨侯東詩乃命魯公俾丨于丨門東詩疏天子迎賓在丨丨又杜甫詩呌怒索餅啼
丨丨又白居易喜錢左丞再除華州詩左轄輟中臺丨丨倚上才注謂華在國門之東也居東書周公丨丨二年則罪人斯得
闑東禮記賓不入中門公事自闑西私事自丨丨活東爾雅科斗丨丨蝦蟇也唐寅詩青草池塘亂丨丨甬東
左傳越滅吳使吳王居丨丨郭翼詩江上青山接丨丨吳育浩詩故國依然在丨丨河東史記丨丨吾股肱郡特召君耳薛能
詩萬家殘照在丨丨楊載詩作賦擬丨丨易東漢丁寬學易於田何學成辭歸何曰丨丨以丨矣又李瀚古今品略云楊震關西
丁寬丨丨膠東漢書張敞為丨丨相謝靈運詩置酒飲丨丨道東漢宮闕疏長安立九市其六市在道西三市在丨丨
牆東後漢書避世丨丨王君公黃庭堅詩老夫直欲臥丨丨鎮東三國趙雲胡威諸葛誕皆為丨丨將軍征東

佩文韻府　卷一　一東　一

新學類

047.官話類編不分卷 （美國）狄考文編 PL1115.K8

清光緒十八年（1892）美華書館鉛印本 一册

内封題“官話類編，耶穌降世一千八百九十二年，歲次壬辰，美華書館鐫印”。卷端題“官話類編”。

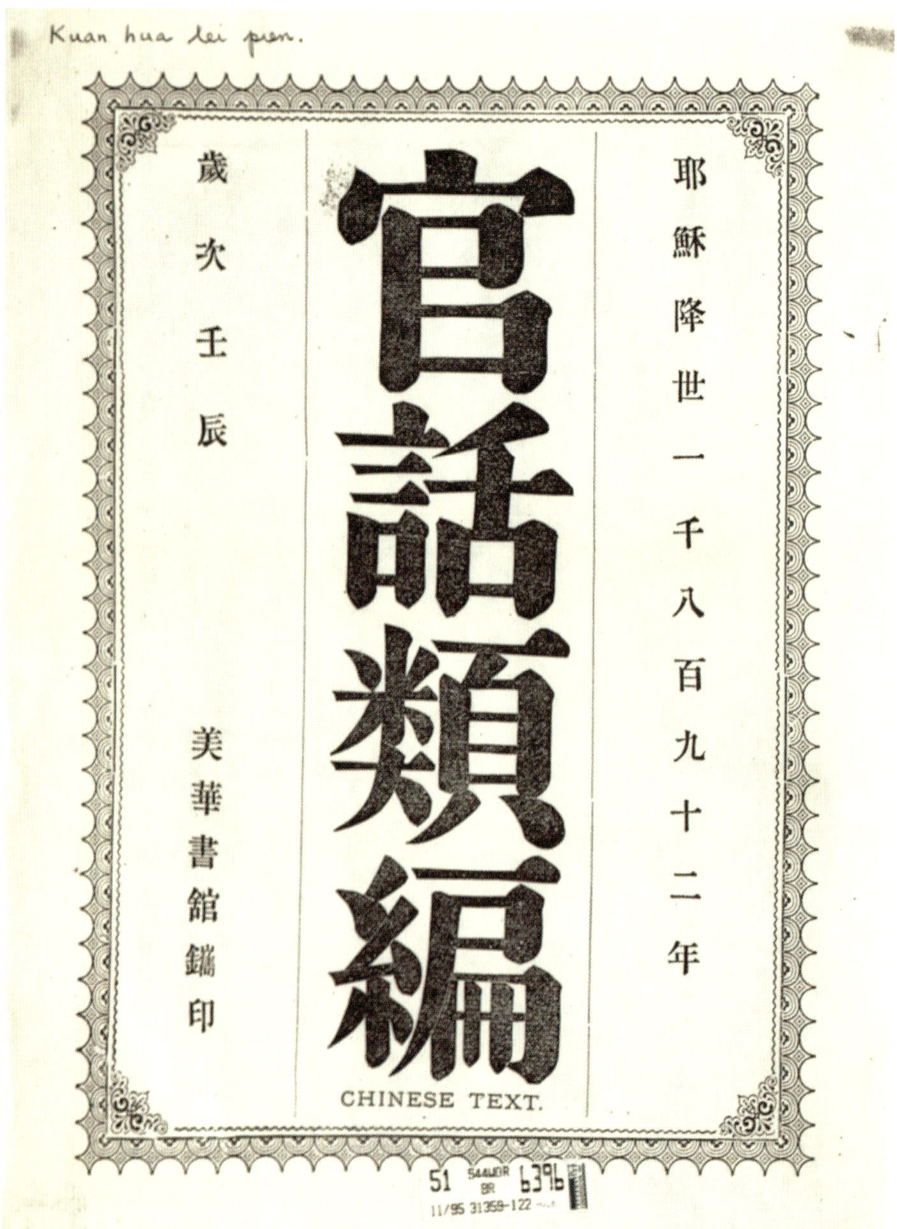

官話類編

第一課

[1]一個人。○[2]兩個男人。○[3]三個女人。○[4]四個先生。○[5]五個師娘(母)。○[6]六個學生。○[7]七個字。○[8]八個門。○[9]九個月。○[10]十個學房(堂)。○[11]十一個錢。○[12]十二個月是一年。○[13]三十天是一個月。○[14]七天是一個禮拜。○[15]一千個錢是一吊。○[16]一百五十個人。○[17]十九個小錢。○[18]二百四十個女人。○[19]一百零六個錢。○[20]一年零八個月。○[21]十一個月、零七天。○[22]先生有好些個(好些)錢。○[23]門口有一些個(一些)女人。○[24]學堂(房)有好些(一大些)個學生。○[25]門口有五六個人。○[26]一千六百零八個男人。○[27]一年有三百六十五天。○[28]三千零零五個錢。○[29]李太太、有十八九個學生。○[30]李老爺、是個好人。○[31]房老爺、有三吊五百錢。

第二課

[1]這個人、沒有學問。○[2]那個人、沒有錢。○[3]這個音、不好聽。○[4]這些小錢、不好使(用)。○[5]這個傘、不大好。○[6]這些字難學。○[7]那個地方(落地)不好。○[8]這個人、不會說官話。○[9]那個人有病、不能吃飯。○[10]這些東西、實在不好使(用)。○[11]不要開那個門。○[12]那些人、沒有飯吃。○[13]那個學生、會寫好些字。○[14]這個人、不說實話。○[15]那個人、不會寫字。○[16]這個字、實在不好寫。○[17]那個人、不要這些小錢。○[18]這些話、實在難學。○[19]請先生寫這個字。○[20]那個學生、不聽說。○[21]太太不能吃這個飯。○[22]這個地方、有好些(一大些)個人。○[23]那個小學生、不大老實。○[24]那個地方、沒有好人。○[25]那個地方、沒有個好人。○[26]那個地方、沒有一個好人。○[27]這個地方、沒有窮人。○[28]這個學生要六個錢。○[29]這個老先生實在窮。

第三課

[1]他沒(沒)有吃早(朝)飯。○[2]我有三百錢。○[3]他們不能來。○[4]我沒有錢。○[5]他不會寫這個字。○[6]我不明白這個字。○[7]先生要你說實話。○[8]他不能不告訴你。○[9]你們可以等一等。○[10]我們沒有地方寫字。○[11]他不會開這個門。○[12]那個時候、我不能去。○[13]這個禮拜、我不能來。○[14]你去告訴他、等一等。○[15]我們還沒吃晌(中午)飯。○[16]這個事、你不能不管。○[17]這個事情、你不可(好)告訴他。○[18]這個飯、我實在不能吃。○[19]這

海外中文古籍總目
漢籍合璧目録編

〔美〕吴 憲（Xian Wu） 編

An Illustrated Catalogue of Chinese Ancient Books in Michigan State University Libraries

美國密歇根州立大學圖書館中文古籍目録

前　言

位於美國密歇根州政府附近的密歇根州立大學（Michigan State University）創建於1855年，所在地東蘭辛市是一座典型的大學城。密歇根州立大學屬於《莫雷爾法案》（*Morrill Act*）的早期贈地大學之一，起初名爲密歇根農學院，建校100周年之際正式改名爲美國密歇根州立大學，素來以贈地大學之先驅而聞名全美。這是一所學科齊全、規模宏大的綜合性大學。密歇根州立大學也是倡導國際教育與研究並起步較早的大學之一，1884年起就有日本學生在校學習，1914年國際學生俱樂部主席是來自廣東的中國學生。校方於1943年聘請了華人李紹昌（Shao-Chang Lee）先生來校幫助建立國際研究學院。密歇根州立大學的漢學研究發展由此邁出了新的一步。

李紹昌先生是廣東香山人，曾就讀於清華大學，1914年進入耶魯大學攻讀教育學，後又就讀於哥倫比亞大學獲教師證書。李紹昌先生是密歇根州立大學的漢學教授，在這之前是夏威夷大學的中國歷史和國文教授。本目録收録的1912年之前的61種館藏，其中相當一部分是李紹昌先生捐贈給密歇根州立大學圖書館的私人藏書，史部類的書籍佔三分之一。

在本目録編輯過程中，編者得到了密歇根州立大學圖書館特藏部和數字媒體部工作人員的大力支持，俄亥俄州立大學李國慶教授也專程前來指教，在此一併致謝。

吴　憲

2017年10月7日於東蘭辛

2023年12月定稿

編　例

一、本書目共收録美國密歇根州立大學圖書館所藏中文古籍61種。

二、書目按經部、史部、子部、集部、類叢部、新學類及其下屬類目分類編排。類目設置及條目排序參照《全國古籍普查登記手册》之《漢文古籍分類表》和《漢文古籍目録分類款目組織規則》，並結合本館實際情况作適當變通。

三、書目按書名項、著者項、版本項、稽核項、版式項、附注項、藏印項順序著録，後加編者按語。

1.書名項：包括書名及卷次。書名一般以卷端所題爲據。卷次包括卷數、卷首、卷末、附録等。殘本在書名項著録原書卷數，在按語中標明現存卷數及卷次。

2.著者項：包括朝代（國别）、著者姓名、並列著者姓名及著作方式。一般著録本名，主要據書中所署，書中無署且無考者缺省。著者姓名取通用名字，一般不取字號、别稱。若正文卷端所題字號别稱未能查知其真實姓名者，則在著者項前加"題"字。清以前的著者，著録朝代名；域外著者，著録國名。

3.版本項：包括刻印或抄寫時代、地域、版刻類型等。年份確切者括注公元紀年，干支紀年轉换爲相應的朝代年號紀年；年代不詳者，則著録某朝或某朝某代間抄本、刻本。

4.稽核項：著録册數、函數，館藏無函者則不著録函數。

5.版式項：著録行格、字數、書口、邊欄、魚尾、版框尺寸、版心文字等情况。

6.附注項：著録内封、牌記頁、卷端等内容，大多僅記録原書所載文字内容。

7.藏印項：著録書中現有藏書家、名人學者所鈐書印，以反映其流傳情况。藏印文字不能識别者以"□"代之。

8.按語：著録古籍存缺卷信息，以及編者考證所得信息。

四、款目左上角爲本書目檢索順序號，右上角爲館藏索書號。

五、書目一般采用規範繁體字。

六、書目後附書名索引和著者名索引，按筆畫順序編排。

七、爲體現古籍原貌，每部書均選出若干書影，一般選擇內封、牌記和卷端，原書無上述頁面者，提供其他書頁以供讀者觀覽。

經部

001.十三經注疏三百四十六卷 PL2461.M35 1871

清同治十年（1871）廣東書局重刻武英殿本　一百二十册二十四函

半框高21.5釐米，寬15釐米，每半葉10行21字，小字雙行同。左右雙邊，白口，單黑魚尾，版心上鎸"乾隆四年校刊"，中鎸子目書名、卷次及葉碼。

内封題"十三經注疏，武英殿本，同治十年廣東書局重刊"。牌記題"菊坡精舍藏板"。

子目：

周易注疏十三卷　〔三國魏〕王弼、〔晋〕韓康伯注　〔唐〕陸德明音義　〔唐〕孔穎達疏

尚書注疏十九卷附考證　〔漢〕孔安國傳　〔唐〕陸德明音義　〔唐〕孔穎達疏

毛詩注疏三十卷　〔漢〕毛亨傳　〔漢〕鄭玄箋　〔唐〕陸德明音義　〔唐〕孔穎達疏

周禮注疏四十二卷　〔漢〕鄭玄注　〔唐〕陸德明音義　〔唐〕賈公彦疏

儀禮注疏十七卷　〔漢〕鄭玄注　〔唐〕陸德明音義　〔唐〕賈公彦疏

禮記注疏六十三卷　〔漢〕鄭玄注　〔唐〕陸德明音義　〔唐〕孔穎達疏

春秋左傳注疏六十卷　〔晋〕杜預注　〔唐〕陸德明音義　〔唐〕孔穎達疏

春秋公羊傳注疏二十八卷　〔漢〕何休撰　〔唐〕陸德明音義　□□疏

春秋穀梁傳注疏二十卷　〔晋〕范甯集解　〔唐〕陸德明音義　〔唐〕楊士勛疏

孝經注疏九卷　〔唐〕玄宗李隆基注　〔唐〕陸德明音義　〔宋〕邢昺校

論語注疏二十卷　〔三國魏〕何晏集解　〔唐〕陸德明音義　〔宋〕邢昺疏

爾雅注疏十一卷　〔晋〕郭璞注　〔唐〕陸德明音義　〔宋〕邢昺疏

孟子注疏十四卷　〔漢〕趙岐注　〔宋〕孫奭音義並疏

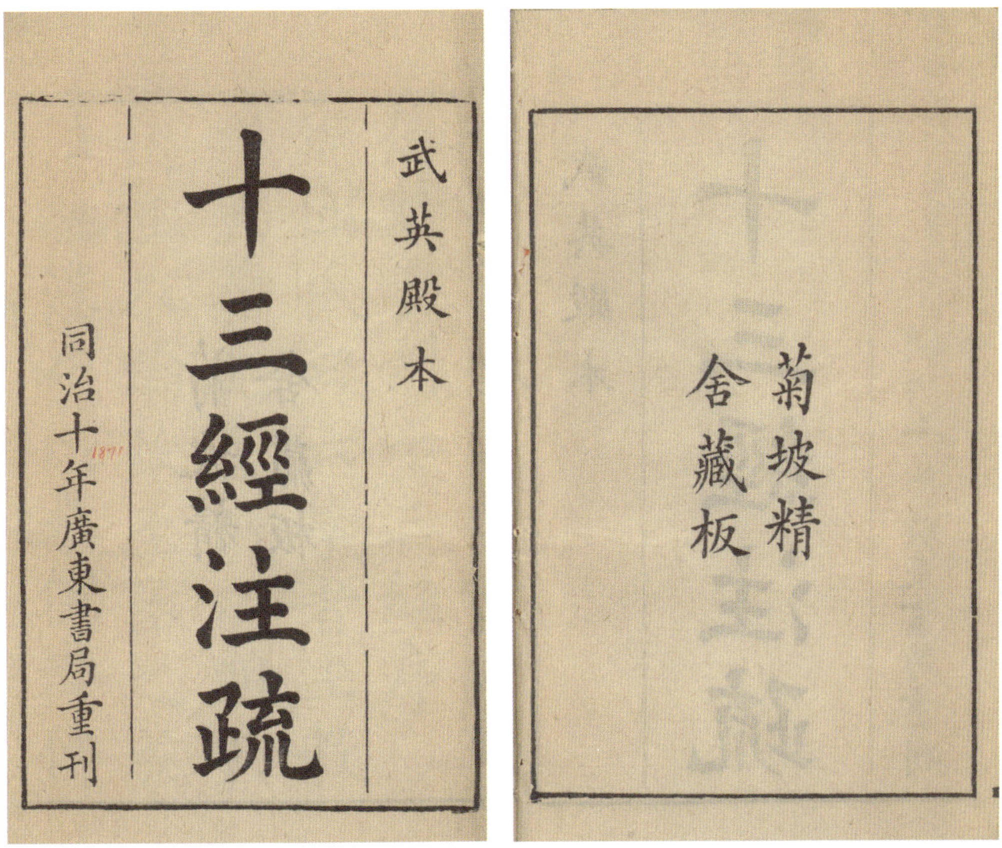
武英殿本
十三經注疏
同治十年1871廣東書局重刊
菊坡精舍藏板

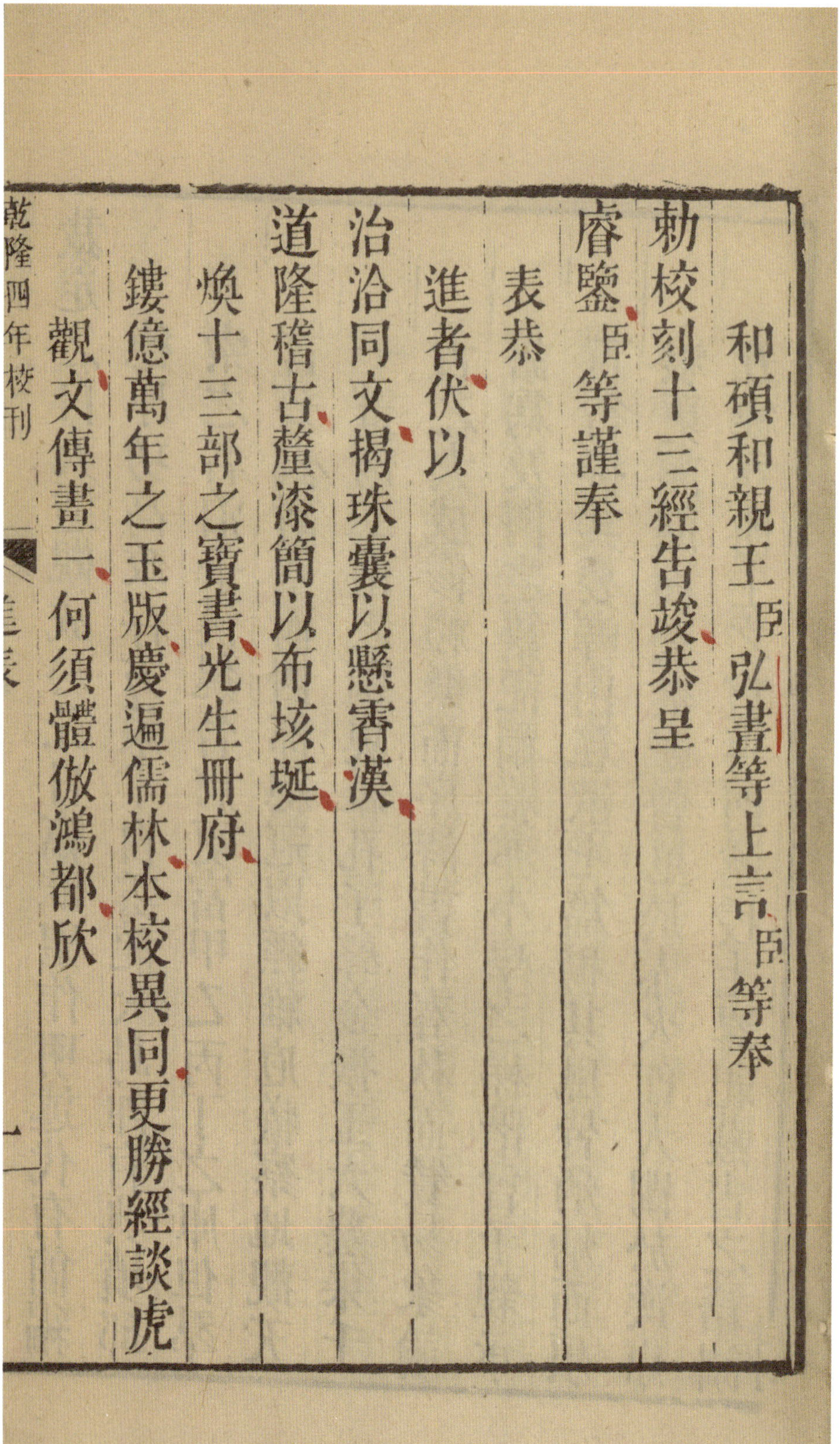

和碩和親王臣弘晝等上言臣等奉
勑校刻十三經告竣恭呈
睿鑒臣等謹奉
表恭
進者伏以
治洽同文揭珠囊以懸霄漢
道隆稽古釐漆簡以布垓埏
煥十三部之寶書光生冊府
鏤億萬年之玉版慶遍儒林本校異同更勝經談虎
觀文傳畫一何須體倣鴻都欣

乾隆四年校刊　進表　一

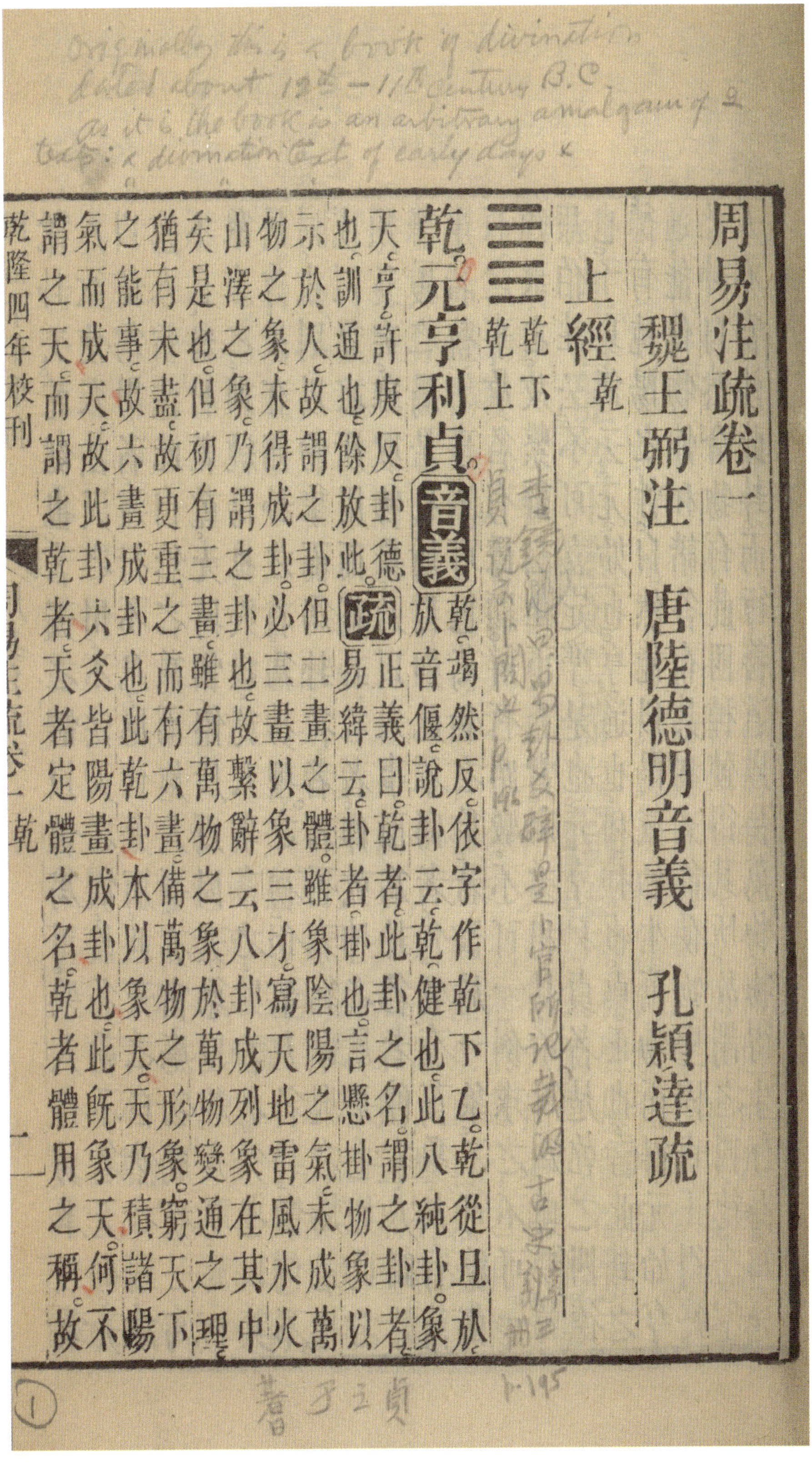
Originally this is a book of divination dated about 12th – 11th century B.C. As it is the book is an arbitrary amalgam of 2 texts: a divination text of early days ×

周易注疏卷一

魏王弼注　唐陸德明音義　孔穎達疏

上經　乾

☰ 乾下乾上

乾元亨利貞【音義】乾竭然反依字作乾下乙乾從旦㫃音偃說卦云乾健也此八純卦象天亨許庚反卦德也訓通也餘放此【疏】正義曰乾者此卦之名謂之卦者易緯云卦者掛也言懸掛物象以示於人故謂之卦但二畫之體雖象陰陽之氣未成萬物之象未得成卦必三畫以象三才寫天地雷風水火山澤之象乃謂之卦也故繫辭云八卦成列象在其中矣是也但初有三畫雖有萬物之象於萬物變通之理猶有未盡故更重之而有六畫備萬物之形象窮天下之能事故六畫成卦也此乾卦本以象天天乃積諸陽氣而成天故此卦六爻皆陽畫成卦也此既象天何不謂之天而謂之乾者天者定體之名乾者體用之稱故

乾隆四年校刊

周易注疏卷一　乾　一

002.詩古微卷首一卷上編三卷中編十卷下編上下二卷　〔清〕魏源撰

清光緒十三年（1887）席氏掃葉山房補刻本　十册一函

半框高17.5釐米，寬13釐米，每半葉10行22字，小字雙行同。左右雙邊，白口，單黑魚尾，版心上鎸書名，中鎸卷次、小題，下鎸葉碼。

内封題“詩古微”。卷端題“詩古微，邵陽魏源輯”。

鈐印：“太平晋印”“節臺”。

詩古微卷首

邵陽魏源輯

魯詩傳授攷

漢書儒林傳申公（名培）魯人也。少與楚元王交俱事齊人浮邱伯受詩。漢興。高祖過魯。申公以弟子從師入見于魯南宮。呂太后時。浮邱伯在長安。楚元王遣子郢（卽郢客）與申公俱卒學。元王薨。郢嗣立爲楚王。令申公傅太子戊。戊不好學。病申公。（病患苦也）及戊立爲王。胥靡申公。（相係而作役也）申公媿之。歸魯退居家教。終身不出門。復謝賓客。獨王命召之乃往。弟子自遠方至受業者千餘人。申公獨以詩經爲訓故。以

003.慎餘録八卷 〔清〕王應鯨撰

清乾隆三十一年（1766）刻桐山餘書本 四册一函

半框高18.5釐米，寬12釐米，每半葉9行20字。四周單邊，白口，單黑魚尾，版心上鎸書名，中鎸卷次，下鎸葉碼。

卷端題“慎餘録，任邱王應鯨著”。

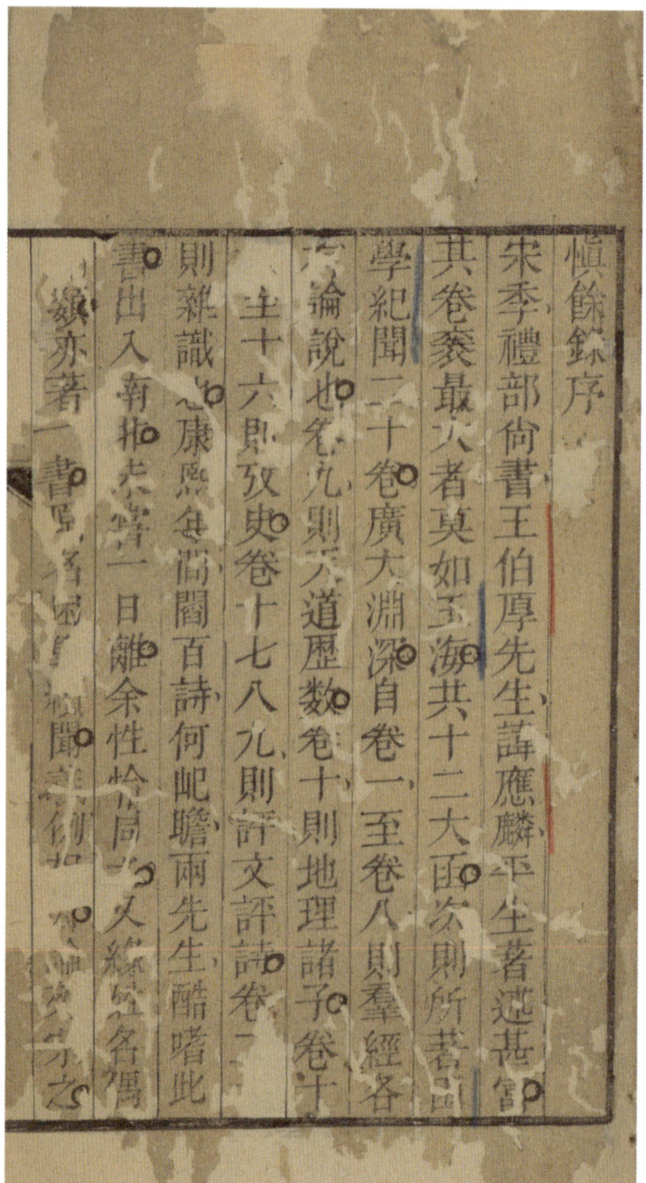

愼餘錄卷之一

任邱王應鯨著

書經

舜典歌永言卽樂記所謂長言之也二語恰互相明兩處上下文義亦相似○禹貢史臣記九州之成功凡首必標其疆界次遂詳其所治之水或並及其地與澤之平焉次則辨其土之色性次又定其地之田賦次又言其地之貢物終則明其貢道之來自某山某水以達帝都每州皆然知此則九州

004.重刊許氏説文解字五音韻譜十二卷 〔宋〕李燾撰 PL1281.L51915

明刻本 八册一函

半框高19釐米，寬14.5釐米，每半葉7行，行字不等，小字雙行20字。左右雙邊，白口，單黑魚尾，版心中鎸“説文”、卷次及葉碼。

卷端題“重刊許氏説文解字五音韻譜”。

鈐印：“許廷楨印”“禔”“玄”。

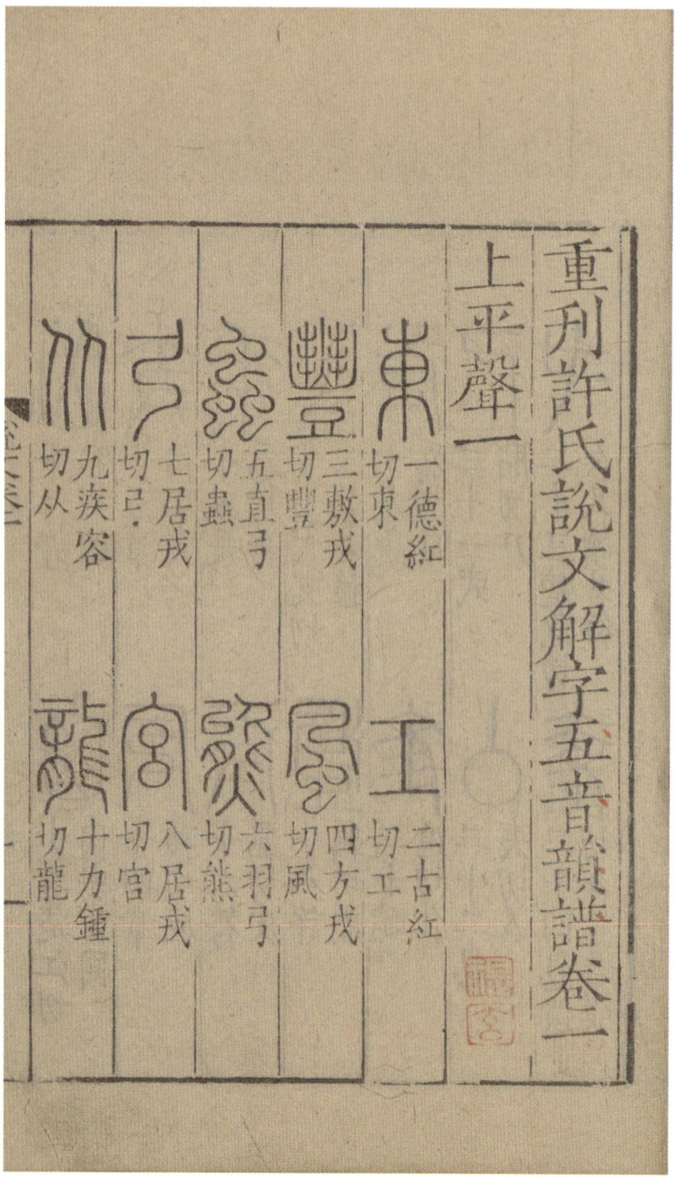
重刊許氏說文解字五音韻譜卷一
上平聲一
一德紅切東 二古紅切工
三敷戎切豐 四方戎切風
五直弓切蟲 六羽弓切熊
七居戎切弓 八居戎切宮
九疾容切从 十力鍾切龍

颼

聲。與章切䬔北風謂之䬔从風涼省聲呂張切飂高風也从風翏聲力求切

颼颼飀也从風叜聲所鳩切○颭風吹浪動也从風占聲隻冉切○

颲風雨暴疾也从風利聲讀若栗力質切䫻大風也从風日聲于筆切

𩗺小風也从風朮聲翾聿切𩘹大風也从風胃聲王勿切颮疾風

也从風从忽忽亦聲呼骨切颲列風也从風㓨聲讀若㓨良薛切颯翔風

也从風立聲穌合切　文十三　重二　文三新附

蟲五　有足謂之蟲無足謂之豸从

005.説文通訓定聲十八卷柬韻一卷附説雅十九篇古今韻準一卷行狀一卷

〔清〕朱駿聲撰　〔清〕朱鏡蓉參訂　

清咸豐元年（1851）臨嘯閣刻本　三册三函

半框高19釐米，寬12.5釐米，每半葉10行20字，小字雙行26字。四周雙邊，白口，單黑魚尾，版心上鎸書名，中鎸部類，下鎸葉碼。

内封題“説文通訓定聲十八卷柬韻一卷，附説雅十九篇古今韻準一卷行狀一卷，臨嘯閣藏版”。卷端題“説文通訓定聲，吴郡朱駿聲豐芑甫紀録，新安朱鏡蓉伯和甫參訂”。

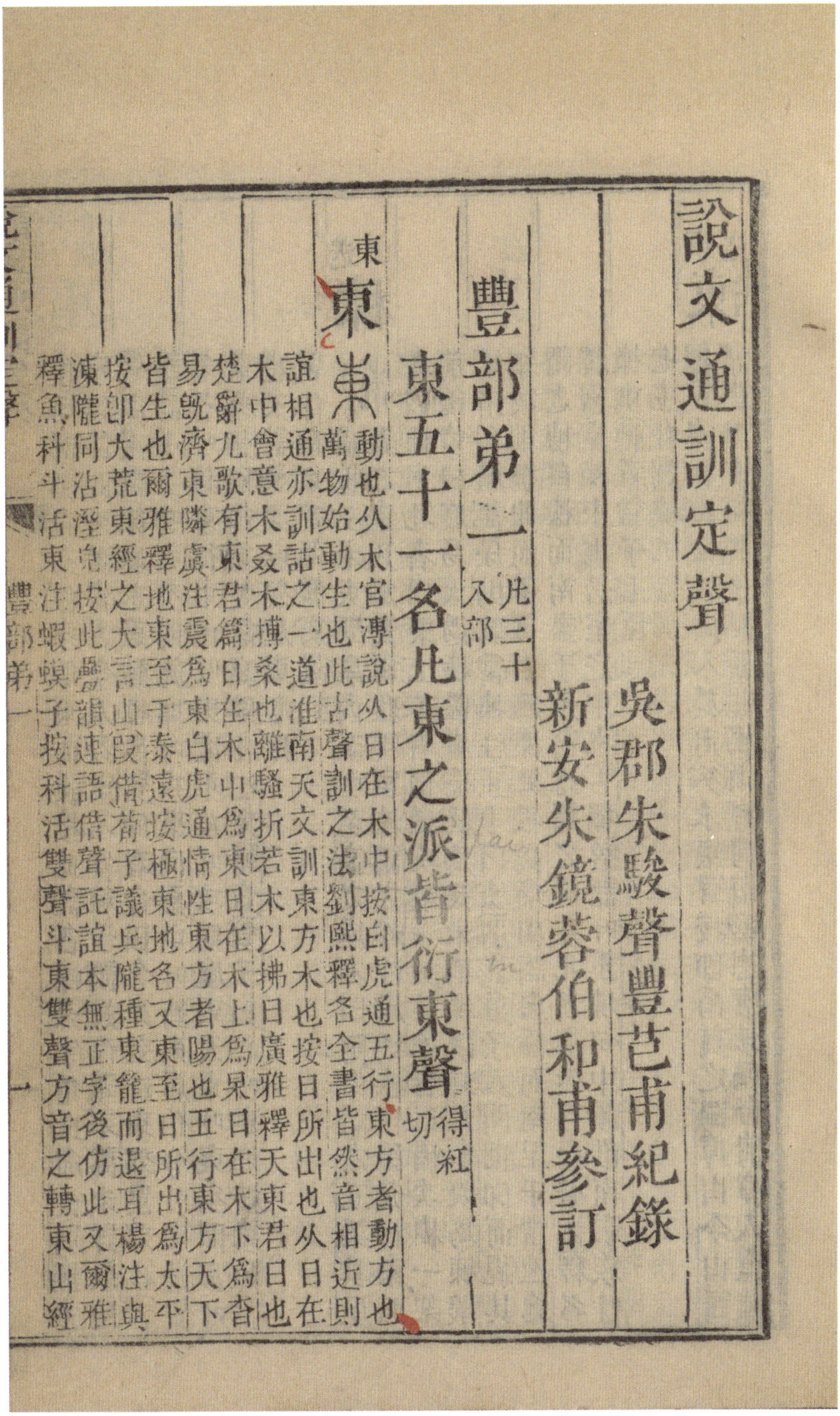

說文通訓定聲

吳郡朱駿聲豐芑甫紀錄

新安朱鏡蓉伯和甫參訂

豐部弟一 凡三十入部

東五十一名凡東之派皆衍東聲 得紅切

東 東 動也从木官溥說从日在木中按白虎通五行東方者動方也萬物始動生也此古聲訓之法劉熙釋名全書皆然音相近則誼相通亦訓詁之一道淮南天文訓東方木也按日所出也从日在木中會意木叒木榑桑也離騷折若木以拂日廣雅釋天東君日也楚辭九歌有東君篇日在木中爲東日在木上爲杲日在木下爲杳易旣濟東鄰虞注震爲東白虎通情性東方者陽也五行東方天下皆生也爾雅釋地東至于泰遠按極東地名又東至日所出爲太平按郎大荒東經之大言山叚借荀子議兵隴種東籠而退耳楊注與涷隴同沾溼皃按此疊韻連語借聲託誼本無正字後仿此又爾雅釋魚科斗活東注蝦蟆子按科活雙聲斗東雙聲方音之轉東山經

說文通訓定聲 豐部弟一 一

006.澄衷蒙學堂字課圖説四卷 〔清〕劉樹屏撰 〔清〕吴子城繪圖

清光緒二十八年(1902)養正書塾石印本 八册一函

内封題“字課圖説”。牌記題“光緒壬寅養正書塾石印”。

鈐印:“李紹昌”。

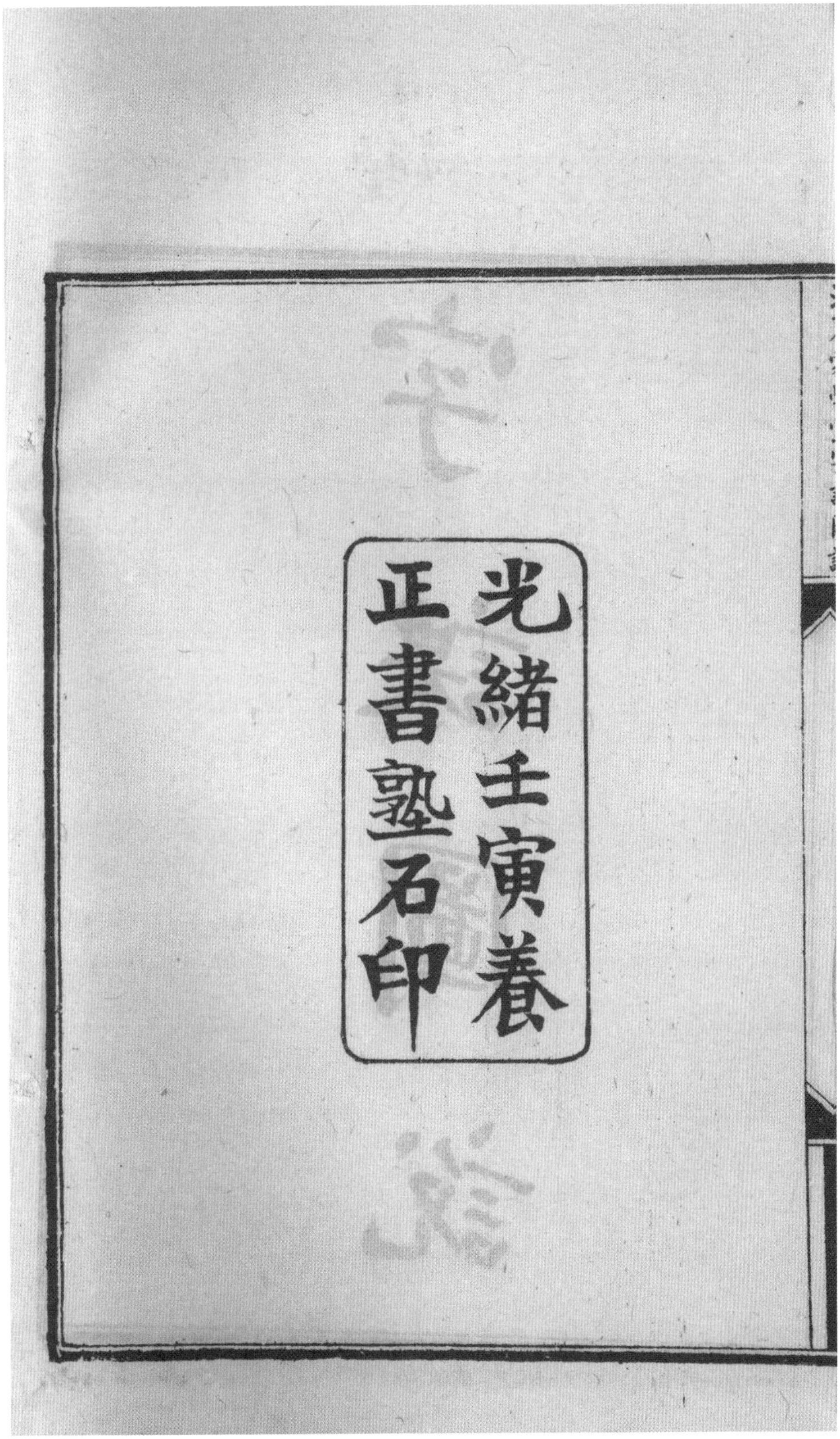

光緒壬寅養正書塾石印

史部

007.竹書紀年統箋十二卷前編一卷雜述一卷　〔南朝梁〕沈約注　〔清〕徐文靖統箋

DS741.5 C78 1877

清光緒三年（1877）浙江書局刻本　四册一函

半框高18釐米，寬12.5釐米，每半葉9行21字，小字雙行同。左右雙邊，白口，單黑魚尾，版心中鎸“竹書統箋”、卷次，下鎸葉碼。

内封題“竹書紀年”。牌記題“光緒三年浙江書局據丹徒徐氏本校刻”。卷端題“竹書紀年統箋，梁武康沈約休文附注，清當塗徐文靖位山統箋，同里馬陽葵齋、崔萬烜郁岑校訂”。

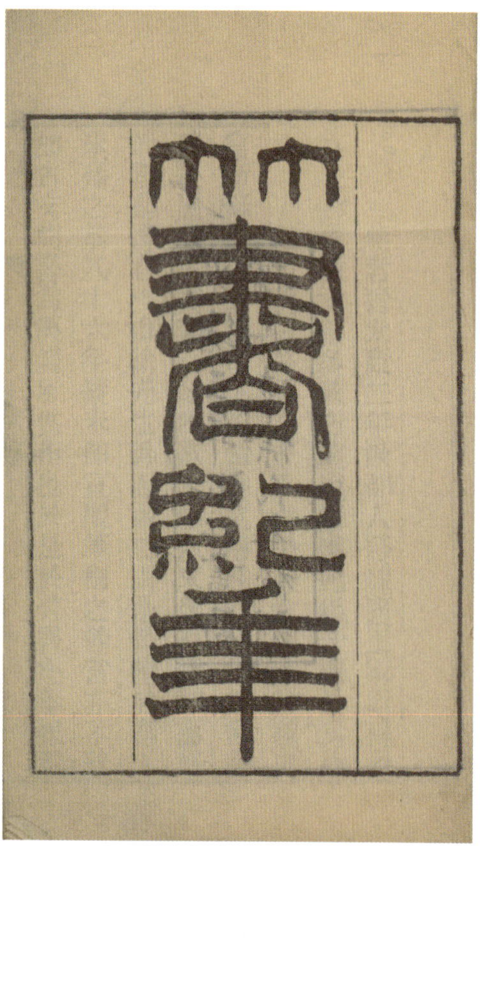

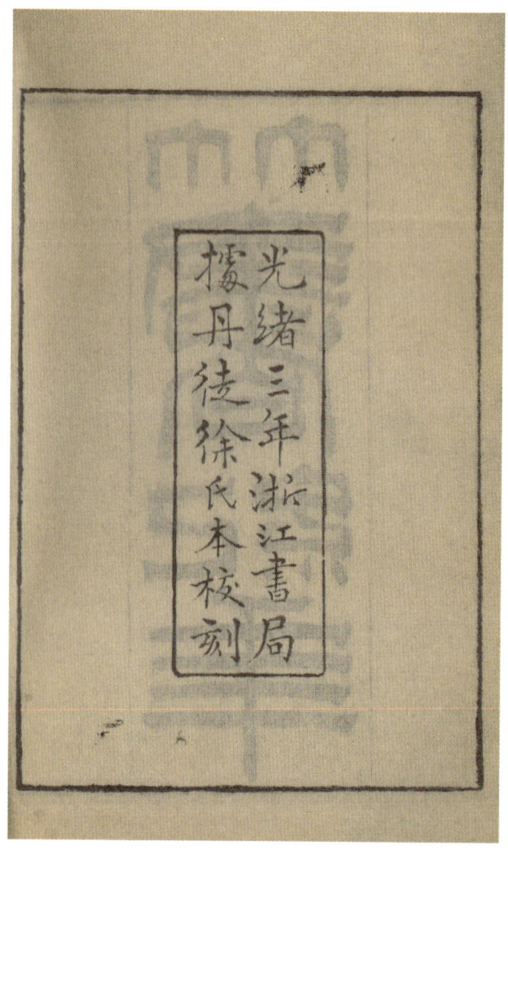

竹書紀年統箋卷之一

梁　武康沈　約休文附注

清　當塗徐文靖位山統箋

同里　馬　陽葵齋
　　　崔萬烜郁岑　校訂

黃帝軒轅氏箋按晉語曰少典娶于有蟜氏生黃帝黃帝以姬水成韋昭曰姬水名也鄭康成曰黃帝姓姬炎帝所賜漢律歷志曰黃帝始垂衣裳有軒冕之服故天下號曰軒轅氏

母曰附寶見大電繞北斗樞星光照郊野星傳曰北斗七星在紫微西垣外第一曰天樞去極二十三度半入張宿九度感而孕二十五月而生

008.聖武記十四卷　〔清〕魏源撰　

清道光二十四年(1844)後知不足齋刻本　十册二函

半框高17.5釐米，寬13.5釐米，每半葉10行21字，小字雙行同。四周雙邊，白口，單黑魚尾，版心上鎸書名，中鎸卷次，下鎸葉碼及“後知不足齋校刊”。

内封題“聖武記，道光甲辰年鎸，京都琉璃廠頒行”。卷端題“聖武記，邵陽魏源撰”。

鈐印：“榮寶私印”“榮寶”“懷之”。

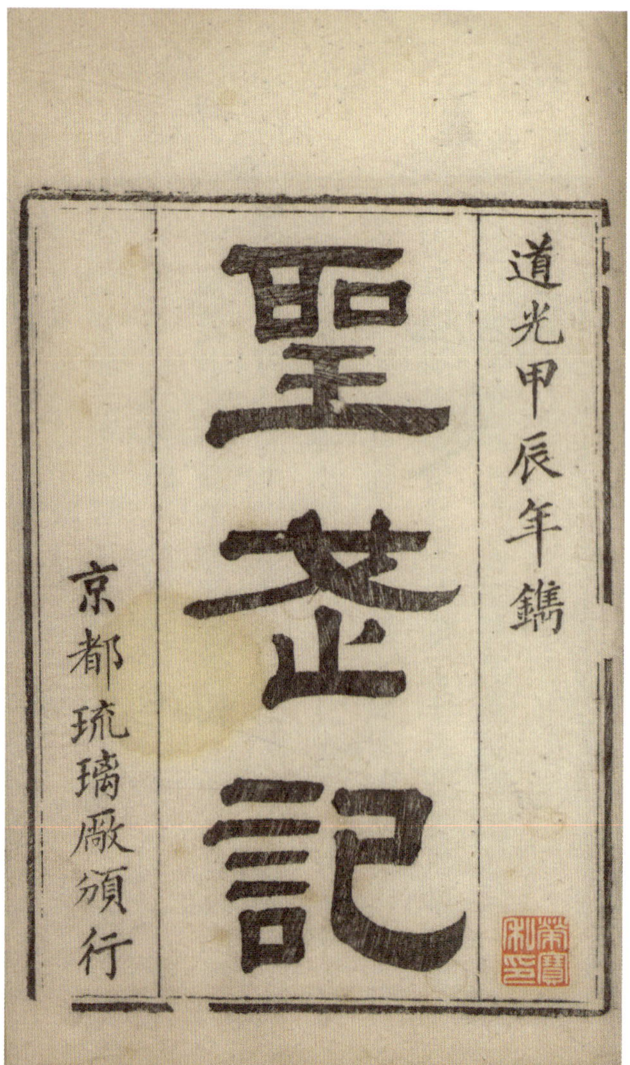

聖武記卷一

邵陽魏源譔

開國龍興記一

維帝軒轅畫井始遼粤及有虞州剖十二而遼以西則剖冀東北境是爲幽州遼以東則剖青海外境是爲營州于是有古孤竹之虛有古肅愼氏之國古孤竹國在今遼西錦州府地肅愼國在今遼東吉林寕古塔地肅愼卽女真之轉音楛矢肇騎射之本傃至漢分爲三韓蓋三汗並治之徵天官書曰中國山川其維首在隴蜀其尾沒于碣渤蓋東方出震天地所以成終而成始旁薄鬱積數千年以有大清國大清國之興也肇有金遼部落

009.史通削繁四卷 〔清〕紀昀撰 DS734.7.L583 J5 1833

清道光十三年（1833）翰墨園朱墨套印本 四册一函

半框高18釐米，寬12.5釐米，每半葉10行21字，無界欄。左右雙邊，白口，單黑魚尾，版心上鐫書名，中鐫卷次，下鐫葉碼。

内封題“史通削繁四卷”。牌記題“道光十三年冬刊於兩廣節署，粵東省城翰墨園藏板”。卷端題“史通削繁，河間紀昀”。

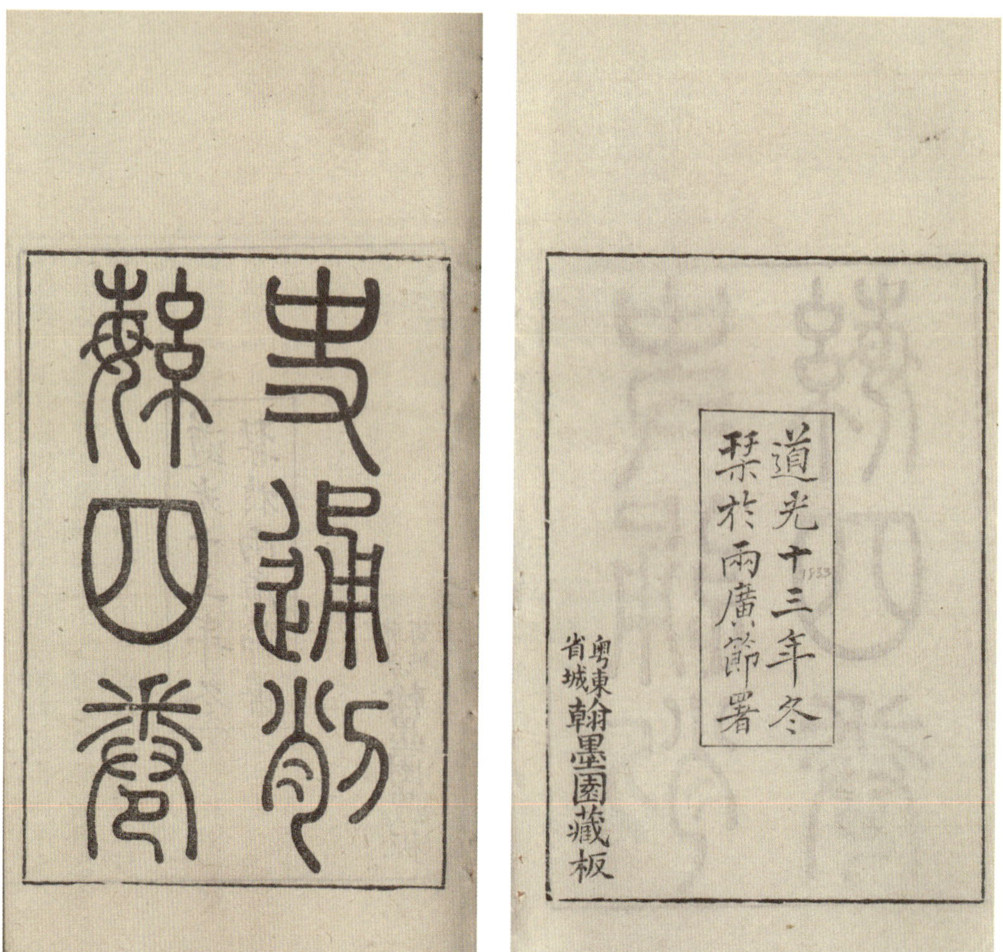

史通削繁卷一

浦起龍注刪明

河間紀昀

內篇

六家

自古帝王編述文籍外篇言之備矣古往今來質文遞變諸史之作不恆厥體榷而爲論其流有六一曰尚書家二曰春秋家三曰左傳家四曰國語家五曰史記家六曰漢書家今畧陳其義列之於後尚書家者其先出於太古至孔子觀書於周室得虞夏商周四代之典乃刪其善者定爲尚書百篇孔安國曰以其上古之書謂

010.十七史商榷一百卷　〔清〕王鳴盛撰　DS735.A2 W36 1787

清乾隆五十二年（1787）洞涇草堂刻本　二十册四函

半框高17.5釐米，寬13釐米，每半葉10行20字。四周雙邊，白口，無魚尾，版心上鐫書名，中鐫卷次，下鐫葉碼。

卷端題“十七史商榷，東吴王鳴盛述”。

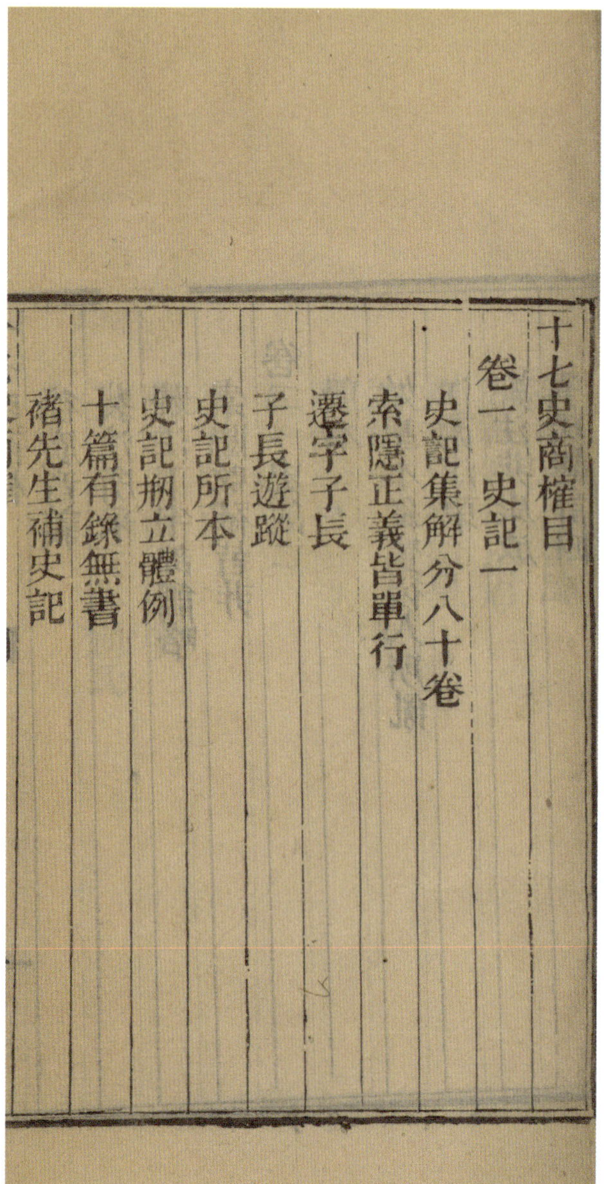

十七史商榷卷一

東吳王鳴盛述

史記一

史記集解分八十卷

漢志史記百三十篇無卷數裴駰集解則分八十卷見司馬貞史記索隱序隋志始以一篇爲一卷又別刻裴注八十卷新舊唐志亦然不知何人刻集解亦以一篇爲一卷疑始于宋人今予所據常熟毛晉刻正如此裴氏八十卷之舊不可復見不知其分卷若何

011.聖諭像解二十卷　〔清〕梁延年輯　

清咸豐六年（1856）廣州味經堂重刻本　十册二函

半框高24釐米，寬15.5釐米，每半葉10行21字。四周單邊，白口，無魚尾，版心上鎸書名、卷次，下鎸葉碼。

内封題“聖諭像解，咸豐丙辰初夏，恩封光禄大夫建威將軍葉志詵題”。牌記題“廣州味經堂書坊重鎸藏板裝印”。卷端題“聖諭像解，江南太平府繁昌縣知縣加一級臣梁延年編輯”。

鈐印：“李紹昌印”。

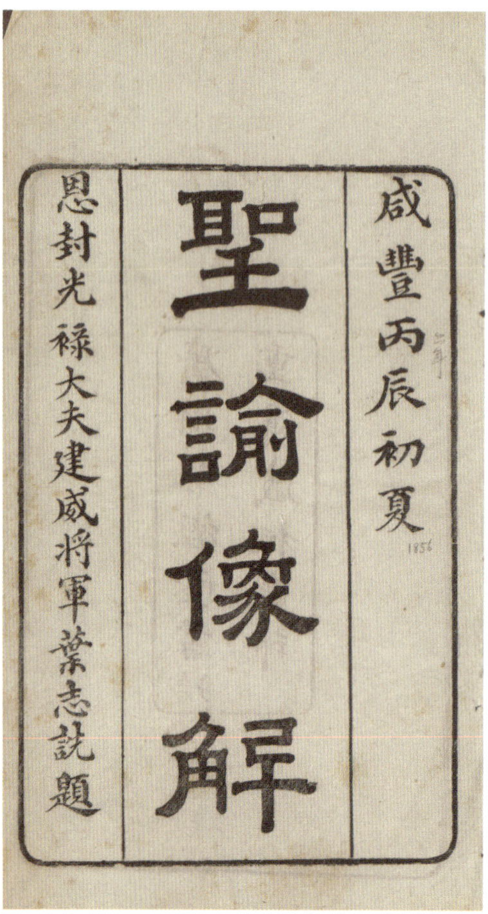

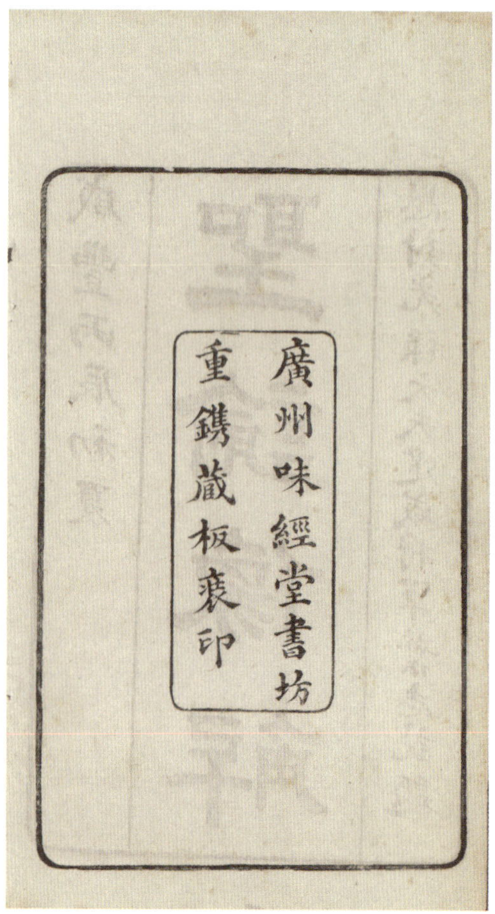

聖諭像解卷之一

江南太平府繁昌縣知縣加一級臣梁延年編輯

聖諭第一條

敦孝弟以重人倫

此一條是

皇上欲汝等百姓。各親其親。各長其長。以臻一道同風之治也。善事父母爲孝。善事兄長爲弟。蓋父母生我。有罔極之恩。兄長先我而生。有同氣之誼。故事父母

012.百將圖傳上下二卷 〔清〕丁日昌輯

清同治八年(1869)江蘇書局刻本 一册一函

半框高19釐米,寬13.5釐米,每半葉11行21字。左右雙邊,白口,單黑魚尾,版心中鎸書名、卷次及小題,下鎸葉碼。

内封題"百將圖傳"。牌記題"同治八年十二月江蘇書局刊"。

鈐印:"開卷有益/紹昌藏書之章/S.C.Lee"。

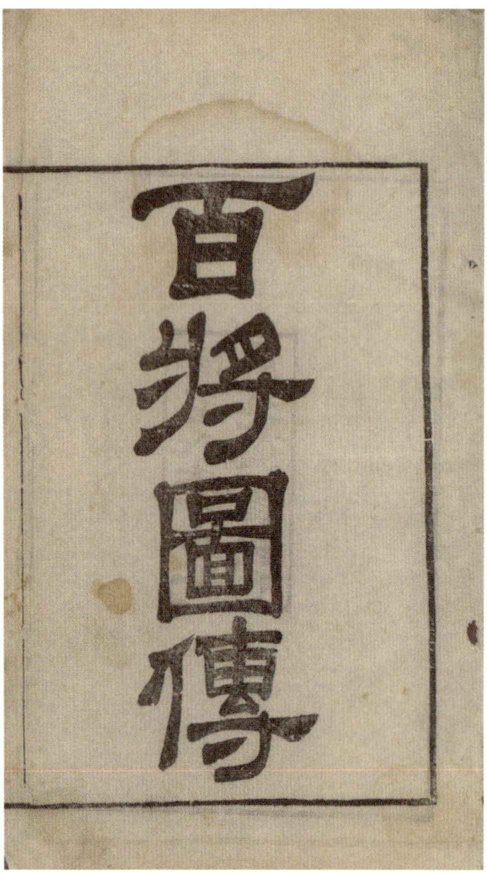

呂尚 周

呂尚者東海上人本姓姜從其先祖封於呂故名呂尚字子牙尚抱經天緯地之才嘗著有六韜備言陰陽遂爲兵書之祖時値商紂暴虐遯居東海之濱坐石磯垂釣絲不設餌釣不曲鈎每言不釣魚鼈獨釣王侯人多笑之困窮老矣聞西伯賢善養老遂往歸焉入岐州復釣於磻溪之上欲干西伯西伯自美里歸將出獵命卜有所獲否卜者曰所獲非龍非彲非虎非羆乃王霸之輔西伯喜而獵果遇尚於渭水之陽與語大悅曰吾先君太公嘗曰當有聖人與周子其是耶太公望子久矣故又號曰太公望載與俱歸時年八十有二西伯尊之

百將圖傳上目錄

百將圖傳上目錄 一

013.繪圖列女傳十六卷　〔漢〕劉向撰　〔明〕仇英補圖　CT3710.L48 1779

清乾隆四十四年（1779）刻本　八册二函

半框高22.5釐米，寬15釐米，每半葉10行21字。四周單邊，白口，單黑魚尾，版心中鐫“列女傳”、卷次及葉碼。

鈐印：“習齋楹書”“葉德輝焕彬甫藏閲書”。

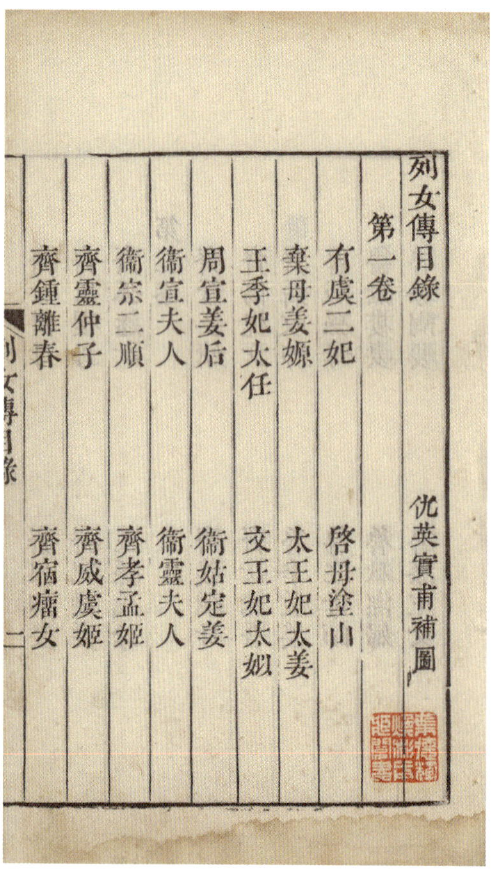

列女傳目錄　仇英實甫補圖

第一卷

有虞二妃　啓母塗山

棄母姜嫄　太王妃太姜

王季妃太任　文王妃太姒

周宣姜后　衛姑定姜

衛宣夫人　衛靈夫人

衛宗二順　齊孝孟姬

齊靈仲子　齊威虞姬

齊鍾離春　齊宿瘤女

列女傳目錄　二

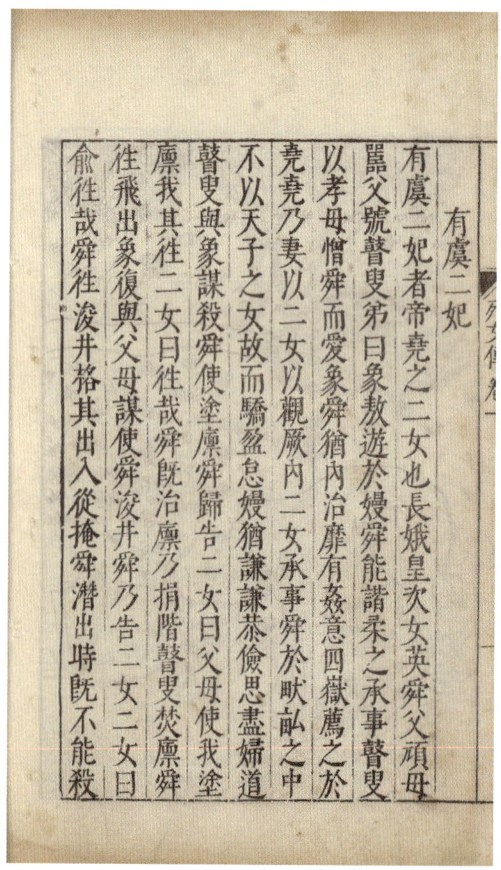

列女傳卷一

有虞二妃

有虞二妃者帝堯之二女也長娥皇次女英舜父頑母嚚父號瞽叟弟曰象敖遊於嫚舜能諧柔之承事瞽叟以孝母憎舜而愛象舜猶內治靡有姦意四嶽薦之於堯堯乃妻以二女以觀厥內二女承事舜於畎畝之中不以天子之女故而驕盈怠嫚猶謙謙恭儉思盡婦道瞽叟與象謀殺舜使塗廩舜歸告二女曰父母使我塗廩我其往二女曰往哉舜既治廩乃捐階瞽叟焚廩舜往飛出象復與父母謀使舜浚井舜乃告二女二女曰俞往哉舜往浚井格其出入從掩舜潛出時既不能殺

014.新寧劉宫保七十賜壽圖不分卷

清光緒二十六年（1900）上海點石齋石印本　八册一函

内封題“新寧劉宫保七十賜壽圖”。

鈐印：“李紹昌印”。

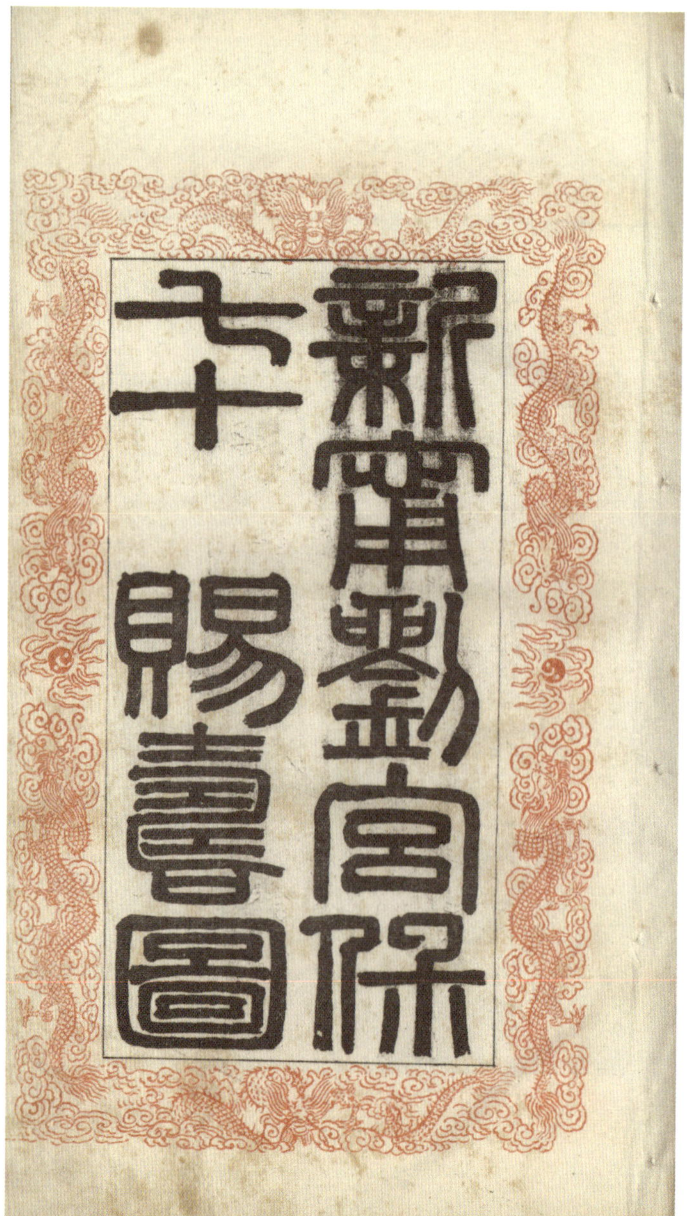

御書匾額圖

光緒二十五年十二月二十二日

星應壽昌

賜

南洋大臣兩江總督臣劉坤一七十生辰

恭迎賜壽第一圖

恭迎賜壽第二圖
金鼓

015.西漢會要七十卷 〔宋〕徐天麟撰

清光緒五年（1879）嶺南學海堂刻本　十册一函

半框高14釐米，寬10.5釐米，每半葉10行20字。左右雙邊，白口，單黑魚尾，版心中鎸書名、卷次及葉碼。

内封題“西漢會要”。卷端題“西漢會要，宋徐天麟撰”。

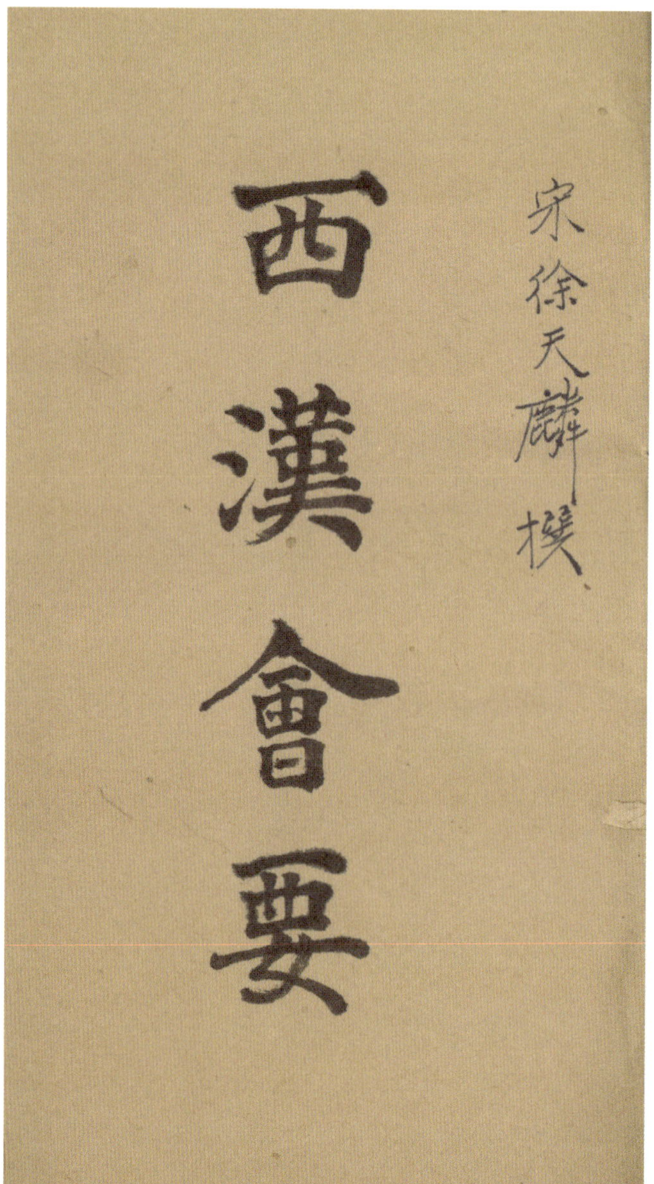

西漢會要卷一

宋　徐天麟　撰

帝系一

帝號

豐公太上皇父也春秋晉史蔡墨有言陶唐氏既衰其後有劉累學擾龍事孔甲范氏其後也而大夫范宣子亦曰祖自虞以上爲陶唐氏在夏爲御龍氏在商爲豕韋氏在周爲唐杜氏晉主夏盟爲范氏范氏爲晉士師魯文公世奔秦後歸于晉其處者爲劉氏劉向云戰國時劉氏自秦獲於魏[illegible]滅魏遷大梁都

016.東漢會要四十卷　〔宋〕徐天麟撰　

清光緒五年（1879）嶺南學海堂刻本　十册一函

半框高14釐米，寬10.5釐米，每半葉10行20字，小字雙行同。左右雙邊，白口，單黑魚尾，版心中鎸書名、卷次及葉碼。

内封題“東漢會要”。牌記題“光緒己卯八月嶺南學海堂刊”。卷端題“東漢會要，宋徐天麟撰”。

東漢會要

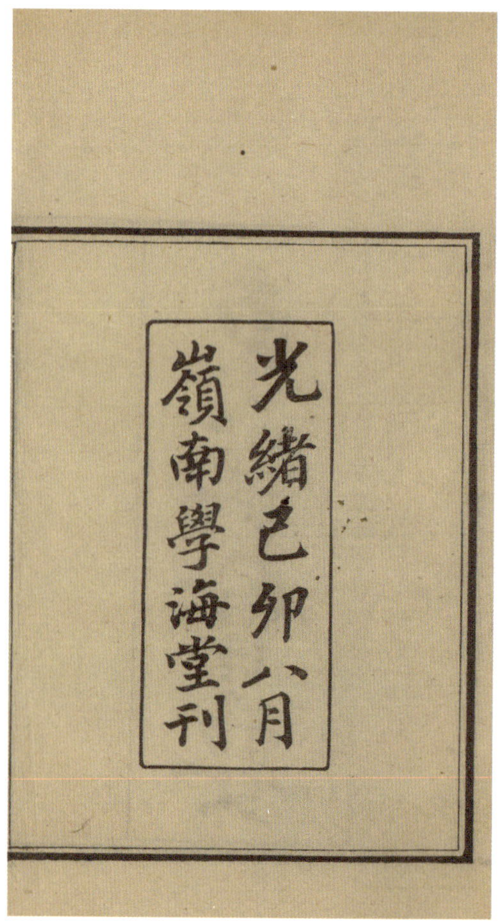
光緒己卯八月
嶺南學海堂刊

東漢會要卷之一

宋 徐天麟 撰

帝系上

帝號

世祖光武皇帝諱秀之字曰茂字文叔南陽人高祖九世孫也出自景帝生長沙定王發發生舂陵節侯買買生鬱林太守外外生鉅鹿都尉回回生南頓令欽欽生光武王莽末起兵於宛更始元年兄伯升立劉聖公爲天子伯升爲大司徒光武爲太常偏將軍破莽軍於昆陽更始拜光武爲破虜大將軍封武信侯九

017.幸魯盛典四十卷　〔清〕孔毓圻等奉敕撰　

清康熙五十年（1711）刻本　十二册二函

半框高19.5釐米，寬13.5釐米，每半葉10行21字。四周雙邊，白口，單黑魚尾，版心上鐫書名，中鐫卷次、葉碼。

卷端題“幸魯盛典”。

鈐印：“葉德輝煥彬甫藏閱書”。

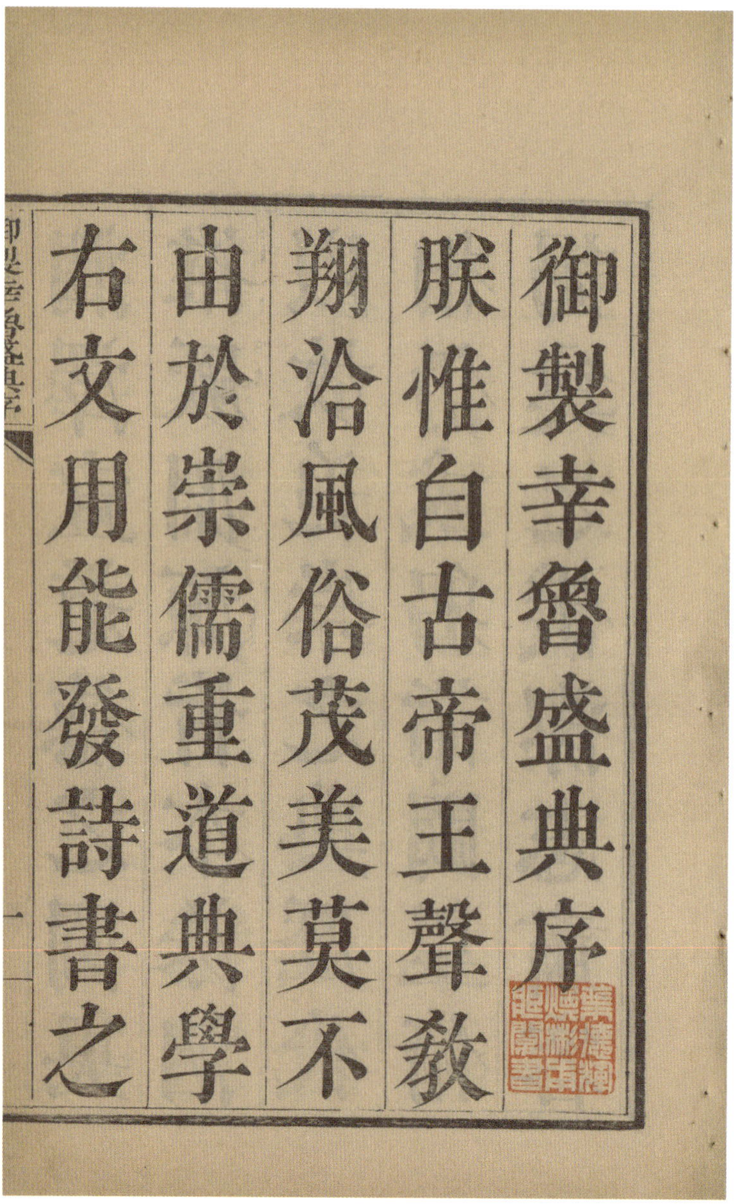
御製幸魯盛典序
朕惟自古帝王聲教
翔洽風俗茂美莫不
由於崇儒重道典學
右文用能發詩書之

幸魯盛典卷一

御製

至聖先師孔子廟碑

朕惟道原於天弘之者聖自庖犧氏觀圖畫象闡乾坤之秘堯舜理析危微厥中允執禹親受其傳湯與文武周公遞承其統靡不奉若天道建極綏猷敻乎尚矣孔子生周之季韋布以老非若伏羲堯舜之聖焉而帝禹湯文武之聖焉而王周公之聖焉而相也巋然以師道作則與及門賢哲紹明絕業教思所及陶成萬世伏羲堯舜禹湯文武周公之統惟孔子繼續而光大之矣間

018.南巡盛典一百二十卷　〔清〕高晋等纂修　

清光緒八年（1882）上海點石齋石印本　八册一函

内封題“南巡盛典”。牌記題“光緒壬午年秋七月上海點石齋縮印”。卷端題“南巡盛典”。

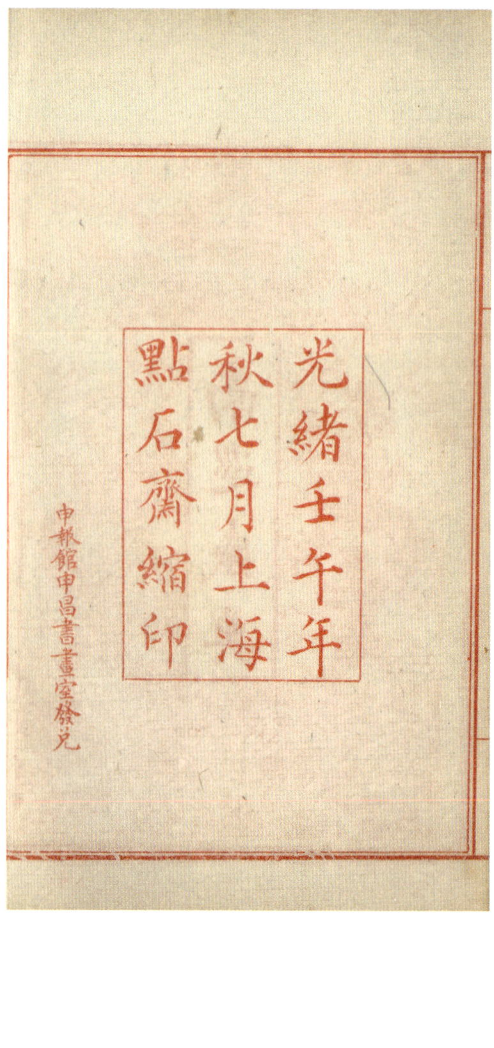

南巡盛典卷一

恩綸

乾隆十四年十月初五日內閣奉

上諭江南督撫等以該省紳耆士庶望幸心殷合詞奏請南巡朕以鉅典攸關特命廷臣集議

今經大學士九卿等援据經史且仰稽

聖祖仁皇帝六巡江浙謨烈光昭允宜俯從所請朕軫念民依省方問俗郊圻近省不憚躬勤鑾

輅江左地廣人稠素所廑念其官方戎政河務海防與凡閭閻疾苦無非事者第程塗稍遠

十餘年來未遑舉行屢嘗敬讀

聖祖實錄備載前後南巡恭侍

皇太后鑾輿羣黎扶老攜幼夾道歡迎交頌

天家孝德心甚慕焉朕巡幸所至悉奉

聖母皇太后遊賞江南名勝甲於天下誠親掖

安輿眺覽山川之佳秀民物之豐美良足以娛暢

慈懷既詢謀僉同應依議允從所請但朕將以明年秋幸五臺經太原歷嵩洛趙魏回鑾已涉冬

令南巡之舉當在辛未年春正我

聖母六旬萬壽之年也將見巷舞衢歌騰歡獻

019.皇朝掌故彙編内編六十卷首一卷外編四十卷首一卷　〔清〕張壽鏞等輯

DS753.86.H78 1902

清光緒二十八年（1902）求實書社鉛印本　六十册六函

内封題“皇朝掌故彙編”。牌記題“光緒壬寅四月求實書社藏板”。卷端題“皇朝掌故彙編”。

皇朝掌故彙編

內編卷一 吏政一

官制一

國家稽古建官立綱陳紀宗人府宗令宗正宗人皆王公領之所屬左右司半用宗室其制不隸於吏部惟漢府丞及司屬旗員之半以類相從列六部之次內閣○絲綸是職政本繫焉六部都察院通政使司大理寺爲九卿刑部都察院大理寺爲三法司以詳議○國是均平政刑理藩院內務府翰林院詹事府太常光祿太僕鴻臚諸寺國子監欽天監各治一官京尹敷化郊圻用修迺職率厥典常熙庶績焉直省設總督統轄文武詰治軍民巡撫綜理教養刑政宣承布政使司掌財賦提刑按察使司主刑名糧儲驛傳鹽法兵備河庫茶馬屯田及守巡各道聚官

020.彭剛直公奏稿八卷 〔清〕彭玉麟撰

清光緒十七年（1891）鉛印本 四册一函

内封題“彭剛直公奏稿八卷，曲園俞樾署檢”。卷端題“彭剛直公奏稿”。

彭剛直公奏稿卷之一

謝授廣東按察使　恩摺咸豐十一年　月　日

奏爲恭謝　天恩事咸豐十一年四月二十五日接奉湖廣督臣行知咸豐十一年三月二十日奉
上諭廣東按察使著彭玉麟補授欽此竊臣楚南下士知識愚庸於咸豐三年隨同督臣曾國藩管帶水
師疊蒙　懋賞錄及微勞由知縣洊升　簡放浙江金華府知府廣東惠潮嘉道　賞加布政使
銜記名按察使均因水師軍務覊留未能赴任方以鯨鯢未靖莫展尺寸之功豈期駑馬無能更荷
九重之寵闢　命之下感悚難名竊念粵東乃嶺海要區臬司爲刑名總匯懲奸剔蠹責重事繁臣識
淺力微大懼弗克勝任惟有學以廣才勤以補拙揮戈敵愾常究四奇四正之兵嘉石遙窮兼晰五罰五
刑之律所有微臣感激下忱謹附兩江督臣奏報之便恭摺叩謝　天恩伏乞　皇上聖鑒謹
奏

辭安徽巡撫請仍督水師剿賊摺咸豐十一年十月二十四日

奏爲恭謝　天恩瀝陳下情仍請督帶水師親赴下游剿賊恭摺仰祈　聖鑒事竊十月十三日承
准湖廣督臣官文咨開咸豐十一年九月十七日內閣奉　上諭安徽巡撫著彭玉麟補授即赴新任
毋庸來京請訓未到任以前仍著賈臻署理欽此闢　命之下感悚難名竊臣衡陽一諸生父母棄養

021.天下郡國利病書一百二十卷　〔清〕顧炎武輯　

清道光三年（1823）慎記書莊石印本　十四册二函

内封題“天下郡國利病書，亭林山人顧炎武輯，慎記書莊石印”。卷端題“天下郡國利病書，崑山顧炎武寧人輯，成都龍萬育燮堂訂”。

鈐印：“□盦讀書記”。

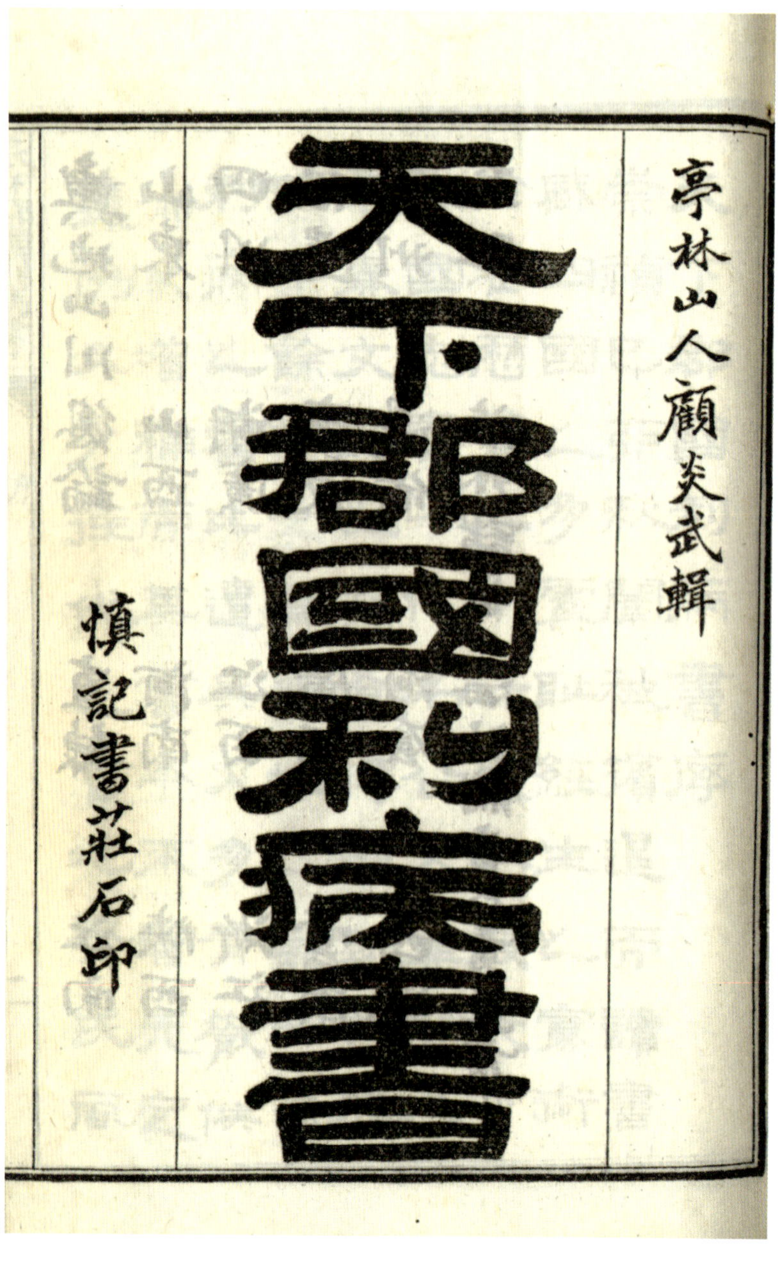

天下郡國利病書卷一　　崑山顧炎武寧人輯　成都龍萬育燮堂訂

輿地山川總論

裴秀傳

秀爲司空以職在地官以禹貢山川地名從來久遠多有變易後世說者或强牽引漸以暗昧於是甄摘舊文疑者則闕之古有名而今無者皆隨事注列作禹貢地域圖十八篇奏之藏於秘府其序曰圖書之設由來尚矣自古立象垂制而賴其用三代置其官國史掌厥職暨漢屠咸陽丞相蕭何盡收秦之圖籍今秘書既無古之地圖又無蕭何所得惟有漢氏輿地及括地諸雜圖各不設分率又不考正準望亦不備載名山大川雖有麤形皆不精審不可依據或荒外迂誕之言不合事宜於義無取大晉龍興混一六合以清宇宙始於庸蜀深入其岨　文皇帝乃命有司撰訪吳蜀地圖蜀土既定六軍所經地域遠近山川險易征途紆直校驗圖記因或有差今上考禹貢山海川流原隰陂澤古之九州及今之十六州郡國縣邑疆界鄉陬及古國盟會舊名水陸徑路爲地圖十八篇制圖之體有六焉一曰分率所以辨廣輪之度也二曰準望所以正彼此之體也三曰道里所以定所由之數也四曰高下五曰方邪六曰迂直此三者皆因地而制形所以校夷險之異也有圖象而無分率則無以審遠近之差有分率而無準望雖得之於一隅必失之於他方有準望而無道里則施於山海絕隔之地不得以相通有道里而無高下方邪迂直之校則徑路之數必與遠近之實相違失準望之正矣故以此六者參而考之然後遠近之實定於分率彼此之實定於道里度數之實定於高下方邪迂直之算故雖有峻山巨海之隔絕域殊方之迥登降詭曲之因皆可得舉而定者準望之法既正則曲直遠近無所隱其形也　周禮大司馬正義有云若據鳥飛直路則周之九服亦止五千若隨山川屈曲則禹貢亦萬里

唐書

賈耽好地理學凡四夷之使及使四夷還者必與之從容訊其山川土地之終始是以九州之夷險百蠻之土俗區分指畫備究源流自吐蕃陷隴右積年國家守于內地舊時鎮戍不可得知耽乃畫隴右山南圖兼黄河經界遠近

022.御製避暑山莊圓明園圖咏不分卷　〔清〕聖祖玄燁撰　

清大同書局石印本　二册一函

内封題“御製避暑山莊圓明園圖咏”。牌記題“香山徐氏恭摹，大同書局恭印”。

鈐印：“李紹昌印”。

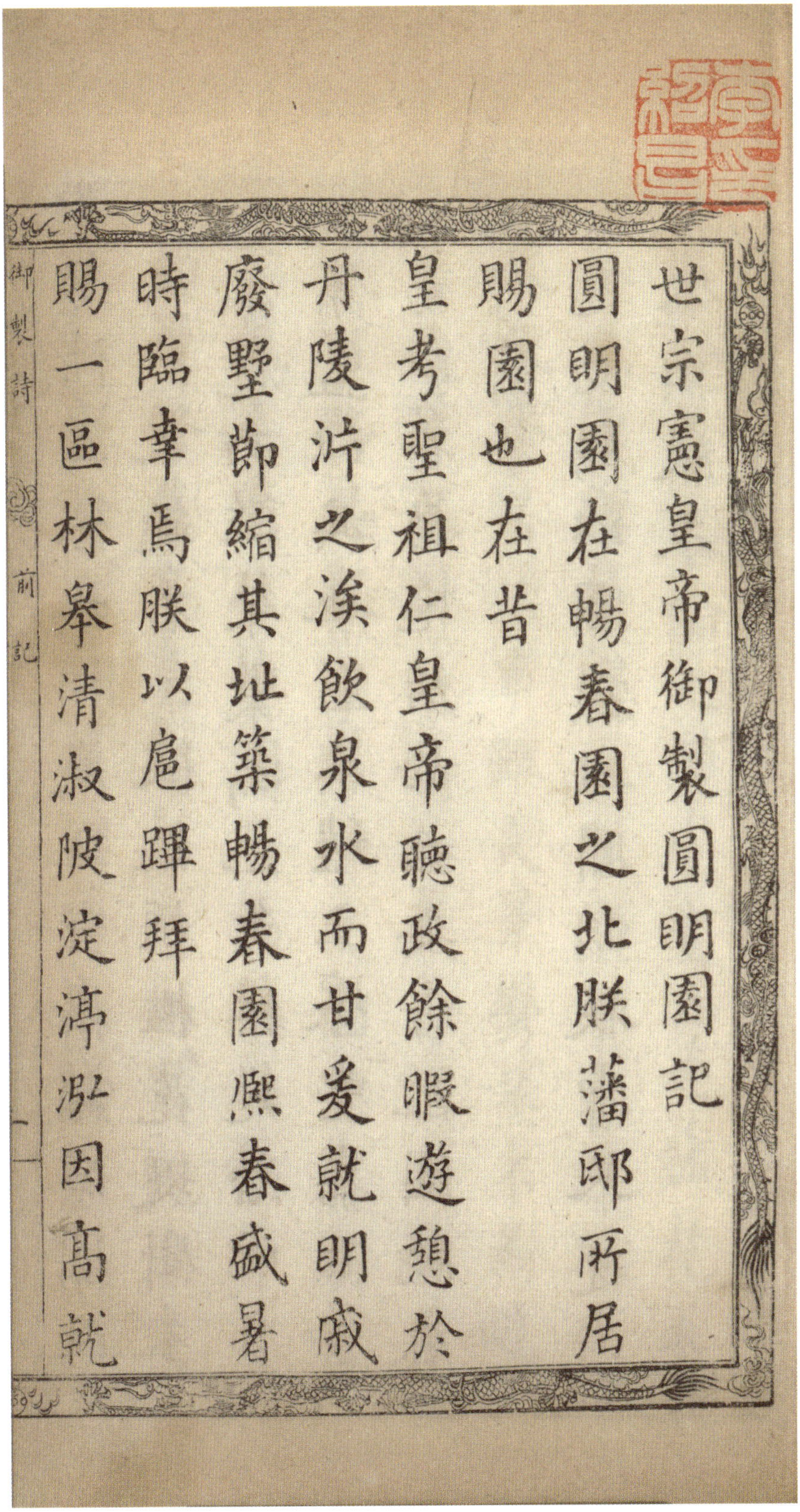
世宗憲皇帝御製圓明園記
圓明園在暢春園之北朕藩邸所居
賜園也在昔
皇考聖祖仁皇帝聽政餘暇遊憩於
丹陵沜之涘飲泉水而甘爰就明戚
廢墅節縮其址築暢春園凞春盛暑
時臨幸焉朕以扈蹕拜
賜一區林皋清淑陂淀溥泓因高就
御製詩 前記 一

023.羊城古鈔八卷　〔清〕仇池石輯　DS796.C2 Y3 1806

清嘉慶十一年（1806）刻本　五册一函

半框高17.5釐米，寬13釐米，每半葉10行19字。四周雙邊，白口，單黑魚尾，版心上鐫書名，中鐫卷次，下鐫葉碼。

内封題“羊城古鈔，順德仇池石輯，大賚堂藏板，心香閣藏板”。卷端題“羊城古鈔，順德仇池石秦山氏輯”。

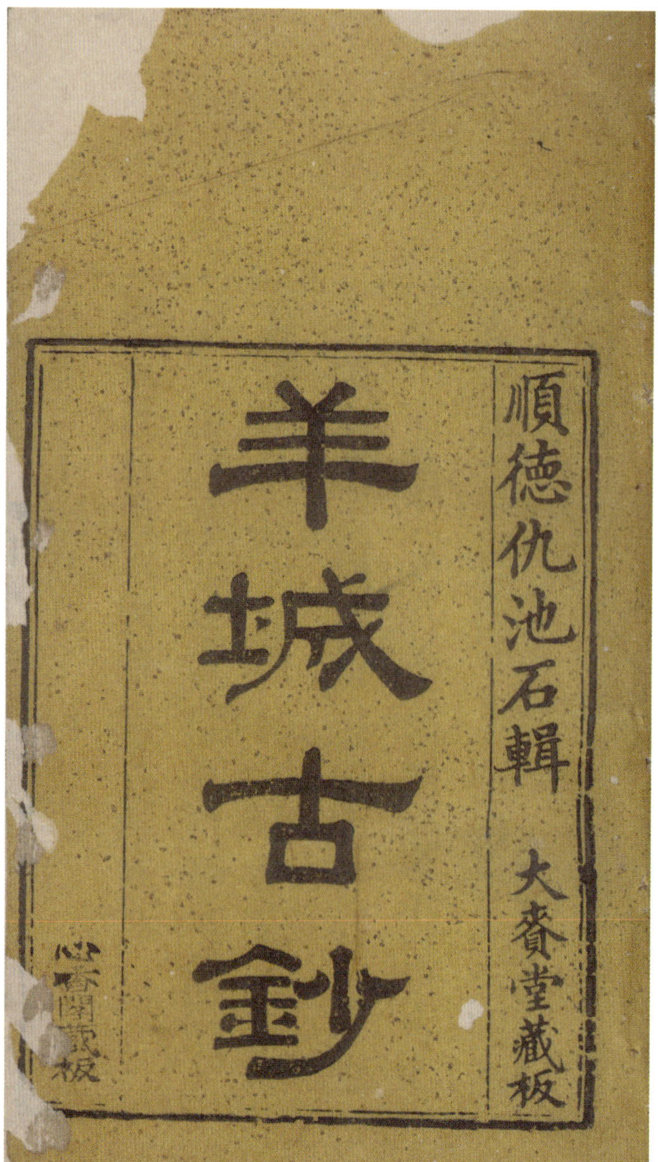

羊城古鈔卷首

順德仇池石秦山氏輯

輿圖

粵會賦

百粵之會。是爲南海。仰稽璿璣。星紀所在。黃鍾協律。赤熛流形。上燭南斗之精。下凝衡岳之靈。左跨荆揚五嶺之重阻。表以靈洲黃嶺之山。右瞰牂牁滇渤之洪波。帶以桂鬱湞肄之川。神鼇奠足。星鶉頫首。睇睞甌閩。若趨若走。前有虎頭之門。限隔島夷。來航萬里。泝沿溔瀰。而凡眈羅眞臘之屬。其布

024.滇考上下二卷 〔清〕馮甦輯

清道光元年（1821）臨海宋氏刻本 二册一函

半框高18釐米，寬13釐米，每半葉10行20字。左右雙邊，白口，單黑魚尾，版心上鐫書名，中鐫卷次、葉碼，下鐫“臨海宋氏”。

卷端題“滇考，天台馮甦再來編”。

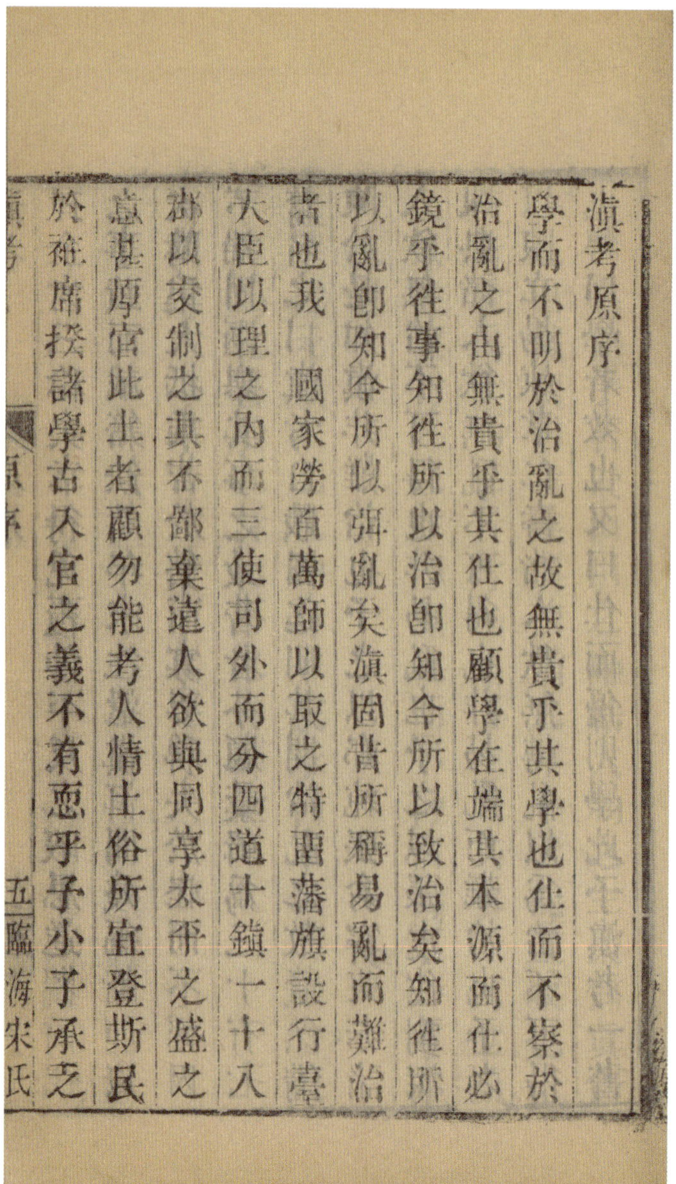

滇考卷上

天台馮　甦再來編

楚莊蹻王滇

滇在三代不見於經傳按其地之可考者帝顓頊生於若水水經注云若水南經雲南郡之遂久縣卽今之金沙江也禹道黑水至於三危入於南海梁州水入南海者惟瀾滄江元史張立道使交趾並黑水跨雲南以至其國今雲龍州有三崇山一名三危瀾滄經其麓其地有黑水祠焉逸周書獻令曰西南產里百濮以象齒短狗爲獻產里卽今車里西南有百國

025.金石索十二卷首一卷　〔清〕馮雲鵬、馮雲鵷輯　

清道光元年（1821）滋陽縣署刻本　十二册二函

半框高26.5釐米，寬20.5釐米，每半葉12行15字。四周單邊，白口，單黑魚尾，版心上鎸書名，下鎸“邃古齋藏”。

内封題“金石索，道光元年開鐫，滋陽縣署藏板”。卷端題“金索，紫琅馮雲鵬晏海氏、馮雲鵷集軒氏同輯”“石索，紫琅馮雲鵬晏海氏、馮雲鵷集軒氏同輯”。

鈐印：“李紹昌印”“開卷有益/紹昌藏書之章/S.C.Lee”“縱横萬里上下千年之堂”“子孫保之”“尹彭壽印”“諸城鄧村棣華書屋尹氏家藏”。

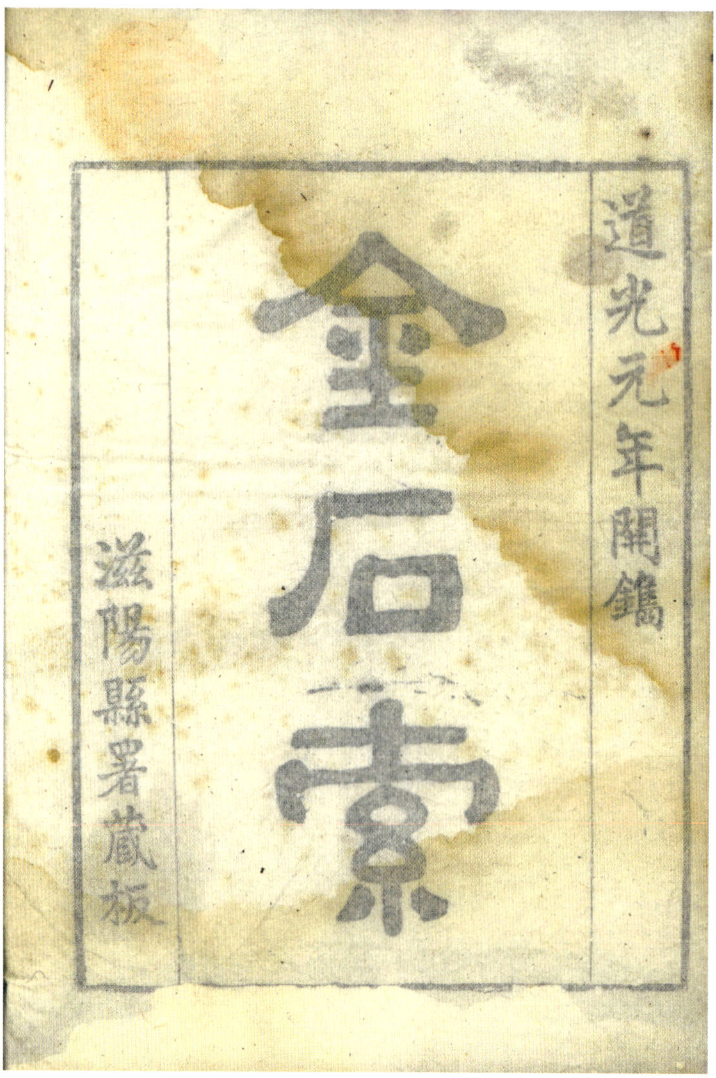

金石索序

今使道穆成鴻紀錄提挺紬續閱皆奕內鼎彝摶土爲人同游化紹結繩而治苟閱元氣則本隨正末正以不命審封泰將五量五權以不審乎數秬黍鬼宮其字莫詳蒼帝之臺禪豈歌音韓擭黃靈之籍天下相安于耕鑿吾欲大消其

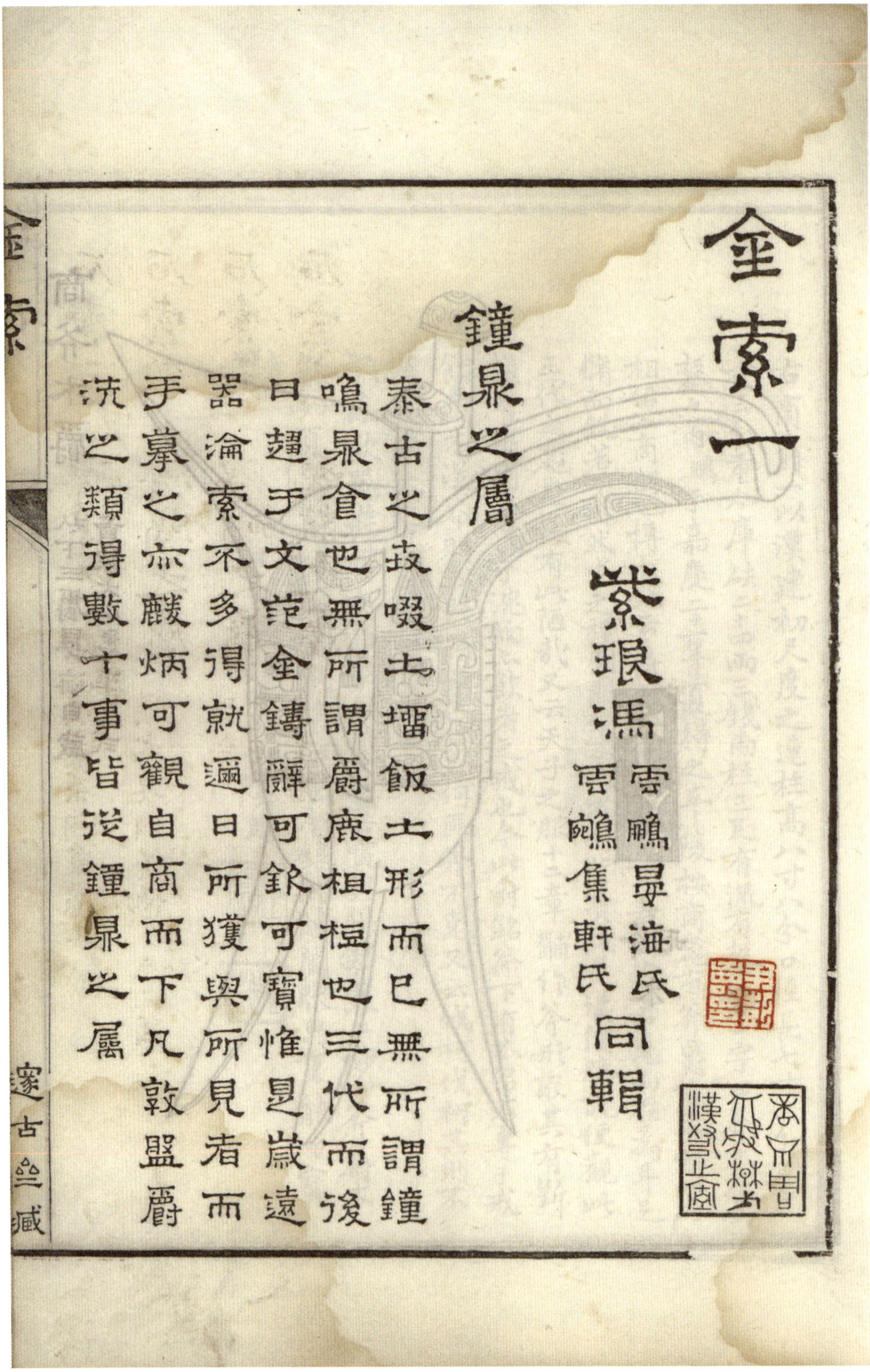

金索一

紫琅馮雲鵬晏海氏
雲鵷集軒氏同輯

鐘鼎之屬

泰古之[illegible]啜土塯飯土形而已無所謂鐘鳴鼎食也無所謂爵鹿柤梪也三代而後日趨于文范金鑄辭可銘可寶惟是歲遠器淪索不多得就邇日所獲與所見者而手摹之亦戲炳可觀自商而下凡敦盤爵洗之類得數十事皆從鐘鼎之屬

金索

邃古齋藏

石索一

紫琅馮雲鵷晏海氏
雲鵬集軒氏同輯

碑碣之屬

古者方曰碑員曰碣就其山而鑿之曰摩崖亦曰石刻或栒于人或勒于獸或峙為石闕或營為石室漢人畫象多採往古聖喆遺事及祥瑞車馬鳥獸人物之狀六朝以降惪造佛像各有題記茲于小字因之大字縮之皆从碑碣之屬

石索

邃古齋藏

026.欽定西清古鑑四十卷附錢録十六卷　〔清〕梁詩正等編纂　〔清〕梁觀等繪圖

NK7983.L5 1888

清光緒十四年（1888）上海鴻文書局石印本　二十四册二函

内封題“欽定西清古鑑四十卷錢録十六卷”。牌記題“光緒十四年秋上海鴻文書局石印”。

鈐印：“李紹昌印”。

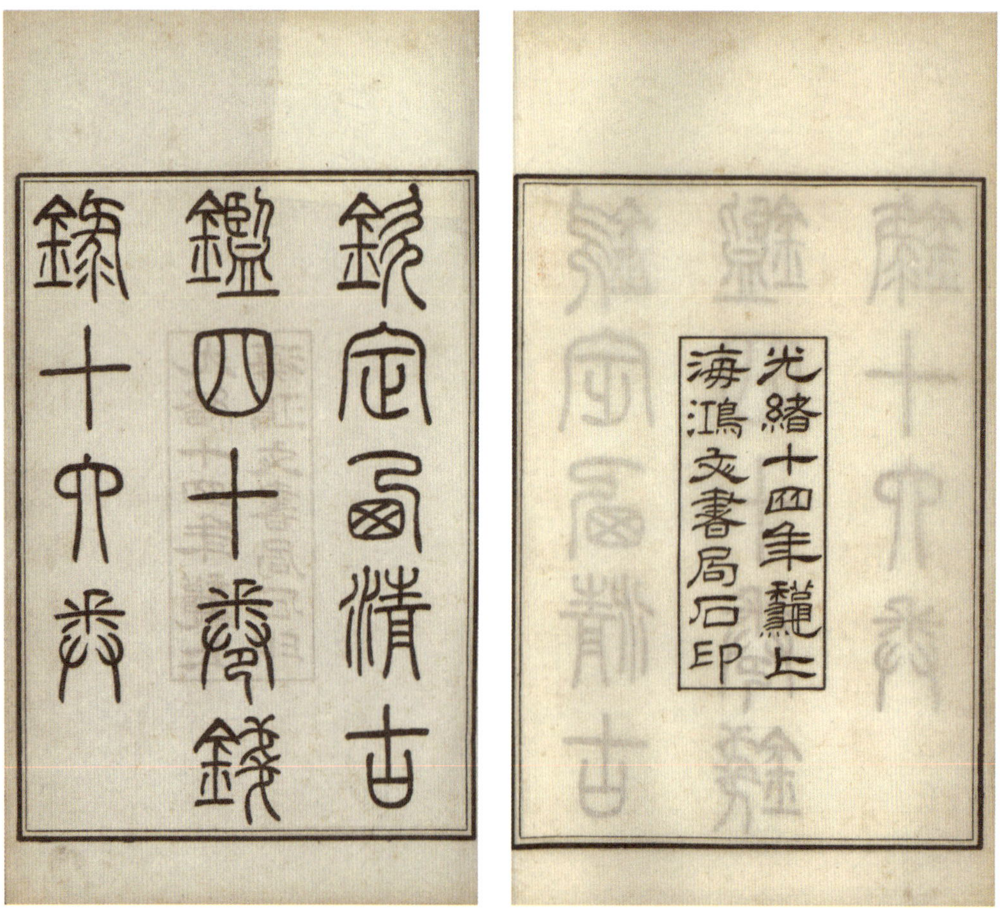

商父乙鼎一

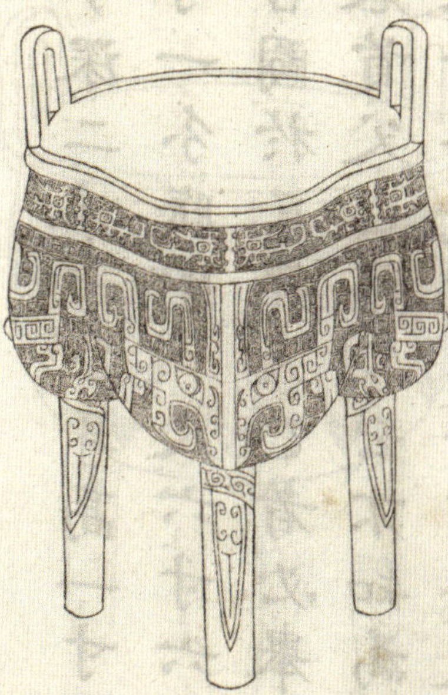

027.積古齋鐘鼎彝器款識十卷 〔清〕阮元輯

清嘉慶九年（1804）刻本 四册一函

半框高19釐米，寬14.5釐米，每半葉12行24字。四周單邊，白口，單黑魚尾，版心上鐫書名，中鐫卷次，下鐫葉碼。

内封題“積古齋鐘鼎彝器款識”。卷端題“積古齋鐘鼎彝器款識，揚州阮氏編録”。

古齋鐘
彝器款

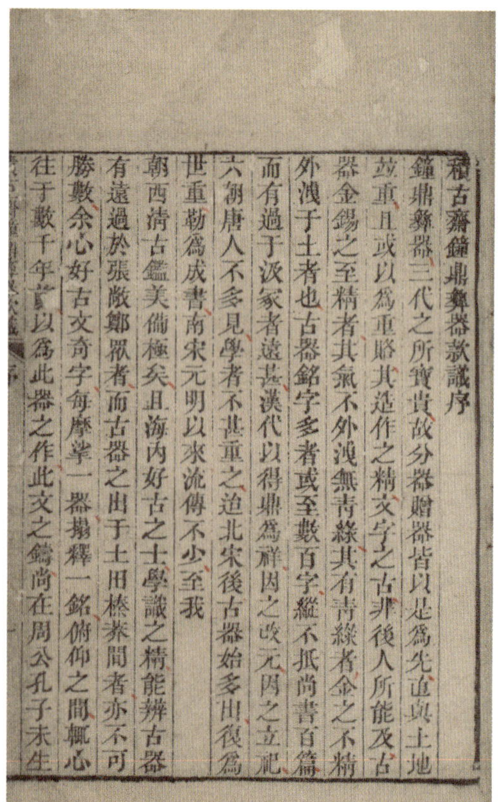
積古齋鐘鼎彝器款識序
鐘鼎彝器三代之所寶貴故分器贈器皆以是爲先直與土地
並重且或以爲重賂其造作之精文字之古非後人所能及古
器金錫之至精者其氣不外洩無青綠其有青綠者金之不精
外洩于土者也古器銘字多者或至數百字縱不抵尚書百篇
而有過于汲冢者遠甚漢代以得鼎爲祥因之改元因之立祀
六朝唐人不多見學者不甚重之迨北宋後古器始多出復爲
世重勒爲成書南宋元明以來流傳不少至我
朝西清古鑑美備極矣且海內好古之士學識之精能辨古器
有遠過於張敞鄭衆者而古器之出于土田榛莽間者亦不可
勝數余心好古文奇字每摩挲一器搨釋一銘俯仰之間輒心
往于數千年前以爲此器之作此文之鑄尚在周公孔子未生

積古齋鐘鼎彝器款識卷一

揚州阮氏編錄

商器款識

商鐘

董武鐘

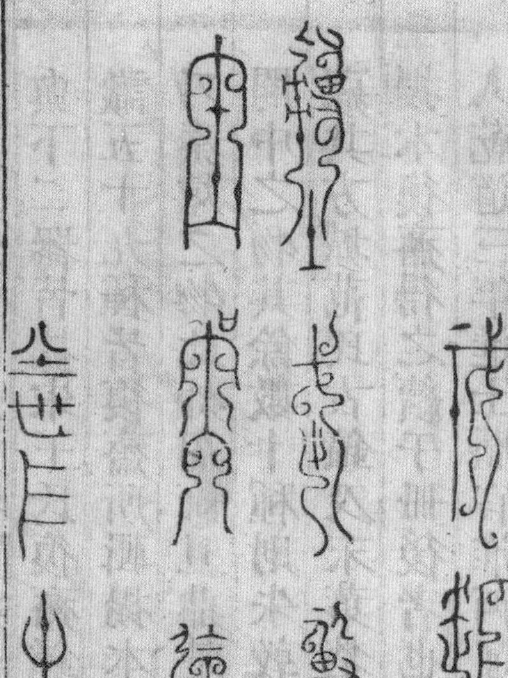

戎起

動武鎛

用奐疆

口未

028.古玉圖考不分卷　〔清〕吴大澂輯　

清光緒十五年（1889）上海同文書局石印本　二册一函

内封題“古玉圖考，光緒己丑孟夏，吴大澂”。牌記題“上海同文書局用石影印”。鈐印：“李紹昌印”。

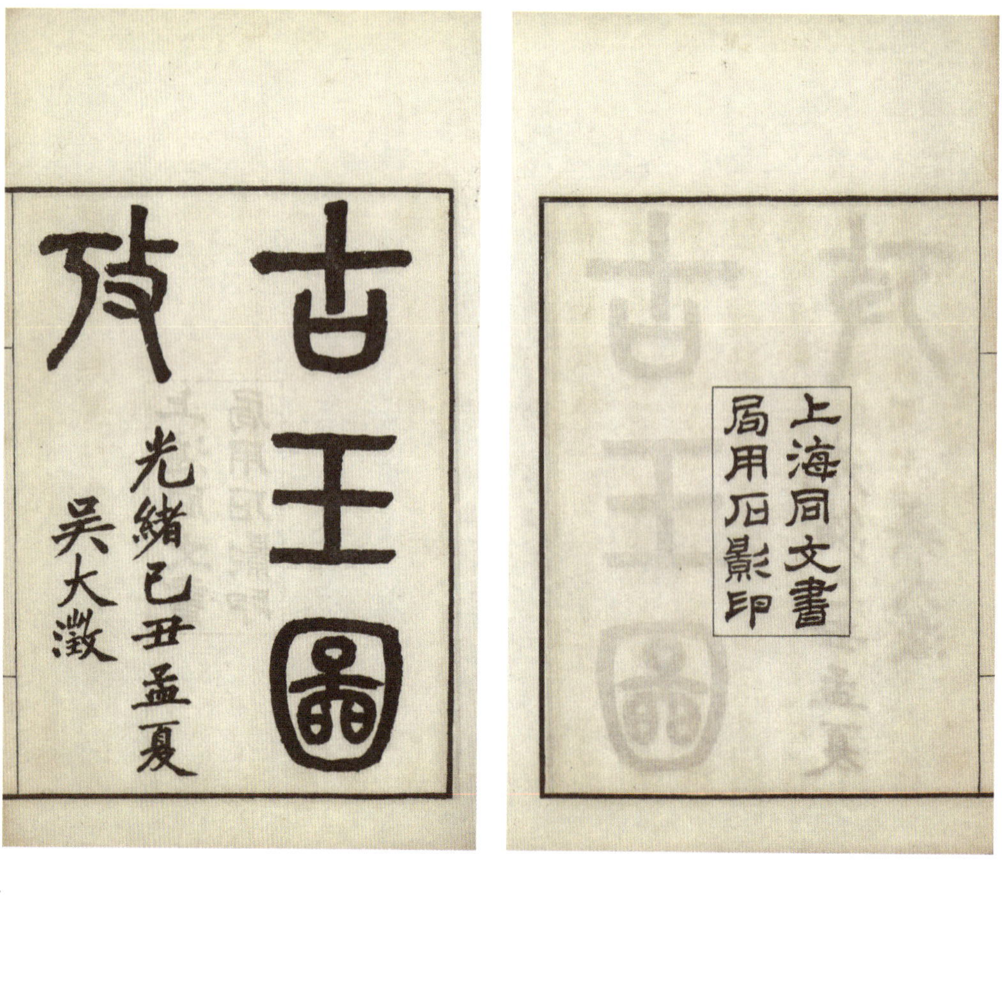

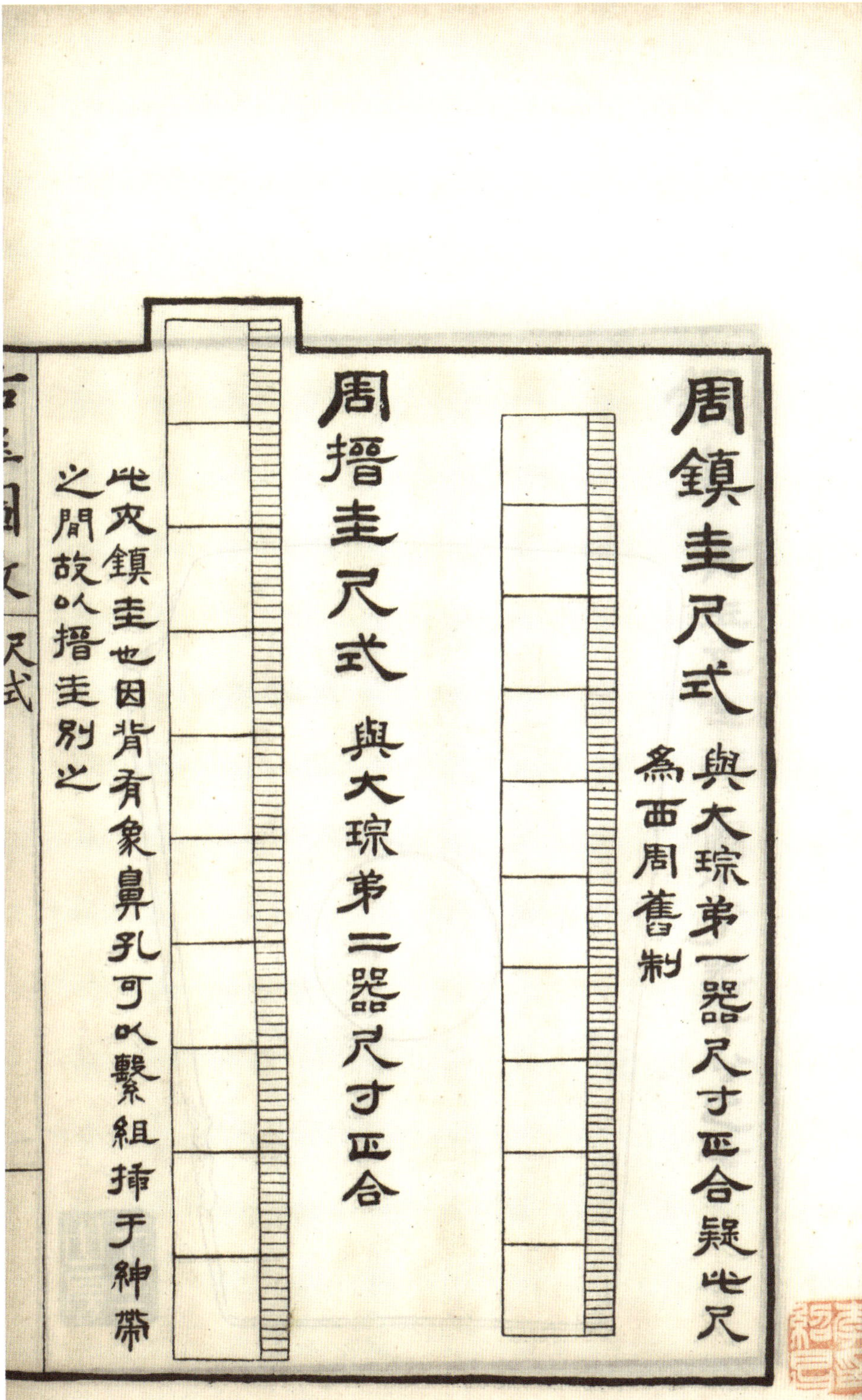
周鎮圭尺式 與大琮第一器尺寸正合疑此尺爲西周舊制

周搢圭尺式 與大琮第二器尺寸正合

此亦鎮圭也因背有象鼻孔可以繫組插于紳帶之間故以搢圭別之

029.欽定四庫全書總目二百卷　〔清〕紀昀等編纂　AC149.S73 C47 1868

清同治七年（1868）廣東書局重刻本　一百零八册三十六函

半框高14釐米，寬11釐米，每半葉9行21字。左右雙邊，白口，無魚尾，版心上鐫書名、卷次，中鐫小題，下鐫葉碼。

内封題“欽定四庫全書總目”。卷端題“欽定四庫全書總目”。

鈐印：“HONOLULU/檀山華人觀書社/CHINESE LIBRARY”。

欽定四庫全書總目卷一

經部總敘

經稟聖裁垂型萬世删定之旨如日中天無所容其贊述所論次者詁經之說而已自漢京以後垂二千年儒者沿波學凡六變其初專門授受遞稟師承非惟詁訓相傳莫敢同異卽篇章字句亦恪守所聞其學篤實謹嚴及其弊也拘王弼王肅稍持異議流風所扇或信或疑越孔賈啖趙以及北宋孫復劉敞等各自論說不相統攝及其弊也雜

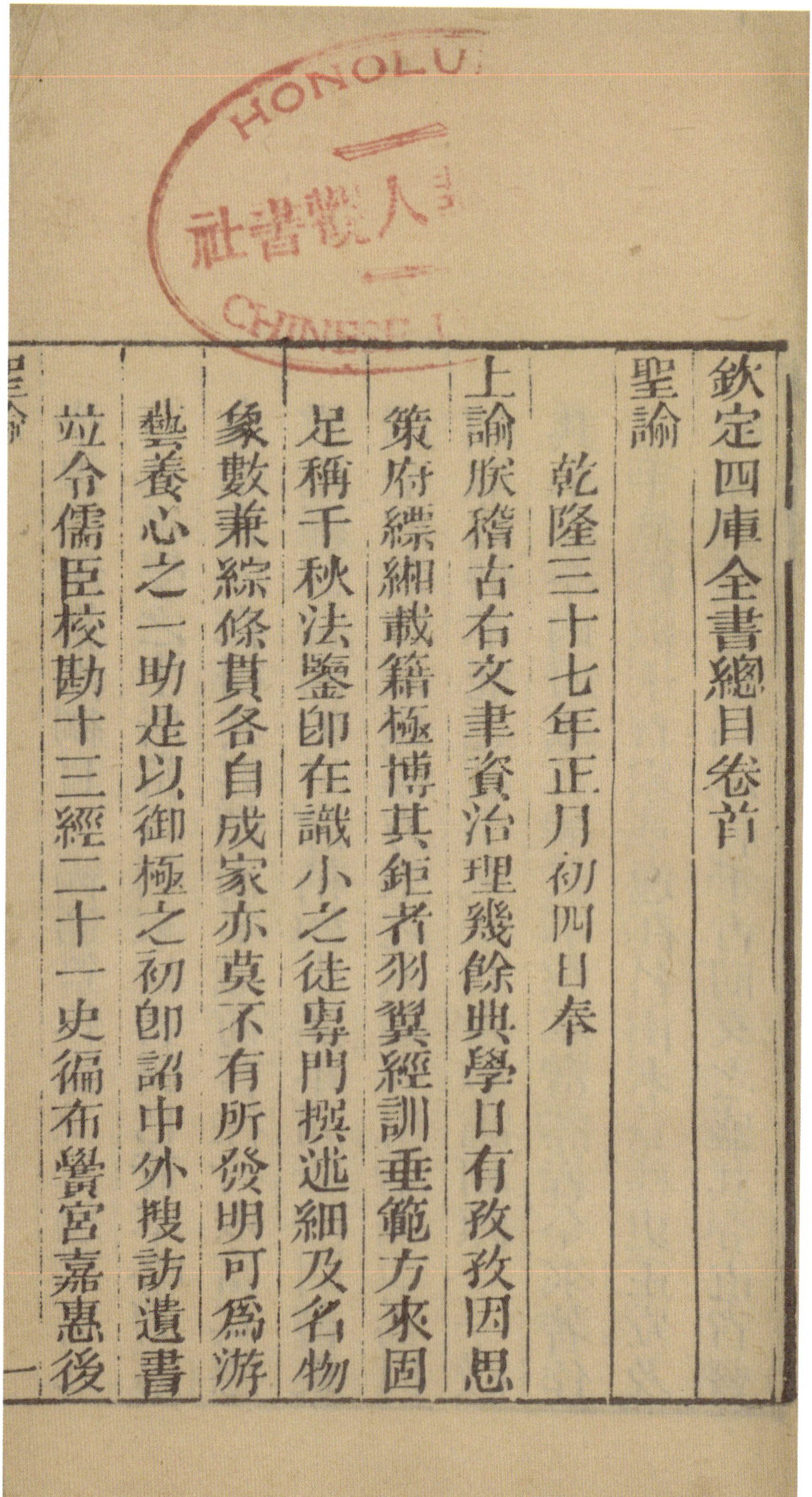

欽定四庫全書總目卷首

聖諭

乾隆三十七年正月初四日奉

上諭朕稽古右文聿資治理幾餘典學日有孜孜因思策府縹緗載籍極博其鉅者羽翼經訓垂範方來固足稱千秋法鑒即在識小之徒專門撰述細及名物象數兼綜條貫各自成家亦莫不有所發明可爲游藝養心之一助是以御極之初即詔中外搜訪遺書並令儒臣校勘十三經二十一史徧布黌宮嘉惠後

聖諭 一

子部

030.五種遺規摘鈔 〔清〕陳宏謀等輯

清同治七年（1868）湖北崇文書局刻本　八册一函

半框高18.5釐米，寬13釐米，每半葉10行22字，小字雙行同。四周雙邊，白口，單黑魚尾，版心上鎸子目書名，中鎸小題，下鎸葉碼。

《養正遺規摘鈔》内封題“養正遺規”。牌記題“同治七年楚北崇文書局開雕”。卷端題“養正遺規摘鈔，桂林陳宏謀榕門甫原編”。

鈐印：“李紹昌印”。

子目：

養正遺規摘鈔一卷補鈔一卷

教女遺規摘鈔一卷補鈔一卷

訓俗遺規摘鈔三卷補鈔一卷

從政遺規摘鈔二卷補鈔一卷

在官法戒録摘鈔四卷

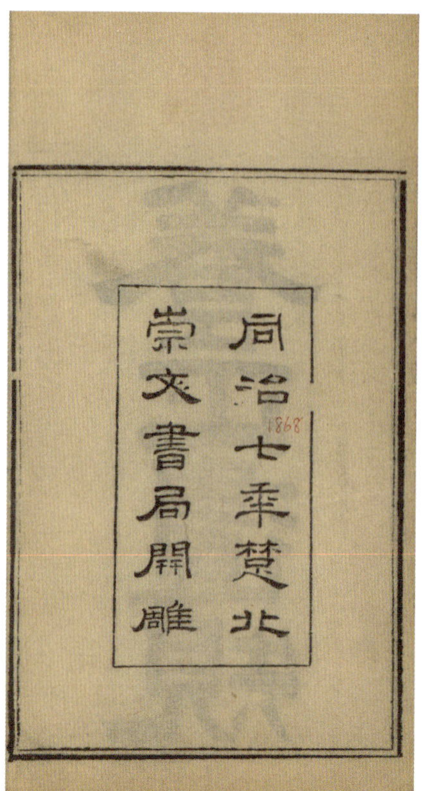

養正遺規摘鈔

桂林陳宏謀榕門甫原編

朱子白鹿洞書院揭示（公名熹字元晦宋婺源人謚文配祀十哲）

宏謀按學也者所以學爲人也天下無倫外之人故自無倫外之學朱子首列五教所以揭明學之本指而因及爲學之序自修身以至處事接物之要則學之大綱畢舉徹上徹下更無餘事矣宏謀輯養正規特編此爲開宗第一義使爲父兄者共明乎此則教子弟得所嚮方自孩提以來就其所知愛親敬長告以此爲人之始即爲學之基切勿

031.三字經訓詁一卷　〔宋〕王應麟撰　〔清〕王相訓詁　〔清〕徐士業增補

清光緒十七年(1891)掃葉山房刻本　一册一函

半框高18.5釐米，寬14釐米，每半葉16行16字。左右雙邊，白口，單黑魚尾，版心上鎸書名，中鎸卷次，下鎸葉碼、"掃葉山房"。

内封題"增三字經訓詁，光緒十七年仲夏補全，王伯厚先生原纂，王晉升先生訓詁，徐士業先生增補，掃葉山房藏板"。卷端題"三字經訓詁，歙西徐士業建勳氏校刊"。

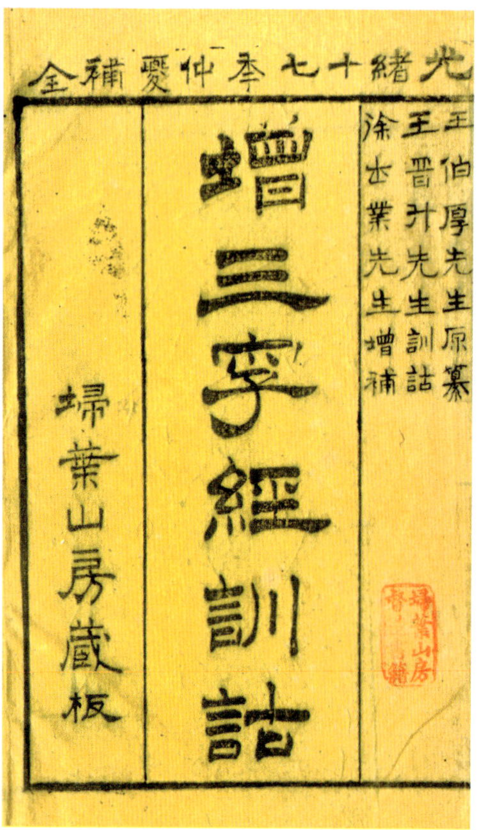
光緒十七年仲夏補全
王伯厚先生原纂
王晉升先生訓詁
徐士業先生增補
增三字經訓詁
掃葉山房藏板

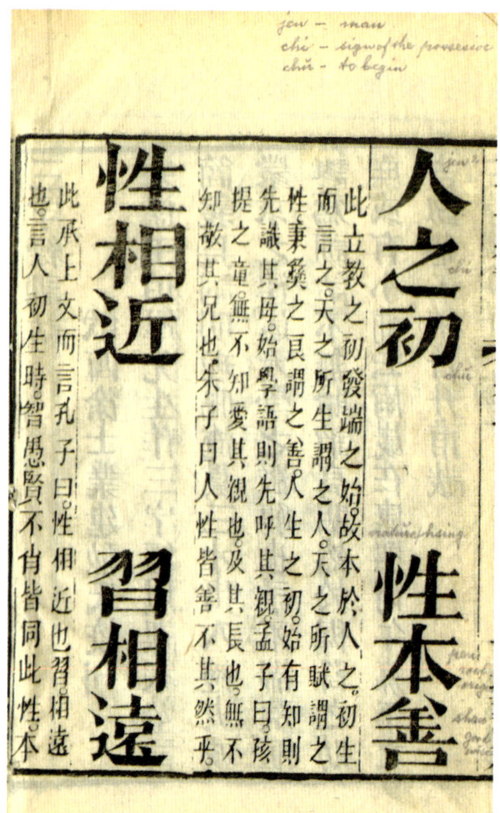
人之初　性本善
此立教之初發端之始故本於人之初生而言之。天之所生謂之人。天之所賦謂之性秉彝之良謂之善。人生之初始有知識其母。始學語則先呼其親。孟子曰孩提之童無不知愛其親也及其長也無不知敬其兄也。朱子曰人性皆善不其然乎
性相近　習相遠
此承上文而言孔子曰性相近也習相遠也言人初生時智愚賢不肖皆同此性本

三字經訓詁

歙西徐士業建勳氏校刊

宋儒王伯厚先生作三字經以課家塾言簡義長詞明理晰淹貫三才出入經史誠蒙求之津逮大學之濫觴也予不揣荒陋謬爲訓詁不無貽誚高明然於穉習之助庶或有小補云爾歲在康熙丙午嘉平之吉歙菴王相晉升甫識

032.聖諭廣訓衍不分卷　不題撰者　

清刻本　二册一函

半框高20釐米，寬13.5釐米，每半葉9行20字。四周雙邊，白口，單黑魚尾，版心上鐫“聖諭廣訓”或“廣訓衍”，中鐫條次，下鐫葉碼。

鈐印：“白樂士重慶”。

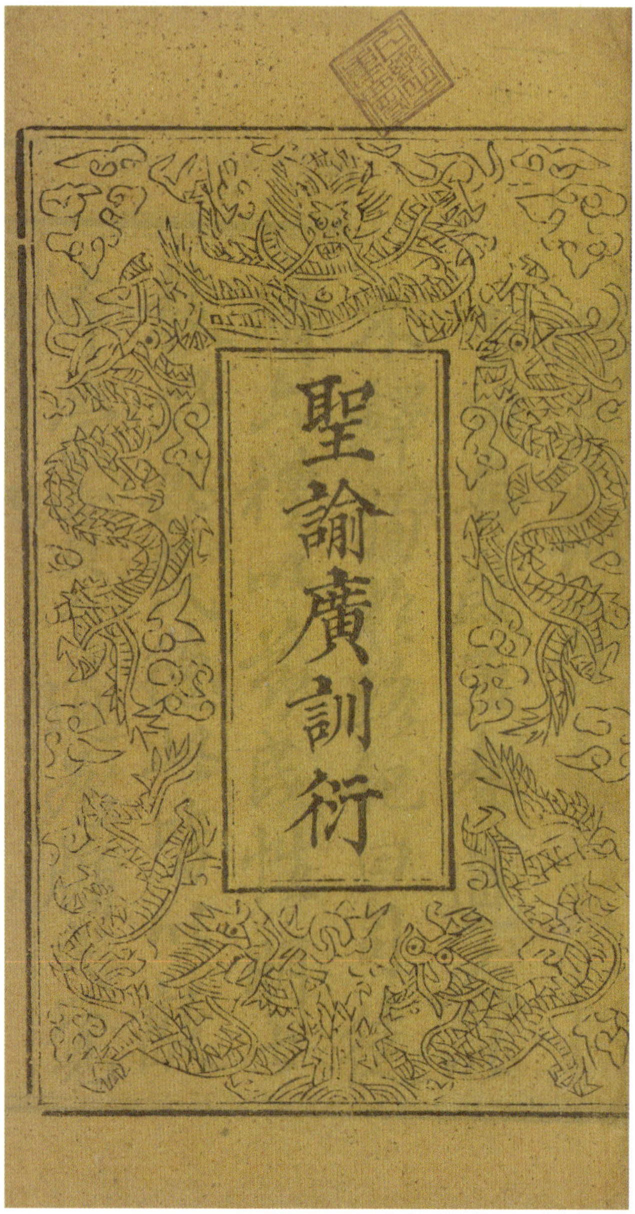

敦孝弟以重人倫

我

聖祖仁皇帝臨御六十一年、法

祖尊

親孝思不匱、

欽定孝經衍義一書、衍釋經文義理詳貫無非孝治天

下之意、故

聖諭十六條、首以孝弟開其端、朕丕承鴻業、追維

往訓、推廣立教之思、先申孝弟之義、用是與爾兵民人

033.聖諭十六條附律易解不分卷　〔清〕聖祖玄燁撰　〔清〕夏炘注解

清光緒五年(1879)聚德堂刻本　一册一函

半框高18釐米,寬11釐米,每半葉9行22字。四周雙邊,白口,單黑魚尾,版心上鐫書名,下鐫葉碼。

内封題“聖諭十六條易解,板藏粵東省城外德興街雲梯閣,板藏粵東省城内學院前聚德堂”。卷端題“聖諭十六條附律易解,婺源縣教諭前武英殿遼金元三史分校官臣夏炘恭繹”。

鈐印:“白樂士四川重慶”。

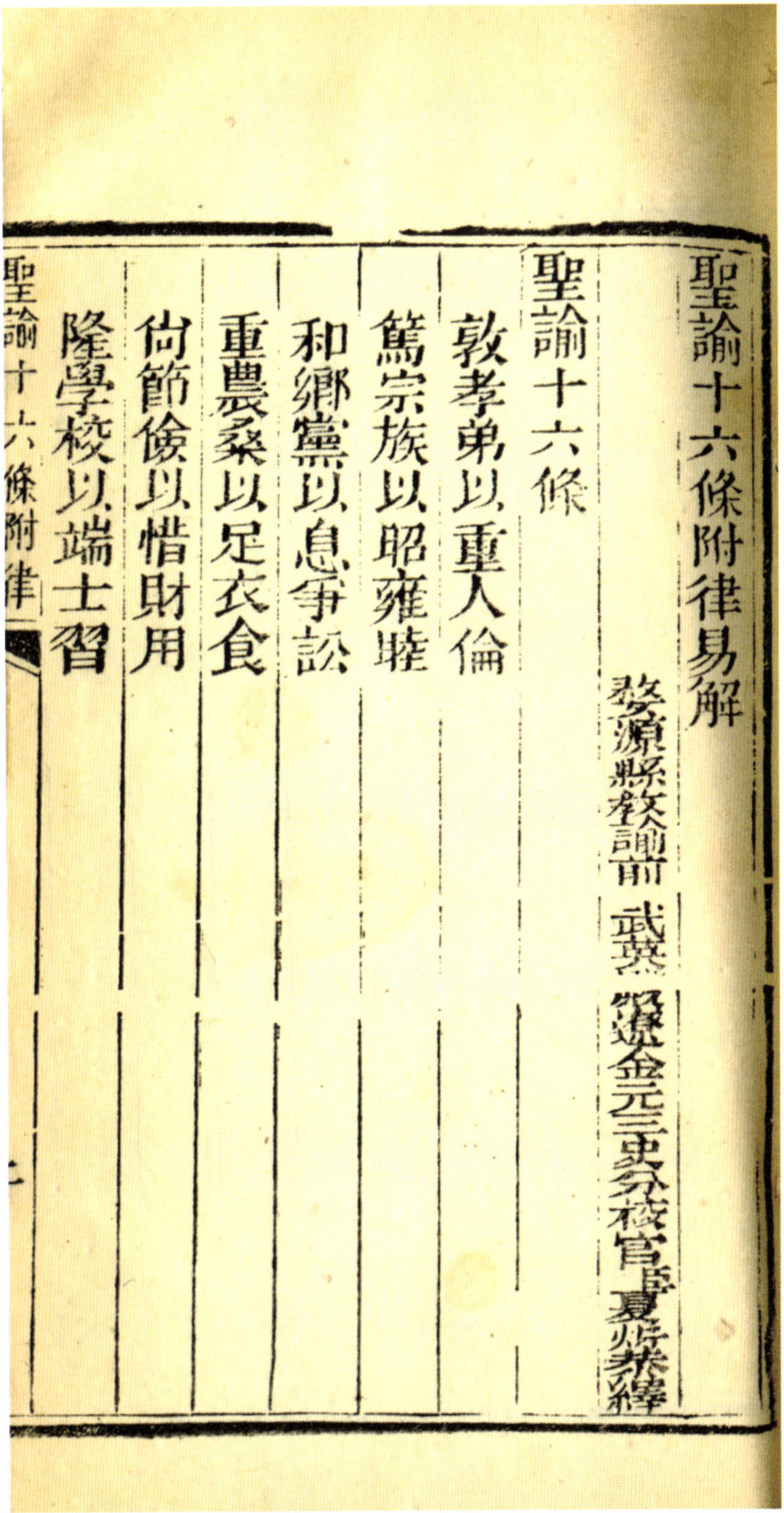
聖諭十六條附律易解

婺源縣教諭前 武英殿遼金元三史分校官臣夏炘恭纂

聖諭十六條

敦孝弟以重人倫

篤宗族以昭雍睦

和鄉黨以息爭訟

重農桑以足衣食

尚節儉以惜財用

隆學校以端士習

聖諭十六條附律　二

034.纂圖元亨療馬集六卷附牛經大全上下二卷　〔明〕喻仁、喻傑撰

清同治七年（1868）大文堂刻本　四册一函

半框高18.5釐米，寬12釐米，每半葉12行24字。四周單邊，白口，單黑魚尾，版心上鐫“元亨療馬集”，中鐫卷次，下鐫葉碼。

目録端題“纂圖元亨療馬集”。《牛經大全》内封題“牛經大全，同治七年新鐫，大文堂藏板”。

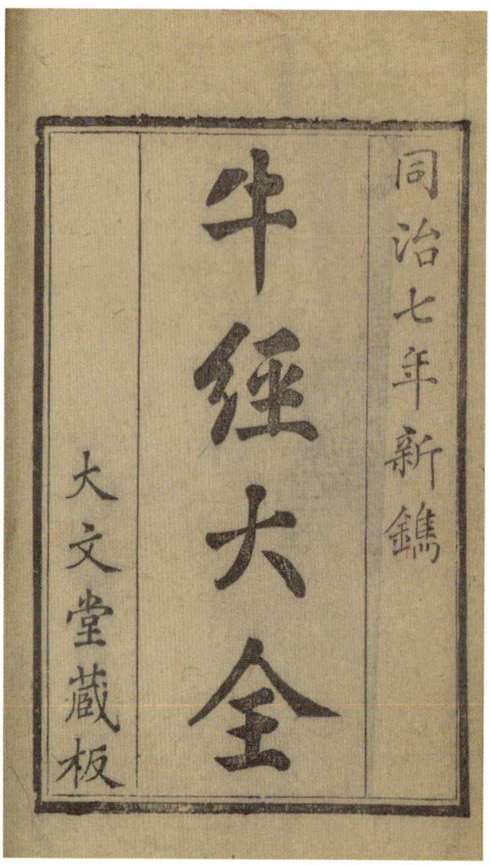
同治七年新鐫
牛經大全
大文堂藏板

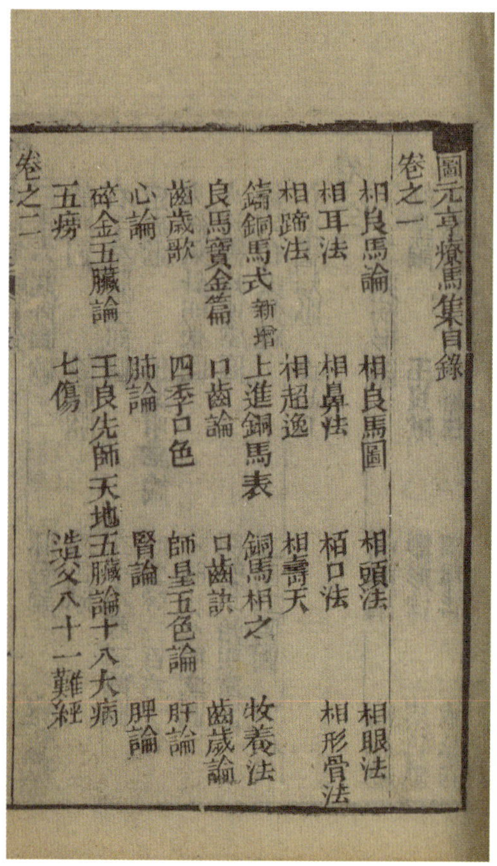
圖元亨療馬集目錄
卷之一
相良馬論　相良馬圖　相頭法　相眼法
相耳法　相鼻法　相口法　相形骨法
相蹄法　相超逸　相壽夭
鑄銅馬式　新增上進銅馬表　銅馬相之　牧養法
良馬寶金篇　口齒論　口齒訣　齒歲論
齒歲歌　四季口色　師皇五色論　肝論
心論　肺論　腎論　脾論
碎金五臟論　王良先師天地五臟論　十八大病
五痨　七傷　遺父八十一難經
卷之二

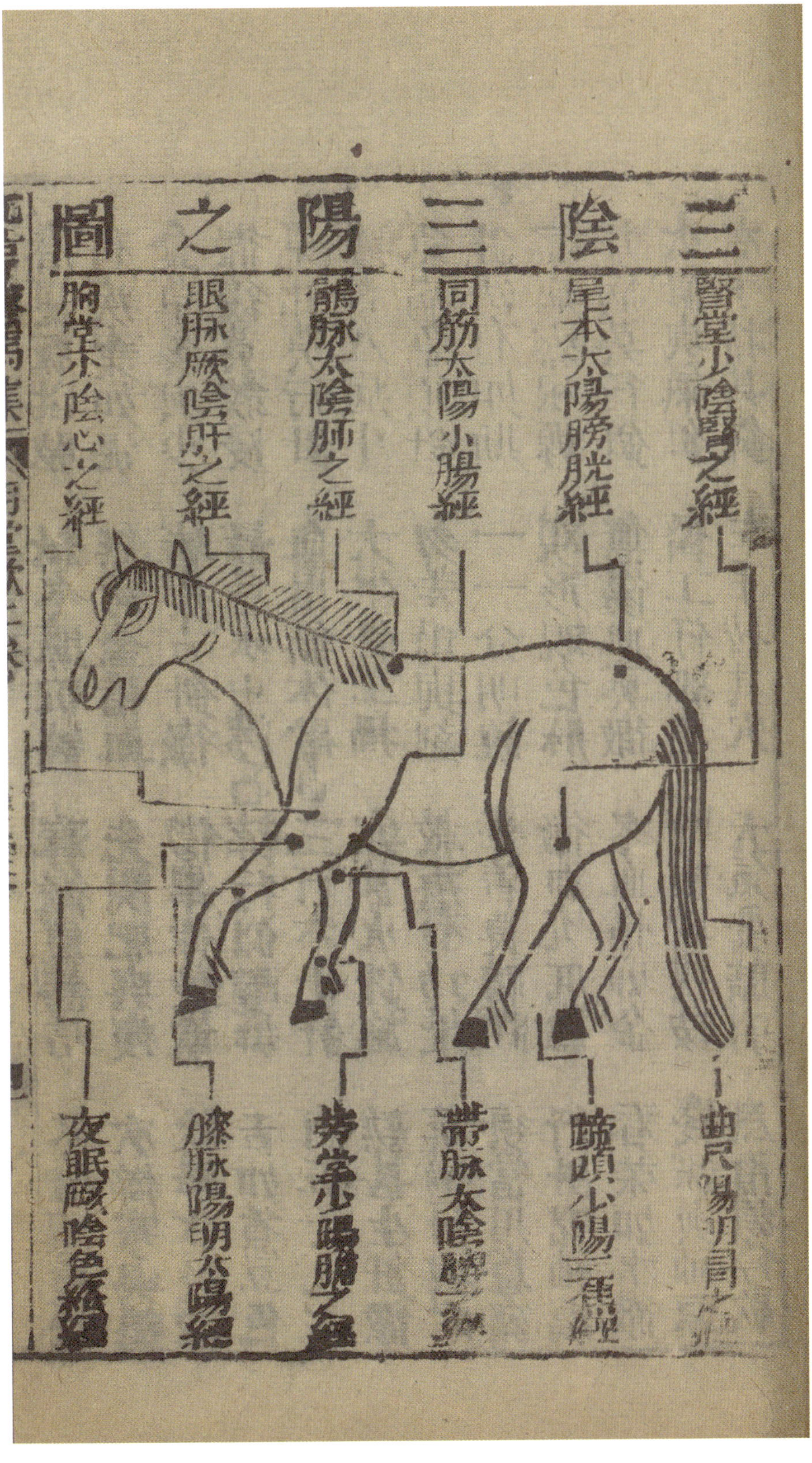
三陰三陽之圖
腎堂少陰腎之經
尾本太陽膀胱經
同筋太陽小腸經
鶻脉太陰肺之經
眼脉厥陰肝之經
胸堂少陰心之經
曲尺陽明胃之經
蹄頭少陽三焦經
帶脉太陰脾之經
勞堂少陽膽之經
膝脉陽明大腸經
夜眼厥陰包絡經

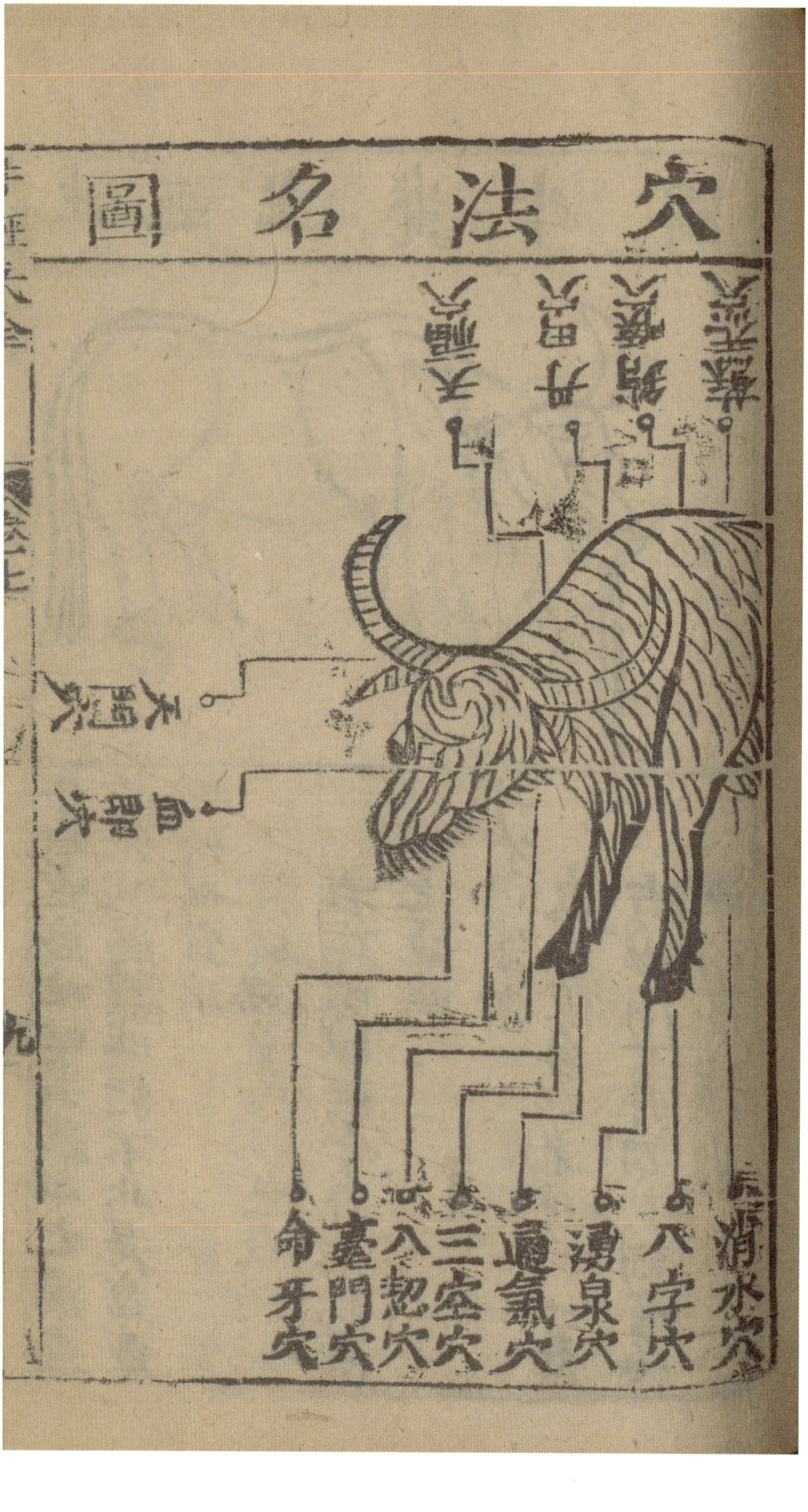
穴法名圖
丹田穴
天門穴
消水穴
八字穴
湧泉穴
通氣穴
三室穴
命牙穴

考正針牛

035.容齋隨筆十六卷續筆十六卷三筆十六卷四筆十六卷五筆十卷 〔宋〕洪邁撰

清乾隆五十九年（1794）掃葉山房重刻本 二十四册四函

半框高19.5釐米，寬13.5釐米，每半葉9行18字。左右雙邊，黑口，無魚尾，版心中鎸書名、卷次及葉碼。

卷端題“容齋隨筆”。

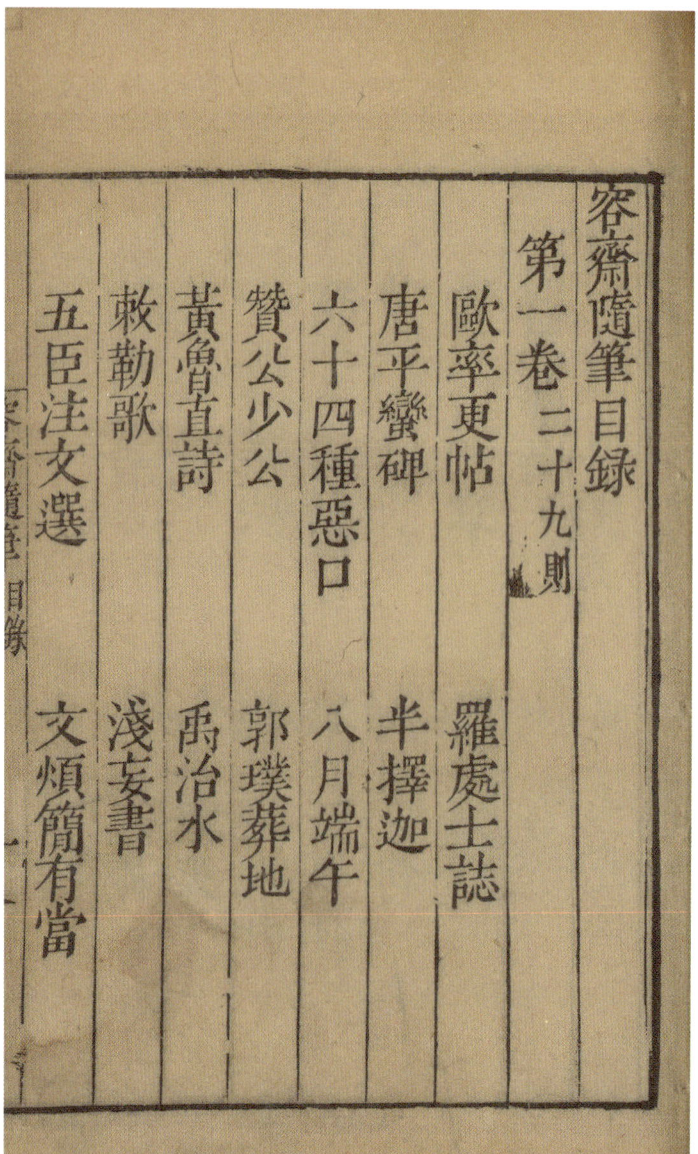
容齋隨筆目録
第一卷 二十九則
歐率更帖 羅處士誌
唐平蠻碑 半擇迦
六十四種惡口 八月端午
贊公少公 郭璞葬地
黃魯直詩 禹治水
敕勒歌 淺妄書
五臣注文選 文煩簡有當
容齋隨筆 目録 一

容齋隨筆卷第一　二十九則

予老去習懶讀書不多意之所之隨即紀録因其後先無復詮次故目之曰隨筆淳熙庚子鄱陽洪邁景盧

歐率更帖

臨川石刻雜法帖一卷載歐陽率更一帖云年二十餘至鄱陽地沃土平飲食豐賤衆士往往湊聚每日賞華恣口所須其二張才華議論一時俊傑殷薛二侯故不可言戴君國士出言便

036.校訂困學紀聞集證二十卷　〔宋〕王應麟撰　〔清〕萬希槐集證　〔清〕屠繼序等校補

PL2687.W3 K8 1813

清嘉慶十八年（1813）掃葉山房刻本　八册一函

半框高18釐米，寬13.5釐米，每半葉11行25字，小字雙行31字。左右雙邊，黑口，單黑魚尾，版心上鐫“困學紀聞五箋集證”，中鐫卷次、葉碼。

内封題“困學紀聞集證合注，掃葉山房藏板，嘉慶十八年春季新鐫，何義門、閻潛邱、全謝山、方樸山、程易田、錢辛楣箋本，萬希槐蔚亭氏輯集證校本附”。卷端題“校訂困學紀聞集證，浚儀王應麟伯厚，潛邱閻氏、義門何氏、謝山全氏、樸山方氏、易田程氏、蔚亭萬氏、辛楣錢氏、四明屠繼序同較補”。

鈐印：“子清”。

校訂困學紀聞集證卷之一上

浚儀　王應麟　伯厚（潛邱閻氏　義門何氏　謝山全氏　樸山方氏　易田程氏　蔚亭萬氏　辛楣錢氏）四明屠繼序　仝較補

易

危者使平，易者使傾，易之道也。處憂患而求安平者，其惟危懼乎。故乾以惕无咎，震以恐致福。

脩辭立其誠。脩其內則爲誠，脩其外則爲巧言。易以辭爲重，上繫終於默而成之，養其誠也；下繫終於六辭，驗其誠不誠也。辭非止言語，令之文，古所謂辭也。（全云：謂易以辭爲重，語意微有病。）

履霜，戒於未然；月幾望，戒於將然。易貴未然之防，至於幾則危矣。

潛龍以不見成德，管寧所以箴邴原也；（魏志管寧傳注引傅子）全身以待時，杜襲所以戒繁欽也。（魏志杜襲本傳）易曰：括囊无咎无譽。

037.日知録集釋三十二卷附刊誤二卷續刊誤二卷　〔清〕顧炎武撰　〔清〕黄汝成集釋

清同治十一年（1872）湖北崇文書局重刻本　十六册二函

半框高19釐米，寬13釐米，每半葉11行22字，小字雙行同。四周雙邊，黑口，雙黑魚尾，版心中鎸“日釋”、卷次及葉碼。

内封題“日知録集釋三十二卷”。牌記題“同治壬申湖北崇文書局重雕”。卷端題“日知録集釋，崑山顧炎武著，嘉定後學黄汝成集釋”。

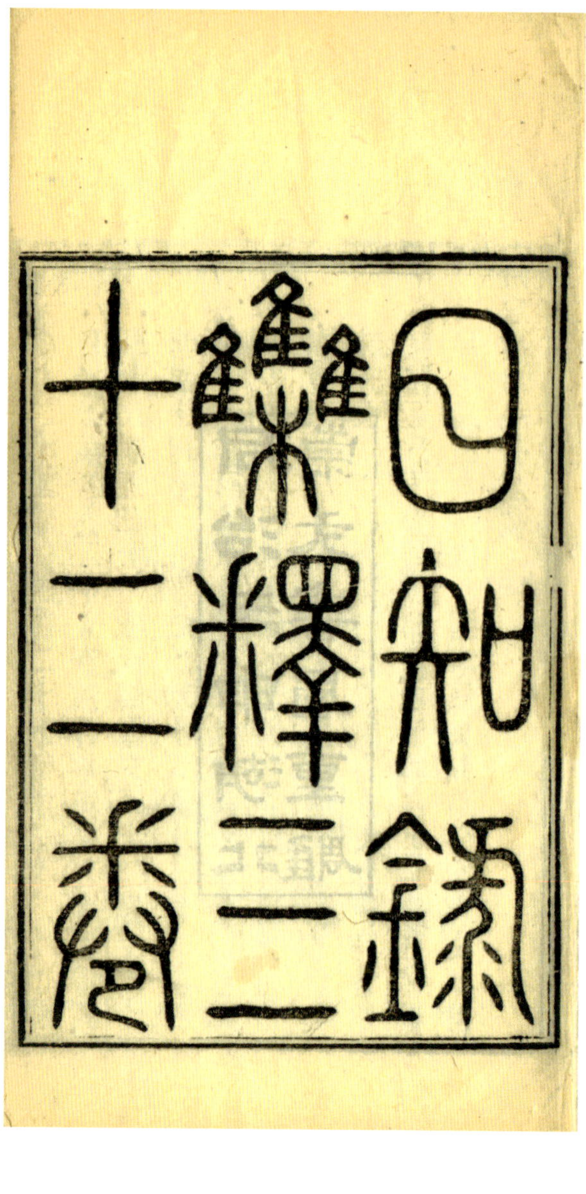

日知錄集釋卷一

崑山顧炎武著　嘉定後學黃汝成集釋

三易

夫子言包羲氏始畫八卦，不言作易，而曰易之興也，其於中古乎？又曰易之興也，其當殷之末世，周之盛德邪？當文王與紂之事邪？是文王所作之辭始名爲易，而周官大卜掌三易之法，一曰連山，二曰歸藏，三曰周易。連山、歸藏非易也，而云三易者，後人因易之名以名之也。雷氏曰：伏羲畫卦，自兩儀生四象，而四時之序已著；自四象生八卦，而萬物之理悉函；自八卦重之，相錯相盪，陽動而進，左旋而位于西北；陰動而退，右轉而位于西南。于是震兌正于東西，坎離正于南北，而四時首春，帝出乎震之象以立。又以乾元用九消息之，而十二辟卦之象以成，六十四卦之象以著，伏羲氏之所以爲易者也。連山者，神農氏之易也。神農詳于地辨

038.孔子改制考二十一卷　〔清〕康有爲撰　B128.C72 K36 1897

清光緒二十三年（1897）刻萬木草堂叢書本　五册一函

半框高16釐米，寬12.5釐米，每半葉13行26字。左右雙邊，黑口，單黑魚尾，版心中鐫書名、卷次，下鐫葉碼、"萬木草堂叢書"。

内封題"孔子改制考，康有爲署"。卷端題"孔子改制考，南海康有爲廣厦撰"。

鈐印："李紹昌印"。

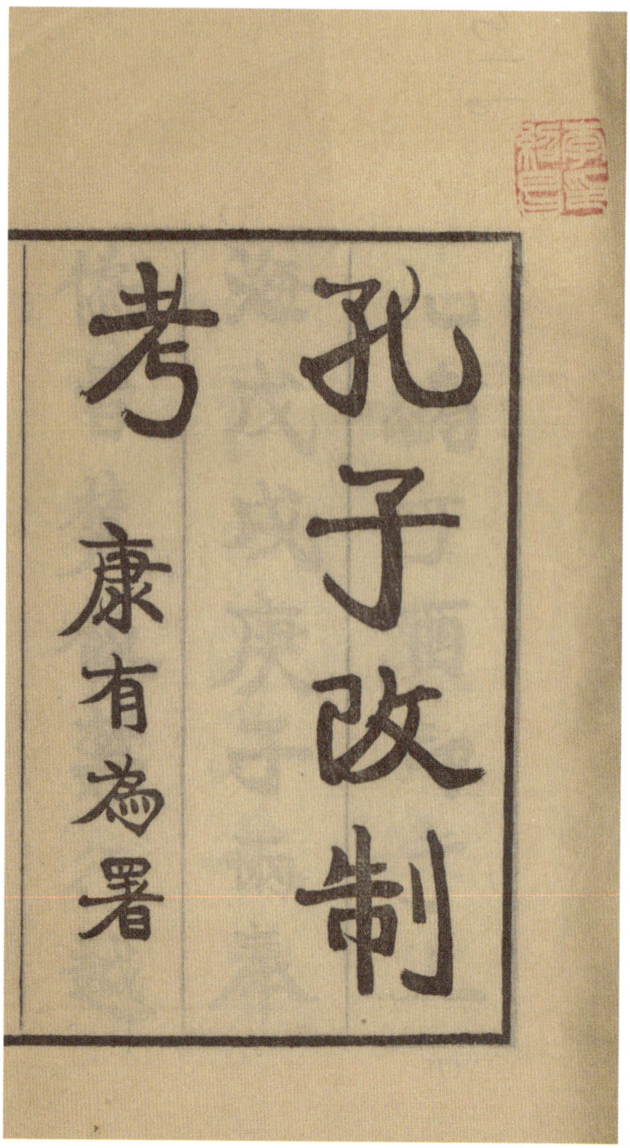

孔子改制考卷一

南海康有爲廣厦撰

上古茫昧無稽考

人生六七齡以前事跡茫昧不可得記也開國之始方略缺如不可得詳也況太古開闢爲萌爲芽漫漫長夜舟車不通書契難削疇能稽哉大地人道皆蘊萌於洪水後然印度婆羅門前歐西希臘前亦已茫然豈特秘魯之舊劫墨洲之古事黯芴渺昧不可識耶吾中國號稱古名國文明最先矣然六經以前無復書記夏殷無徵周籍已去共和以前不可年識秦漢以後乃得詳記而譙周蘇轍胡宏羅泌之流乃敢於考古實其荒誕崔東壁乃爲考信錄以傳信之豈不謬哉夫三代文教之盛實由孔子推託之故得一孔子而日月光華山川焜耀然夷考舊文實猶茫昧雖有美盛不盡可考焉

039.重刻添補傳家寶俚言新本四集三十二卷 〔清〕石成金撰

清末刻本 三十二册三函

半框高17釐米，寬12釐米，每半葉8行20字，小字雙行同。左右雙邊，白口，單黑魚尾，版心上鎸集名，中鎸卷次、小題，下鎸葉碼。

内封題“家寶全集，福壽根基，揚州石天基新舊一百二十種，人情世事須知，修身齊家要法，本衙藏板”。卷端題“重刻添補傳家寶俚言新本，揚州石成金天基撰集，男宰年蓮生、嵩年貫五，孫懷壽明德、遐壽雨康校刻”。

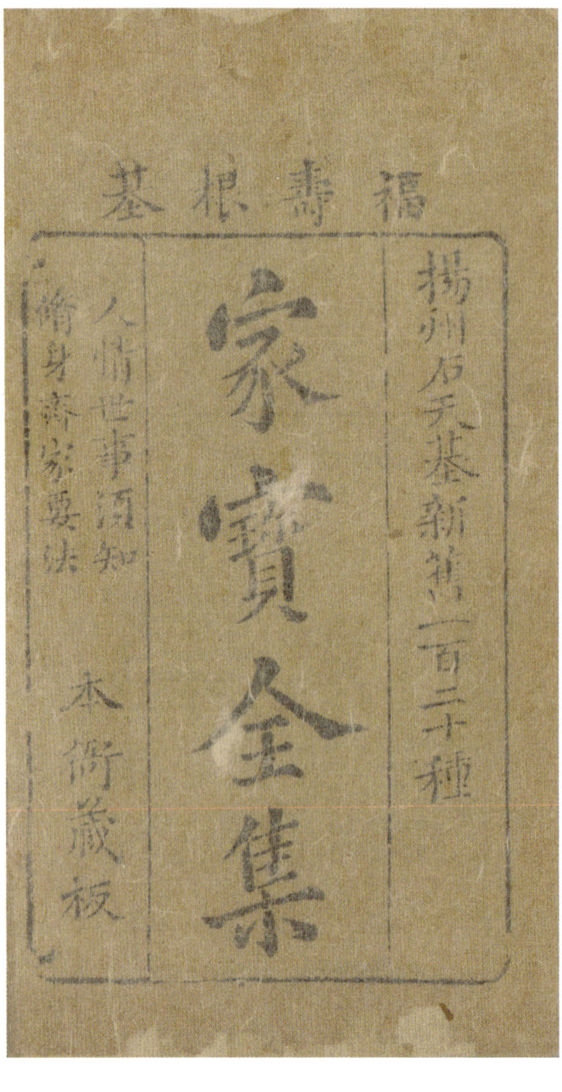

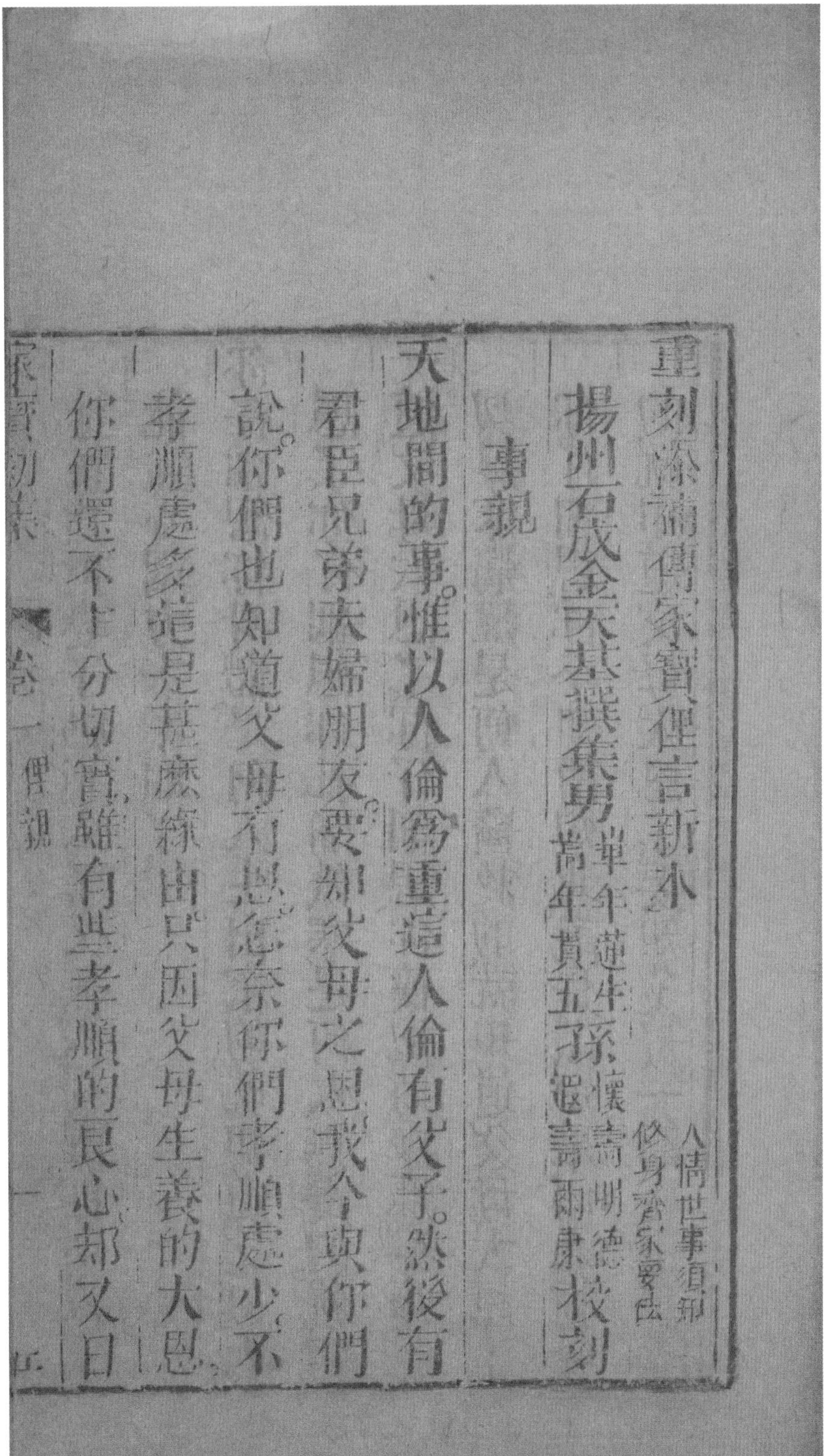

重刻添補傳家寶俚言新本

人情世事須知
修身齊家要法

揚州石成金天基撰集 男華年蓮生 嵩年貴五 孫懷壽明德 遐壽爾康 校刻

事親

天地間的事。惟以人倫爲重。這人倫有父子。然後有君臣兄弟夫婦朋友。要知父母之恩。我今與你們說。你們也知道父母有恩。怎奈你們孝順處少。不孝順處多。這是甚麼緣故。只因父母生養的大恩。你們還不十分切實。雖有些孝順的良心。却又日

家寶初集 卷一 俚 親 一

040.御刻三希堂石渠寶笈法帖釋文十六卷　　〔清〕梁詩正等奉敕輯

NK3634.A2 S36 1897

清光緒二十三年（1897）上海鴻寶齋石印本　六册一函

内封題“三希堂法帖釋文”。牌記題“光緒丁酉孟夏月上海鴻寶齋石印”。卷端題“御刻三希堂石渠寶笈法帖釋文”。

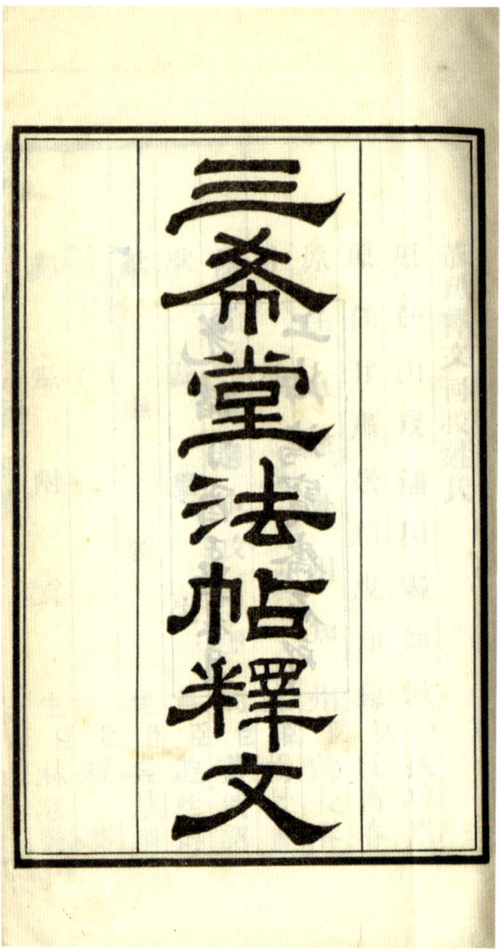

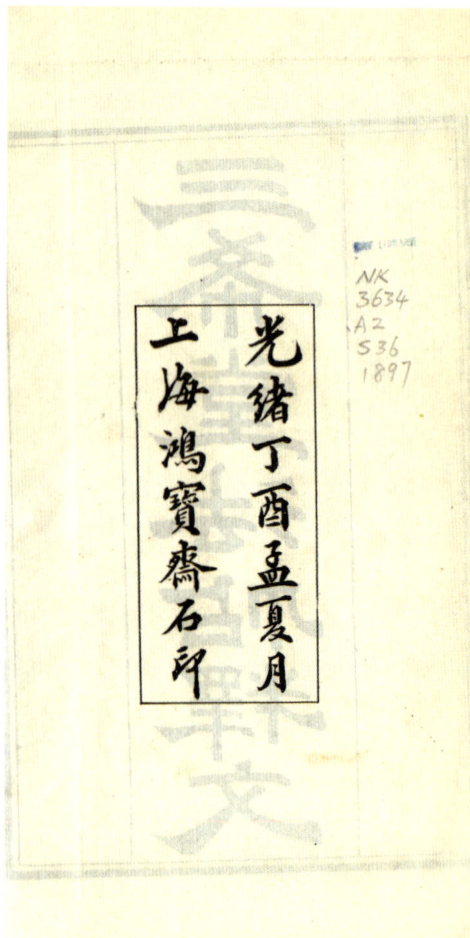

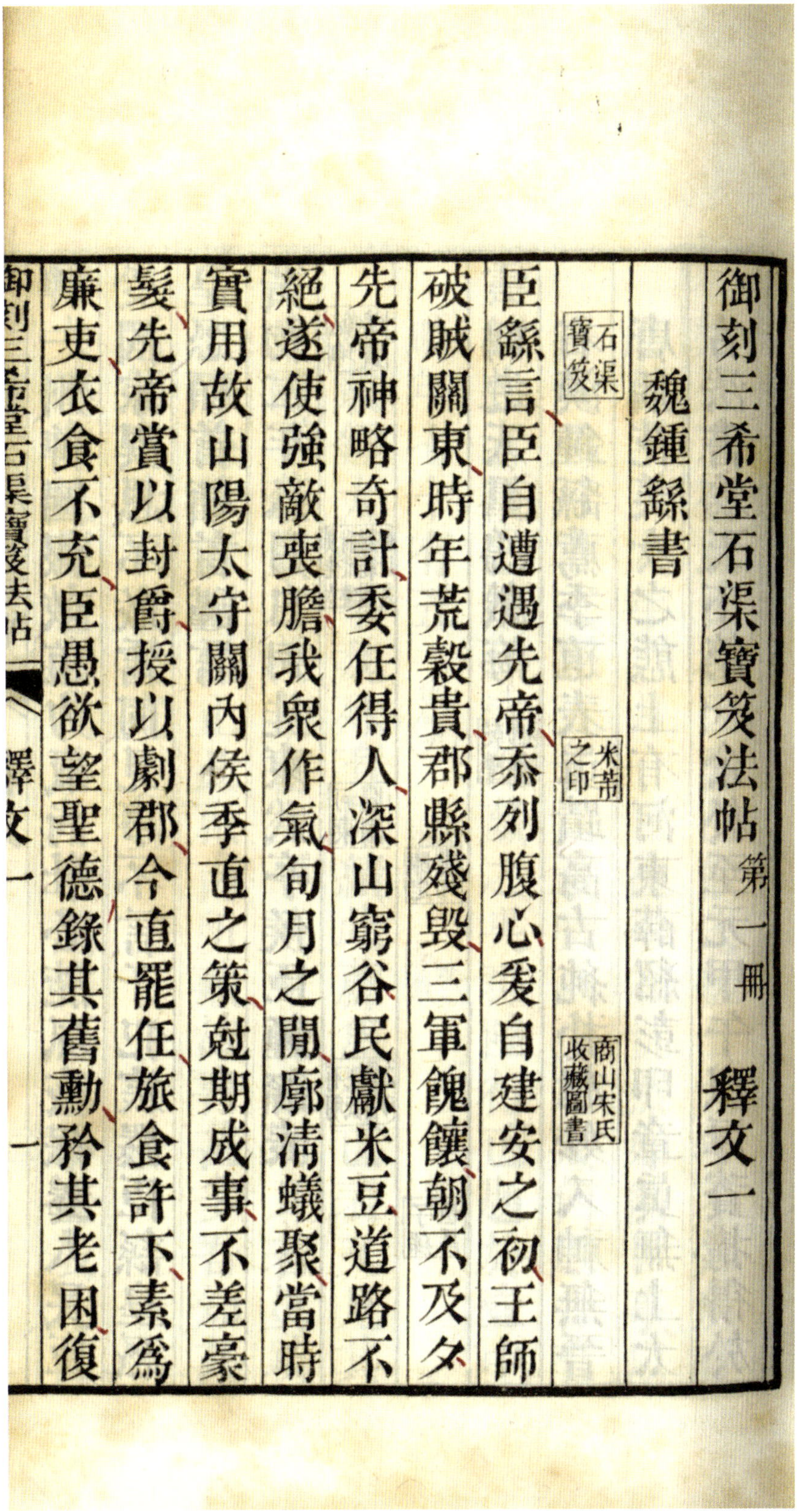

御刻三希堂石渠寶笈法帖第一冊　釋文一

魏鍾繇書

臣繇言臣自遭遇先帝忝列腹心爰自建安之初王師破賊關東時年荒穀貴郡縣殘毀三軍餽饟朝不及夕先帝神略奇計委任得人深山窮谷民獻米豆道路不絕遂使強敵喪膽我衆作氣旬月之間廓清蟻聚當時實用故山陽太守關內侯季直之策尅期成事不差豪髮先帝賞以封爵授以劇郡今直罷任旅食許下素爲廉吏衣食不充臣愚欲望聖德録其舊勳矜其老困復

御刻三希堂石渠寶笈法帖　一　釋文一　一

041.辛丑銷夏記五卷　〔清〕吴榮光撰　

清光緒三十年(1904)華陽王氏手抄本　五册一函

朱絲欄稿紙，框高19.5釐米，寬16釐米，每半葉13行21字，小字雙行同。版心上鎸書名、卷次，下鎸“息塵庵”、葉碼。框外左右分别鎸“十三行”“華陽王氏”。

卷端題“辛丑銷夏記，南海吴榮光伯榮撰，番禺潘正煒季彤、嘉定瞿樹辰申之、南海吴彌光樸園同訂”。

外封有李紹昌題識。卷末有墨筆跋曰：“光緒三十年春三月借原刻本，渝中李冕南校改一過，時在廣州糧儲道幕中五不争齋”。

鈐印：“李紹昌”。

按：王秉恩(1845—1928)，字雪澄、雪澂、雪塵、雪岑、雪庈等，號東西南北之人，另號息塵盦主。成都人。師從張之洞，提調廣雅書局。同治十二年癸酉舉人。歷任廣東布政司、廣東知府、貴州按察使、廣東按察使。

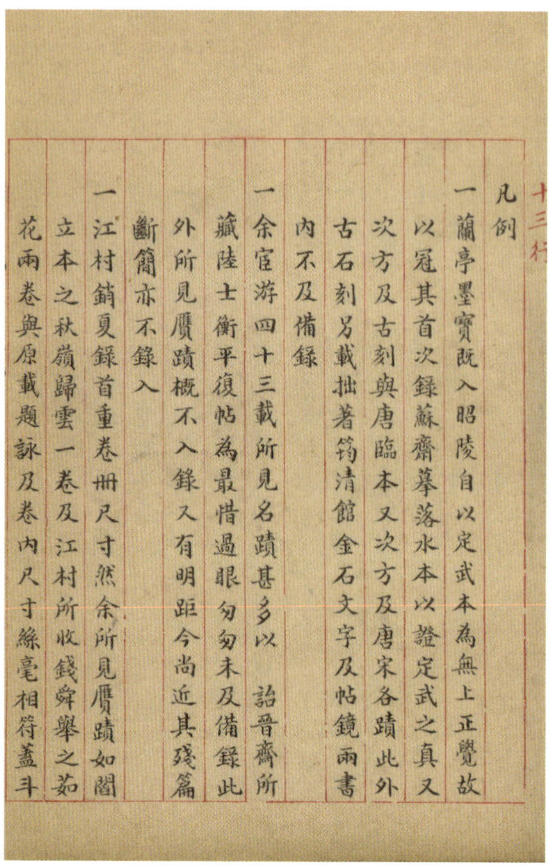
十三行
凡例
一蘭亭墨寶既入昭陵自以定武本為無上正覺故
以冠其首次録蘇齋摹落水本以證定武之真又
次方及古刻與唐臨本又次方及唐宋各蹟此外
古石刻另載拙著筠清館金石文字及帖鏡兩書
內不及備録
一余宦游四十三載所見名蹟甚多以　詒晉齋所
藏陸士衡平復帖為最惜過眼匆匆未及備録此
外所見贋蹟概不入録又有明距今尚近其殘篇
斷簡亦不録入
一江村銷夏録首重卷冊尺寸然余所見贋蹟如閻
立本之秋嶺歸雲一卷及江村所收錢舜舉之茹
花兩卷與原載題詠及卷內尺寸絲毫相符蓋斗

十三行

辛丑銷夏記卷之一

南海吴榮光伯榮撰

番禺潘正煒季彤
嘉定瞿樹辰申之仝訂
南海吴彌光樸園

宋搨五字不損真定武蘭亭敘 王澍書籤紙本高八寸長二尺一寸廿八行

永和九年歲在癸丑暮春之初于會稽山陰之蘭亭脩稧事也羣賢畢至少長咸集此地有崇山峻領茂林脩竹又有清流激湍映帶左右引以為流觴曲水列坐其次雖無絲竹管弦之盛一觴一詠亦足以暢敘幽情是日也天朗氣清惠風和暢仰觀宇宙之大俯察品類之盛所以游目騁懷足以極視聽之娱信可樂也夫人之相與俯仰一世或取諸懷抱悟言一室之内或因寄所託放浪形骸之外雖趣舍萬

042.法苑珠林一百卷 〔唐〕釋道世撰 BQ4000 .D35 1827

清道光七年(1827)重刻本 三十二册六函

半框高18.5釐米,寬12.5釐米,每半葉10行20字。左右雙邊,黑口,雙黑魚尾,版心中鎸“苑”、卷次及葉碼。

内封題“法苑珠林一百卷,道光丁亥歲釋藏本重刊”。卷端題“法苑珠林,唐西明寺沙門釋道世撰”。

鈐印:“李紹昌印”。

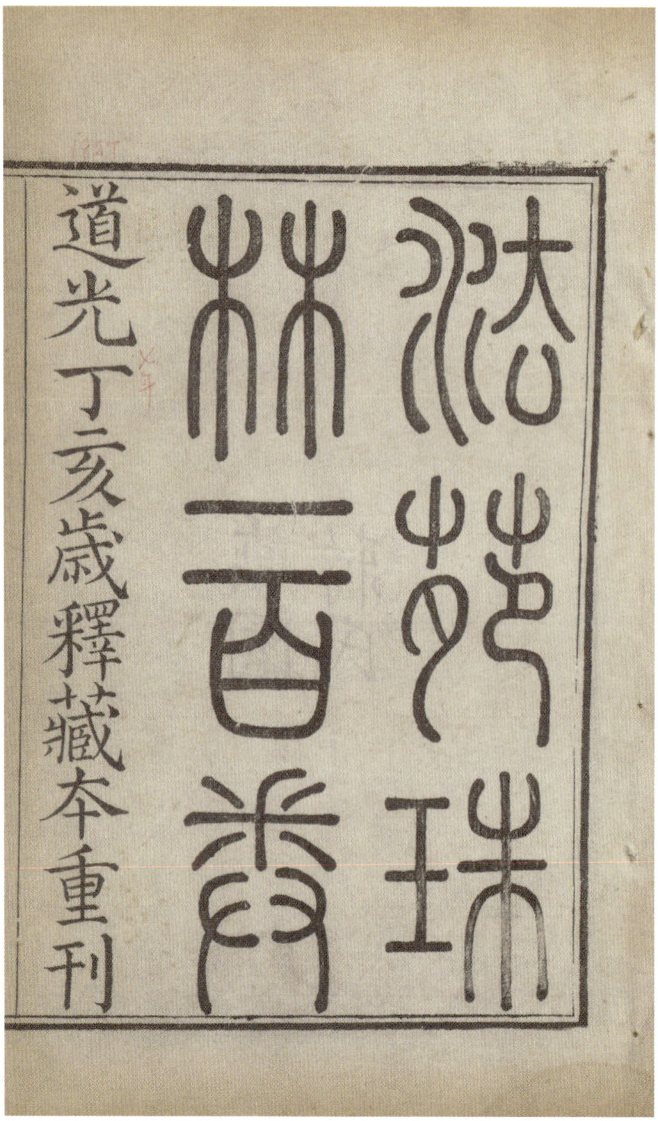

法苑珠林卷第一

唐西明寺沙門釋道世撰

劫量篇第一（劫災有二　一小一大）

○第一小三災部（別有　六部）

述意部　疫病部　刀兵部

饑饉部　相生部　對除部

述意部第一

夫劫者蓋是紀時之名猶年號耳然則時無別體約法而明所以聖教宏宣多所攸載者雖非理觀之沖規亦懲勸之幽旨也若乃涉迷津於曩識微塵之數

043.新約全書二十七卷　（美國）高德譯　（美國）羅爾梯删定

清光緒十四年（1888）上海美華書館鉛印本　一册一函

内封題“新約全書，耶穌降生一千八百八十八年，高德譯原本，羅爾梯删定，光緒十四年歲次戊子，上海美華書館重印”。

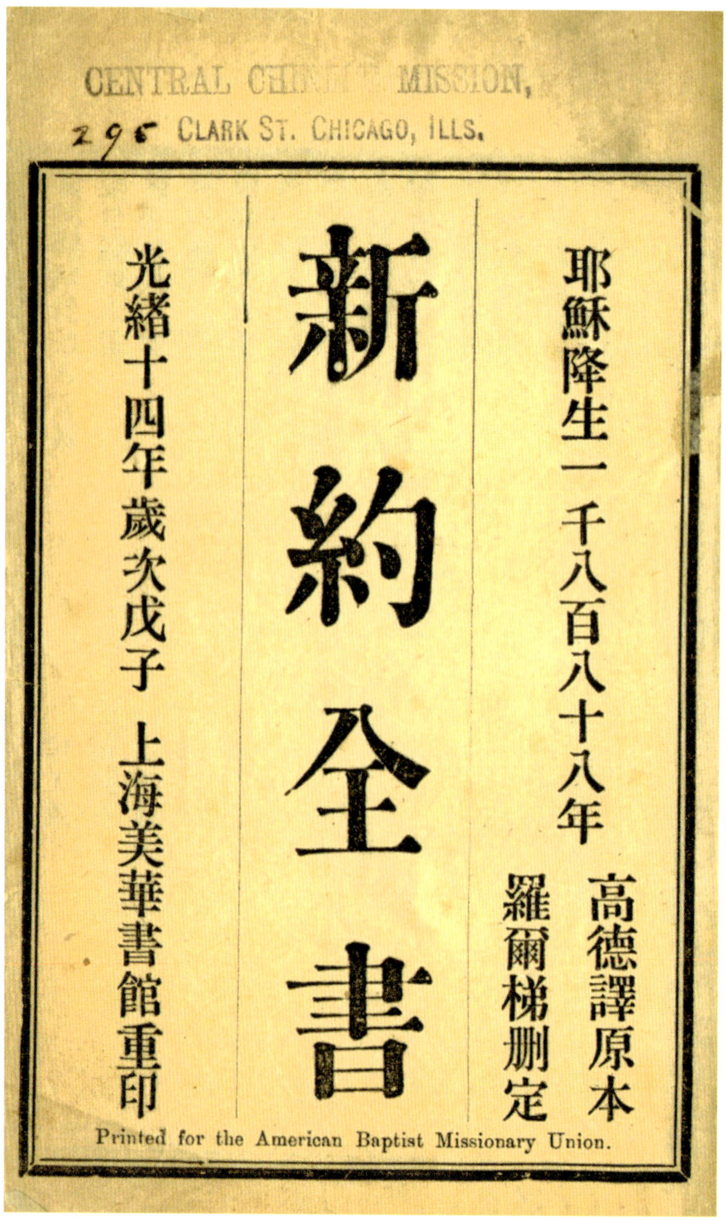

馬太傳福音書

第一章 一亞伯拉罕後嗣、大闢之裔、耶穌基督族譜、○二亞伯拉罕生以撒、以撒生雅
各、雅各生猶大與其兄弟、三猶大由大馬氏生法勒士、撒拉、法勒士生以士崙、以士
崙生亞蘭、四亞蘭生亞米拿達、亞米拿達生拿順、拿順生撒門、五撒門由喇合氏生波
士、波士由路得氏生阿伯、阿伯生耶西、六耶西生大闢王、大闢由烏利亞之妻、生所
羅門、七所羅門生羅波暗、羅波暗生亞比亞、亞比亞生亞撒、八亞撒生約沙法、約沙法
生約蘭、約蘭生烏西亞、九烏西亞生約坦、約坦生亞哈士、亞哈士生希西家、十希西家
生馬拿西、馬拿西生亞門、亞門生約西亞、十一約西亞生耶哥尼亞與其兄弟、適遷巴
比倫時、十二遷巴比倫後、耶哥尼亞生撒拉鐵、撒拉鐵生所羅把伯、十三所羅把伯生亞比
鬱、亞比鬱生以利亞金、以利亞金生亞所、十四亞所生撒鐸、撒鐸生亞金、亞金生以律、
十五以律生以利亞撒、以利亞撒生馬担、馬担生雅各、十六雅各生約瑟、即馬利亞生耶穌
稱基督者之夫也、十七如是自亞伯拉罕至大闢、凡十四代、自大闢至遷巴比倫、亦十
四代、自遷巴比倫至基督、又十四代、○十八夫耶穌基督之生如左、其母馬利亞既許

044.新約全書二十七卷

清光緒二十一年（1895）上海美華書館銅活字本　一册一函

半框高15.5釐米，寬10釐米，每半葉16行40字。四周雙邊，白口，單花魚尾，版心上鎸書名，中鎸卷次、篇名及章次，下鎸葉碼。

内封題“新約全書，文理，耶穌降世一千八百九十五年，新鑄銅版，大美國聖經會托印，上海美華書館藏板”。卷端題“新約全書”。

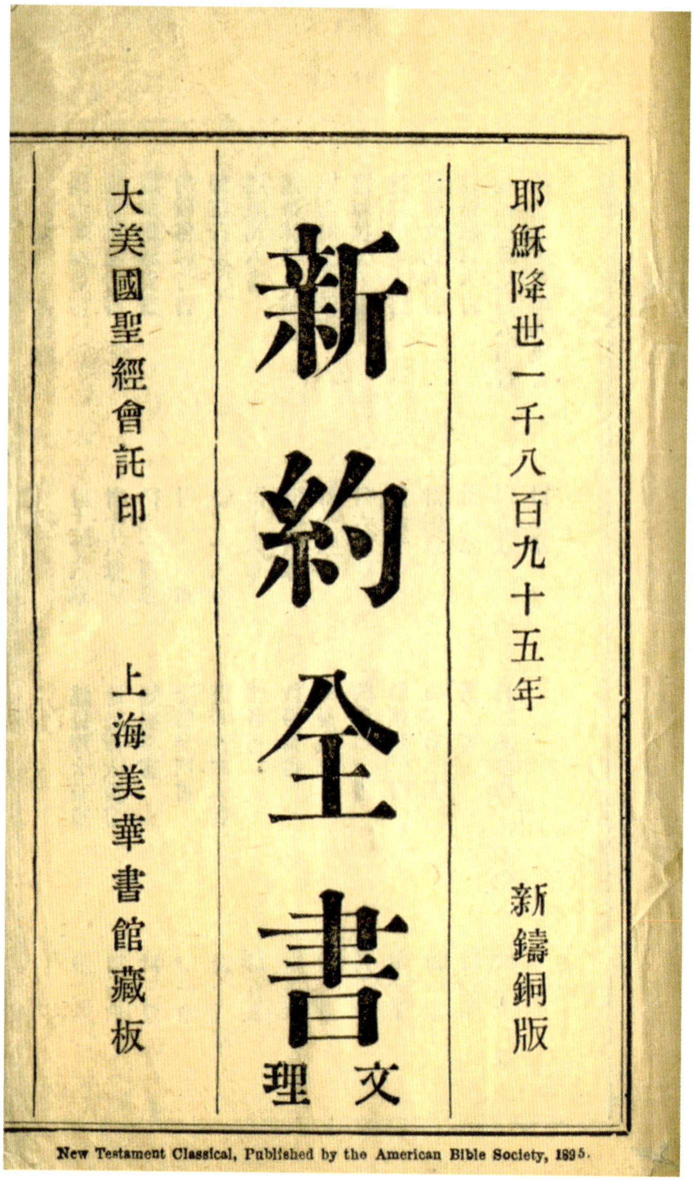

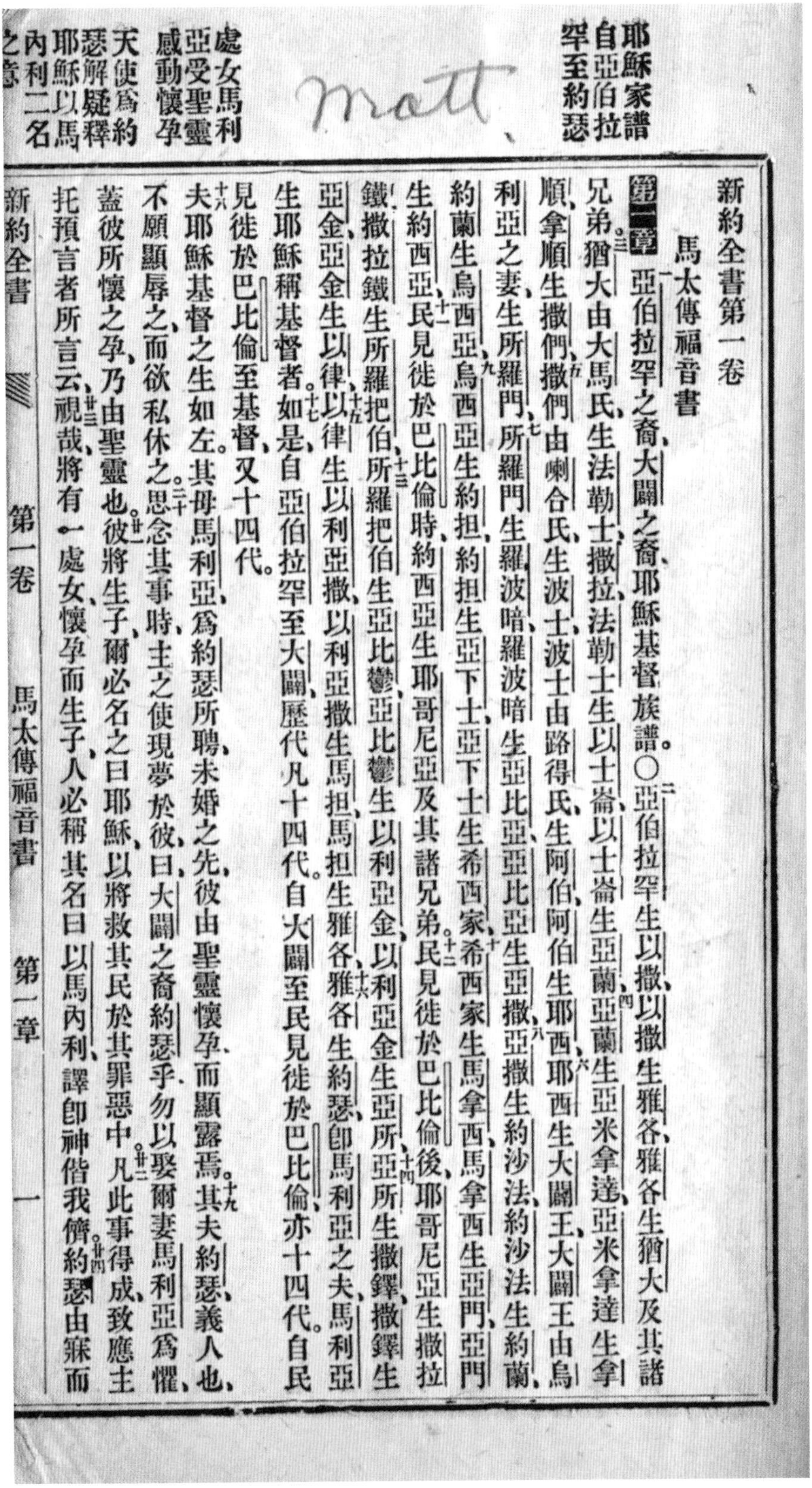

耶穌家譜自亞伯拉罕至約瑟

處女馬利亞受聖靈感動懷孕

天使爲約瑟解疑釋耶穌以馬內利二名之意

新約全書第一卷

馬太傳福音書

第一章 一亞伯拉罕之裔、大闢之裔、耶穌基督族譜。○二亞伯拉罕生以撒、以撒生雅各、雅各生猶大及其諸
兄弟。三猶大由大馬氏、生法勒士、撒拉、法勒士生以士崙、以士崙生亞蘭、四亞蘭生亞米拿達、亞米拿達生拿
順、拿順生撒們、五撒們由喇合氏、生波士、波士由路得氏、生阿伯、阿伯生耶西、六耶西生大闢王、大闢王由烏
利亞之妻、生所羅門、七所羅門生羅波暗、羅波暗生亞比亞、亞比亞生亞撒、八亞撒生約沙法、約沙法生約蘭、
約蘭生烏西亞、九烏西亞生約担、約担生亞下士、亞下士生希西家、十希西家生馬拿西、馬拿西生亞門、亞門
生約西亞、十一約西亞民見徙於巴比倫時、約西亞生耶哥尼亞及其諸兄弟。十二民見徙於巴比倫後、耶哥尼亞生撒拉
鐵、撒拉鐵生所羅把伯、十三所羅把伯生亞比鬱、亞比鬱生以利亞金、以利亞金生亞所、十四亞所生撒鐸、撒鐸生
亞金、亞金生以律、十五以律生以利亞撒、以利亞撒生馬担、馬担生雅各、十六雅各生約瑟、即馬利亞之夫、馬利亞
生耶穌稱基督者。十七如是、自亞伯拉罕至大闢、歷代凡十四代。自大闢至民見徙於巴比倫、亦十四代。自民
見徙於巴比倫至基督、又十四代。
十八夫耶穌基督之生如左。其母馬利亞、爲約瑟所聘、未婚之先、彼由聖靈懷孕而顯露焉。十九其夫約瑟、義人也、
不願顯辱之、而欲私休之。二十思念其事時、主之使現夢於彼曰、大闢之裔約瑟乎、勿以娶爾妻馬利亞爲懼、
蓋彼所懷之孕、乃由聖靈也。廿一彼將生子、爾必名之曰耶穌、以將救其民於其罪惡中。廿二凡此事得成、致應主
托預言者所言云、廿三視哉、將有一處女懷孕而生子、人必稱其名曰以馬內利、譯卽神偕我儕。廿四約瑟由寐而

新約全書　第一卷　馬太傳福音書　第一章　一

045.讚神聖詩一卷附婚喪公禮 BV510.C5 T8 1893

清光緒十九年(1893)上海美華書館鉛印本　一册一函

内封題“讚神聖詩，耶穌降世一千八百九十三年，歲次癸巳，上海美華書館重印”。

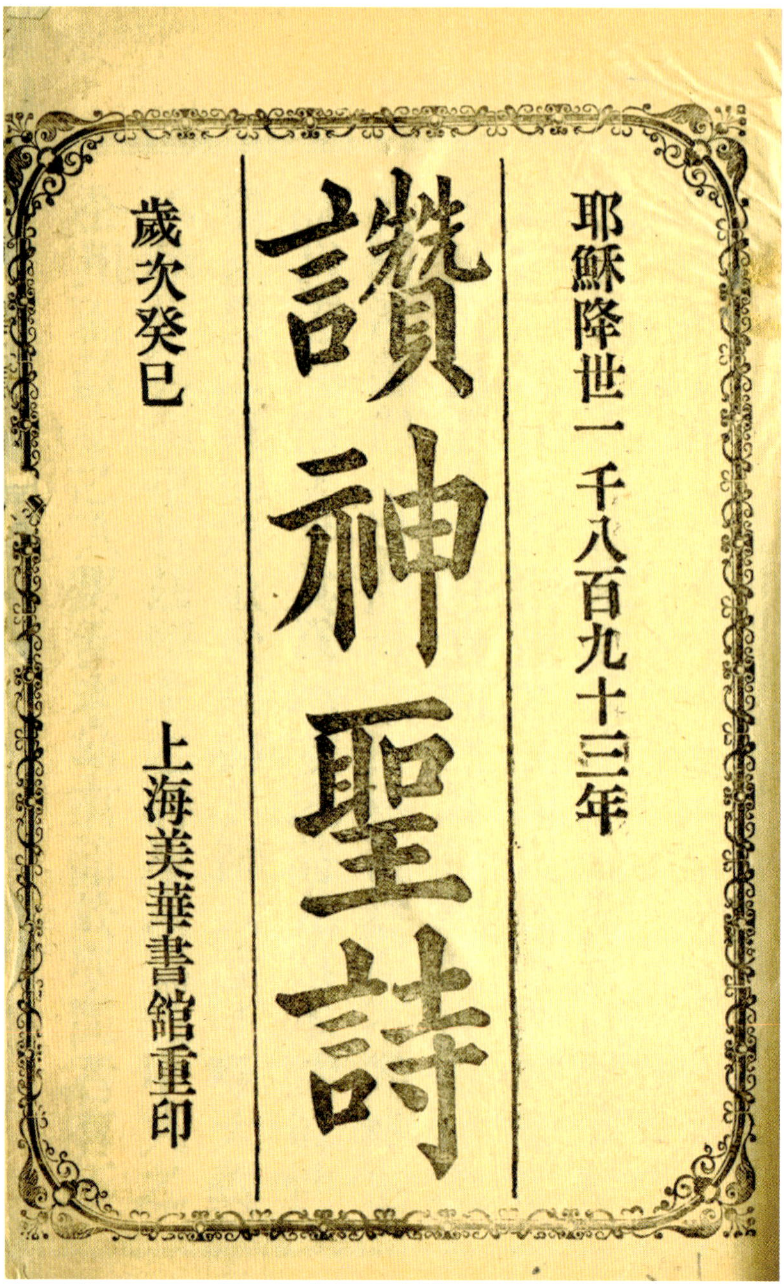

讚神聖詩總目錄

集部

046.六如居士全集 〔明〕唐寅撰 〔清〕唐仲冕編 PL2698.T3 L5 1801

清嘉慶六年（1801）果克山房重刻本 六册一函

半框高18.5釐米，寬13.5釐米，每半葉10行21字。左右雙邊，白口，單黑魚尾，版心上鐫書名，中鐫卷次，下鐫葉碼。

内封題“六如居士全集，果克山房藏板”。卷端題“六如居士全集，吴唐寅伯虎著，長沙族裔仲冕陶山編，新陽魏標霞城校”。

鈐印：“李紹昌印”。

子目：

六如居士詩文集七卷補遺一卷

六如居士外集六卷 〔清〕唐仲冕輯

六如居士畫譜三卷 〔明〕唐寅輯 〔清〕唐仲冕訂

六如居士制義一卷

墨亭新賦一卷 〔清〕唐仲冕輯

花隖聯吟四卷 〔清〕唐仲冕輯

六如居士全集卷之一

吴唐寅伯虎著　長沙族裔仲冕陶山編　新陽魏標霞城校

賦

嬌女賦

臣居左里有女未歸長壯妖潔聊賴善顧態體多媚窈窕一妒既閑巧笑流連雅步二十尚小十四尚大凡出行賈長嫂持戶日織五丈罷不及暮三丈縫衣餘剪作袴抱布貿絲厭浥行露負者下擔行者停路來歸室中嘖嘖怨懟策劵折閱較索羨貨着屐入被不食而嗌雙耳嘈襍精宕神怖形之夢寐彷彿會晤咀桂嚼杜比象

六如居士全集　卷一　一

047.楊忠愍公全集四卷　〔明〕楊繼盛撰　〔清〕章鈺輯

PL2698.Y34 A6 1893

清光緒十九年（1893）味菜廬校刻本　二册一函

半框高18釐米，寬14釐米，每半葉9行20字。左右雙邊，黑口，單黑魚尾，版心中鎸書名、卷次及小題，下鎸葉碼、“味菜廬校刊”。

内封題“楊忠愍公全集，光緒十九年孟春，味菜廬校刊”。卷端題“楊忠愍公全集，蕭山毛大可先生鑒定，後學章鈺梅谿輯”。

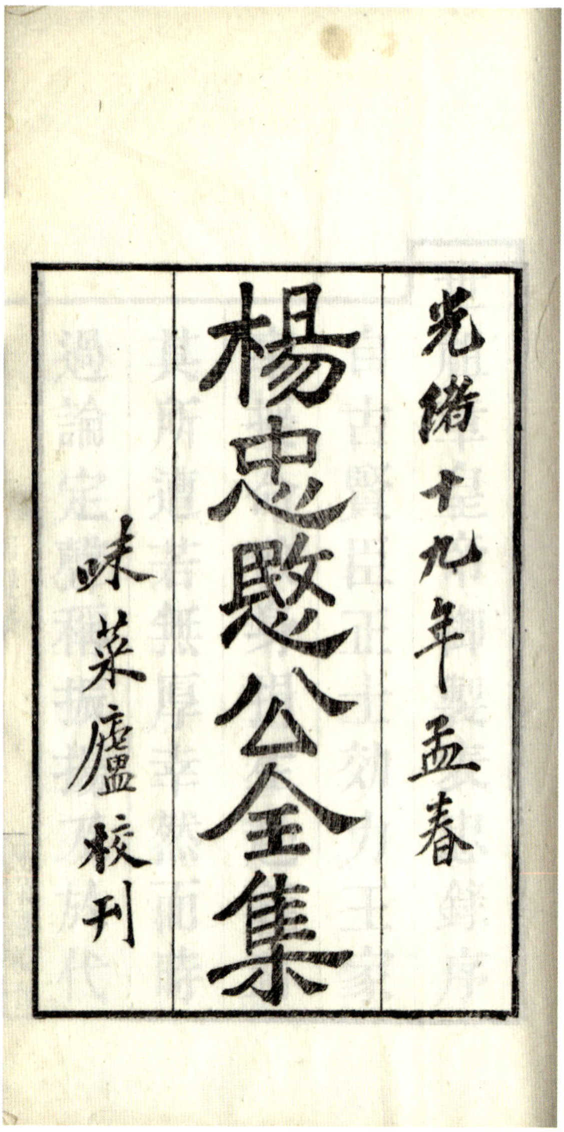

楊忠愍公全集卷之一

蕭山毛大可先生鑒定　後學章鈺梅谿輯

奏疏

請罷馬市疏　嘉靖三十年

兵部車駕清吏司署員外郎事主事臣楊繼盛謹奏。爲乞賜聖斷罷開馬市以全國威以絶邊患事。臣以南京吏部驗封清吏司主事考滿到京陞臣今職。荷蒙皇上養育簡用之恩雖粉骨碎身何以克報。況臣官居兵曹職專馬政。覩此開馬市之誤豈敢苟

048.紀曉嵐詩注釋四卷　〔清〕紀昀撰　〔清〕郭斌評注　

清同治二年（1863）茂經樓刻本　六册一函

半框高11.5釐米，寬9.5釐米，每半葉9行20字，小字雙行字數不等。左右雙邊，白口，單黑魚尾，版心上鐫書名，中鐫卷次，下鐫葉碼。

内封題“墨批紀曉嵐詩，同治二年新鐫，郭木軒先生評注，茂經樓藏板”。卷端題“紀曉嵐詩注釋，河間紀昀曉嵐先生著，後學閩巖郭斌木軒評注及門諸子參訂”。

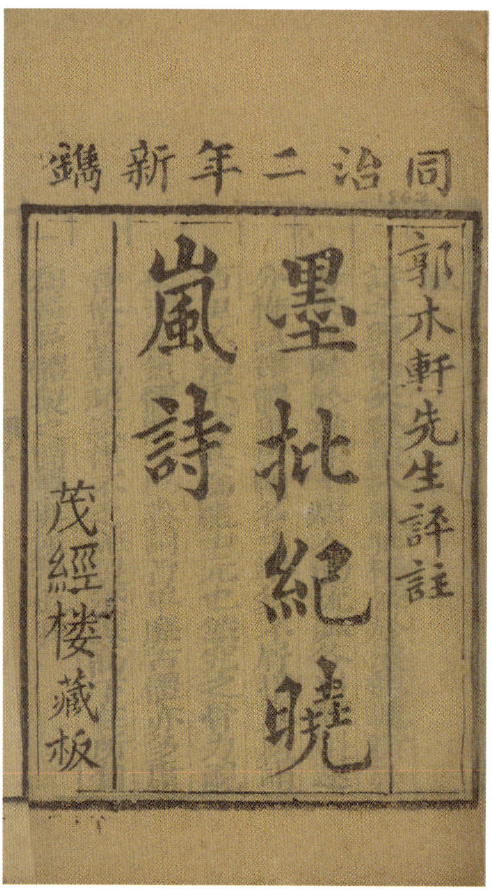
同治二年新鐫
郭木軒先生評註
墨批紀曉嵐詩
茂經樓藏板

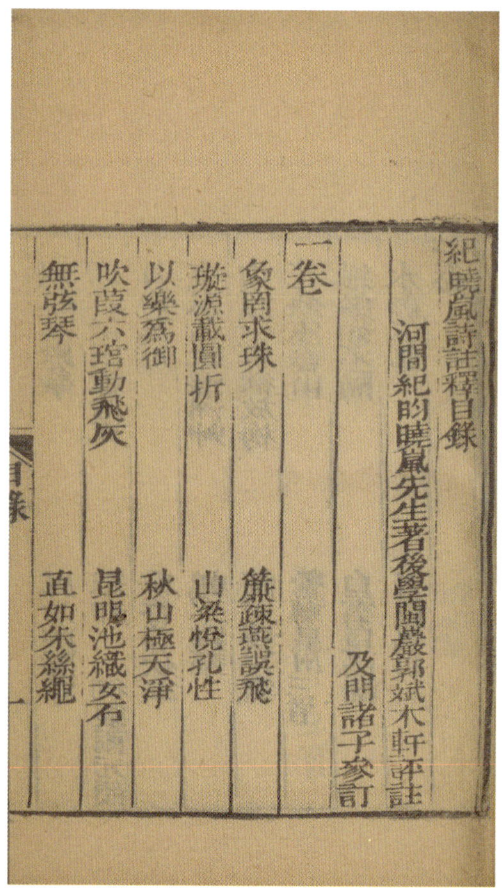
紀曉嵐詩註釋目錄
河間紀昀曉嵐先生著後學閩巖郭斌木軒評註
及門諸子參訂
一卷
象罔求珠　籬疏燕說飛
璇源截圓折　山梁悅孔性
以樂為御　秋山極天淨
吹葭六琯動飛灰　昆明池織女
無弦琴　直如朱絲繩

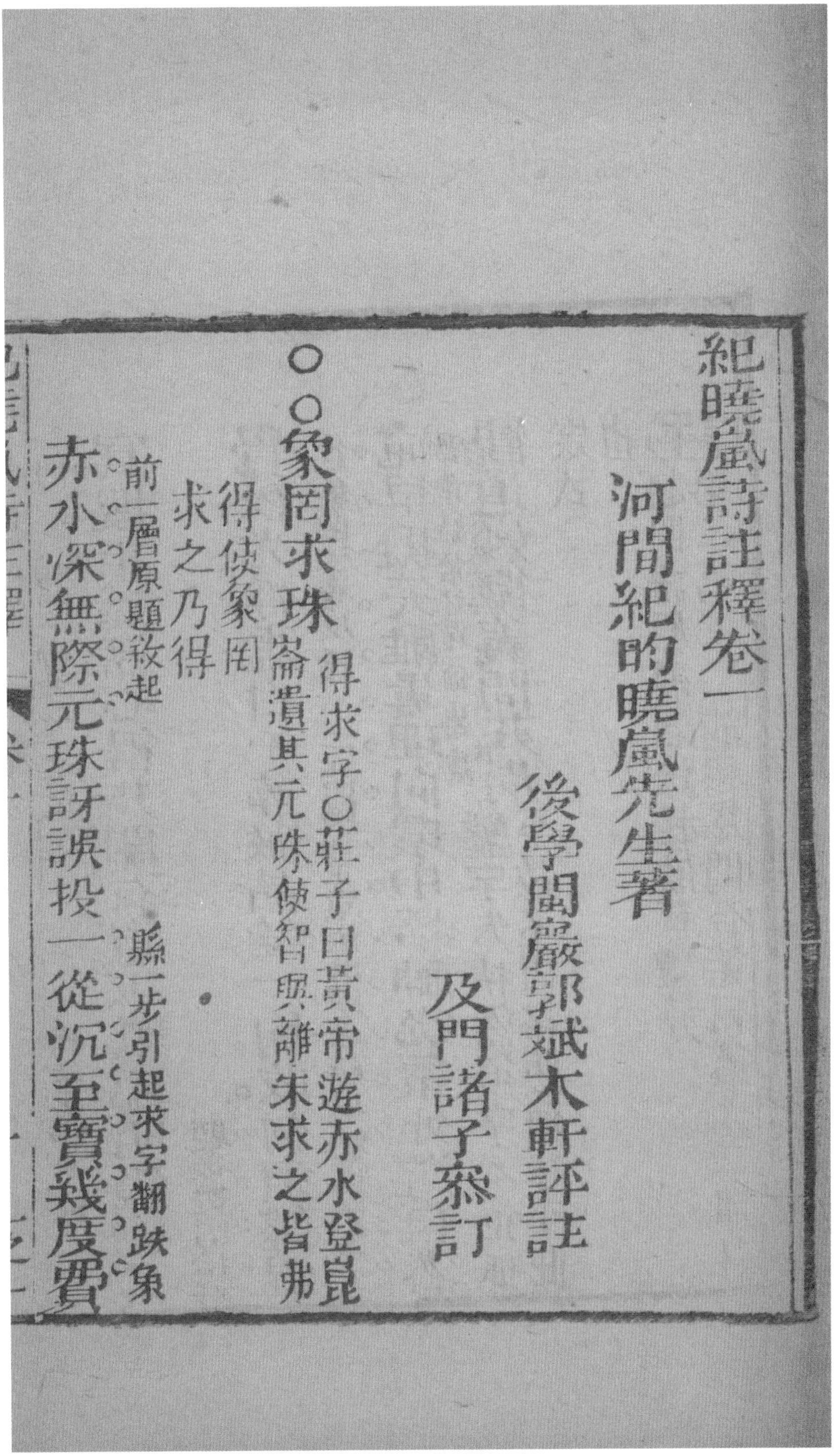

紀曉嵐詩註釋卷一

河間紀昀曉嵐先生著

後學閩嚴郭斌木軒評註

及門諸子叅訂

○○象罔求珠 得求字○莊子曰黃帝遊赤水登崑崙遺其元珠使智與離朱求之皆弗得使象罔求之乃得

赤水深無際 前一層原題敘起 元珠訝誤投 一從沉至寶幾度費 縣一步引起求字翻跌象

049.龔定盦全集二十卷 〔清〕龔自珍撰

清光緒二十三年（1897）萬本書堂刻本　四册一函

半框高18.5釐米，寬13.5釐米，每半葉12行24字。左右雙邊，白口，單黑魚尾，版心上鐫集名，中鐫卷次，下鐫葉碼。

内封題“龔定盦全集，粵東全經閣藏版”。牌記題“光緒丁酉年正月萬本書堂精校刊”。

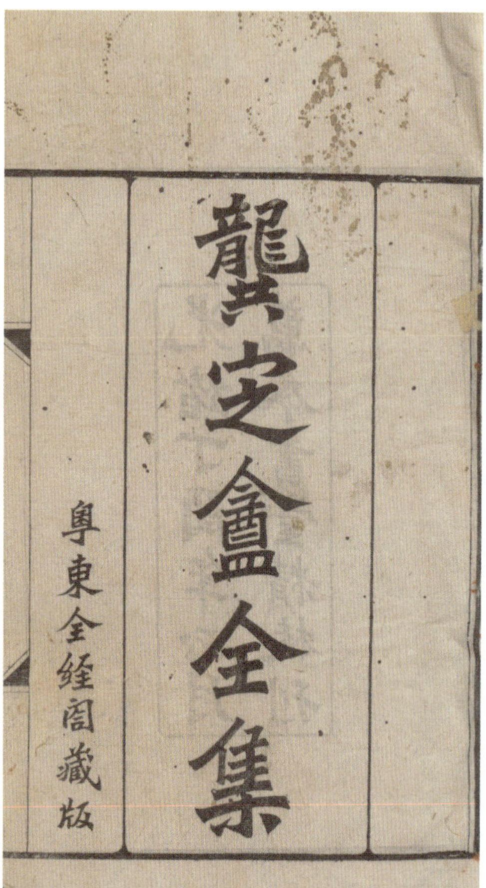

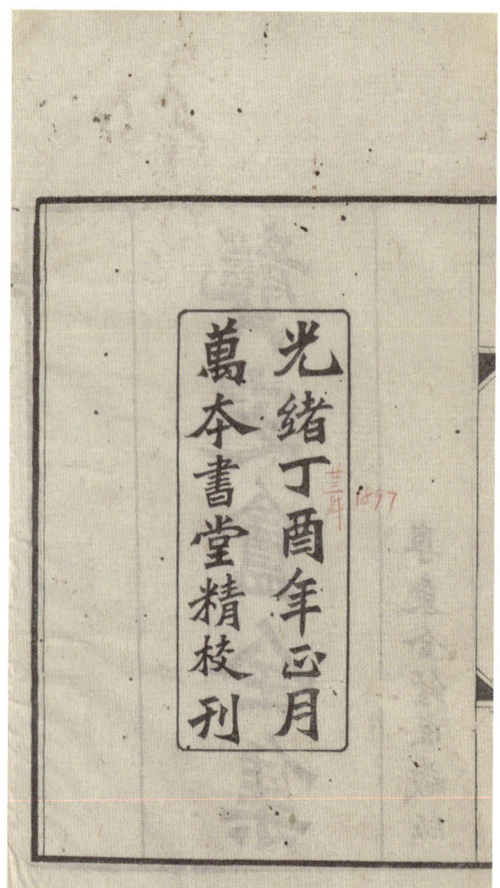

定盦文集

仁和龔自珍

卷上

寫神思銘

夫心靈之香較溫於蘭蕙神明之媚絕嫮乎裙裾姝呻窈吟魂舒魄慘殆有離故實絕言語者焉鄙人稟賦實沖孕愁無竭投閒簉之沉沉不樂抽豪而吟莫宜其緒歒枕內聽莫訟其情謂懷古也會不朕乎詩書謂感物也豈能役乎鞶帨將謂樂也胡迭至而不和將謂哀也抑婁襲而無疢徒乃漫漫漠漠幽幽奇奇覽鏡忽唏顏色變矣是知仁義坐忘遠慚淵子之聖美意延年近謝郇生之晢不可告也矧可療也爲銘以寫之銘曰熨而不舍襲予其涼咽而復存媮予其長戒神毋夢神乃自動黯黯長空樓疑萬重樓中有鐙有人亭亭未通一言化爲春星其境

050.石遺室詩集十卷補遺一卷續集二卷　〔清〕陳衍撰　PL2705.E57 S5 1905

清光緒三十一年（1905）武昌刻本　五册一函

半框高17.5釐米，寬12.5釐米，每半葉11行22字。左右雙邊，白口，單黑魚尾，版心中鎸書名、卷次，下鎸葉碼。

内封題“石遺室詩”。牌記題“乙巳刊於武昌”。卷端題“石遺室詩集，侯官陳衍”。

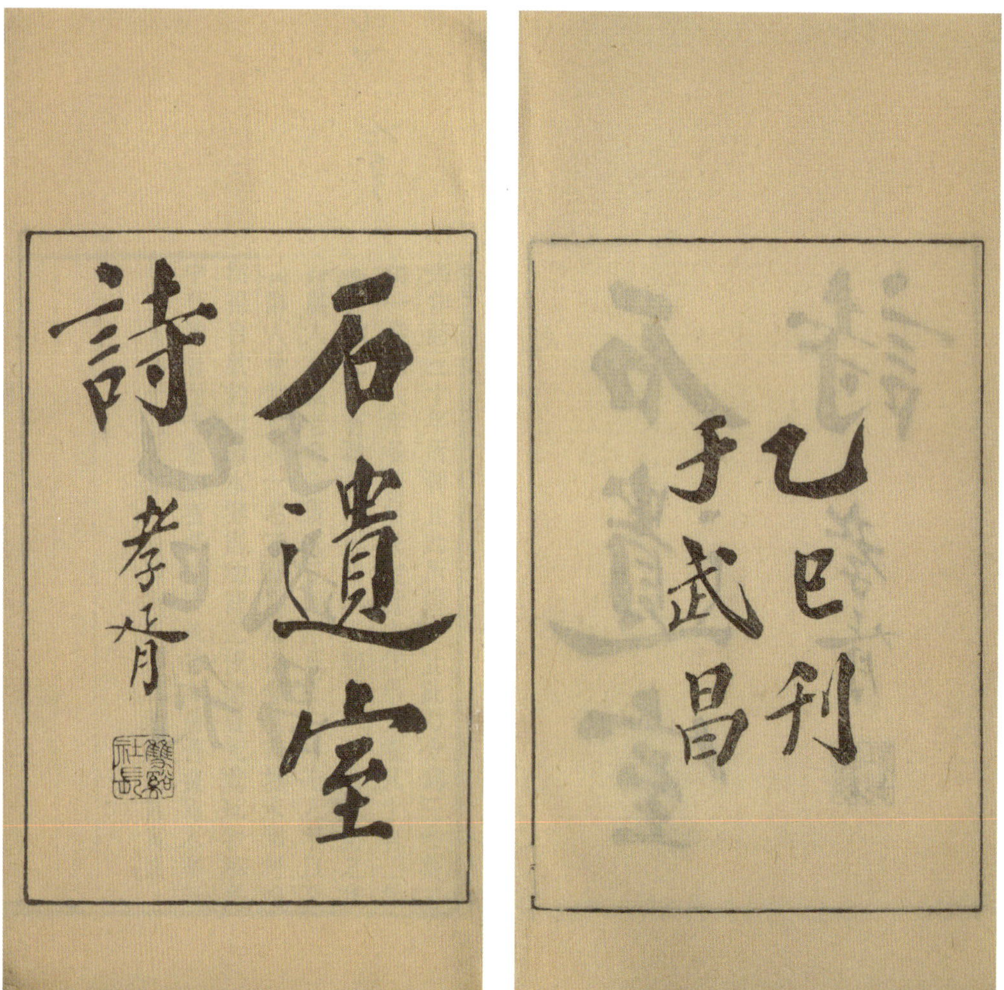

石遺室詩集卷第一

侯官陳衍

丁丑

詠史三十八首

東坡昔東遷謂是鬻田宅豈知春秋義無出隨所適天子家天下莫敢爲主客國君死社稷五侯與九伯周惟依晉鄭雖弱祀八百西晉惟不遷懷愍乃被獲北宋惟不遷徽欽乃當尼寇準巳孤注李綱直無策

子由論六國咎其不合縱凡事合則難道謀無成功弟兄常鬩牆百忍空彌縫割席華與管鄴下本一龍六家各要指孔老甯同同三晉楚燕齊安得長相從

051.文選六十卷 〔南朝梁〕蕭統輯 〔唐〕李善注 〔清〕何焯評 〔清〕葉樹藩參訂 PL2455.H753 1772

清乾隆三十七年（1772）海録軒朱墨套印本 十六册一函

半框高20釐米，寬15釐米，每半葉12行25字，小字雙行37字，眉上鎸評，行7字。左右雙邊，白口，單黑魚尾，版心中鎸書名、卷次，下鎸葉碼、“海録軒”。

内封題“重刻昭明文選，李善注，何義門先生評點，長洲葉涵峰參訂，海録軒藏板”。卷端題“文選，梁昭明太子撰，文林郎守太子右内率府録事參軍事崇賢館直學士臣李善注上，長洲葉樹藩星衛氏參訂”。

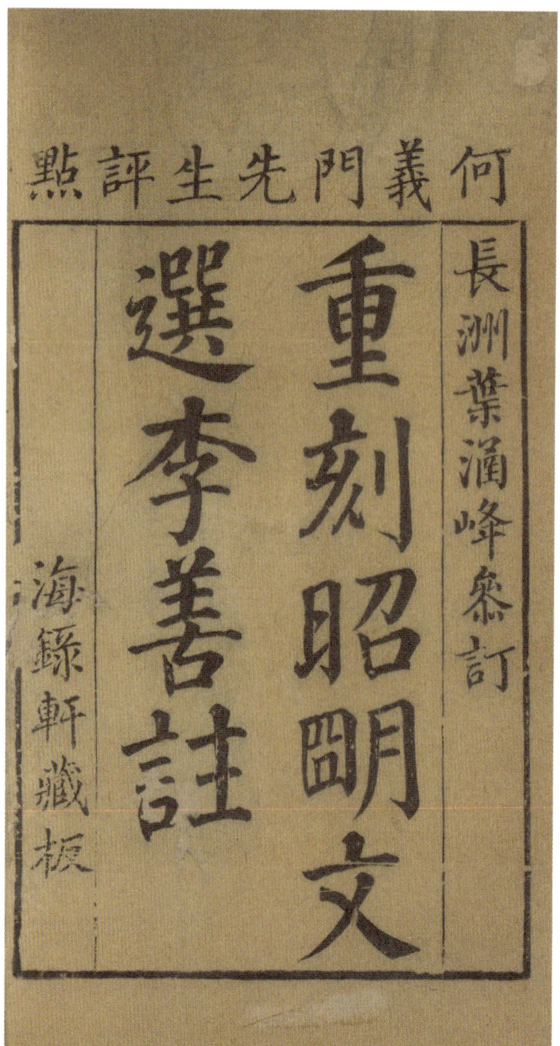

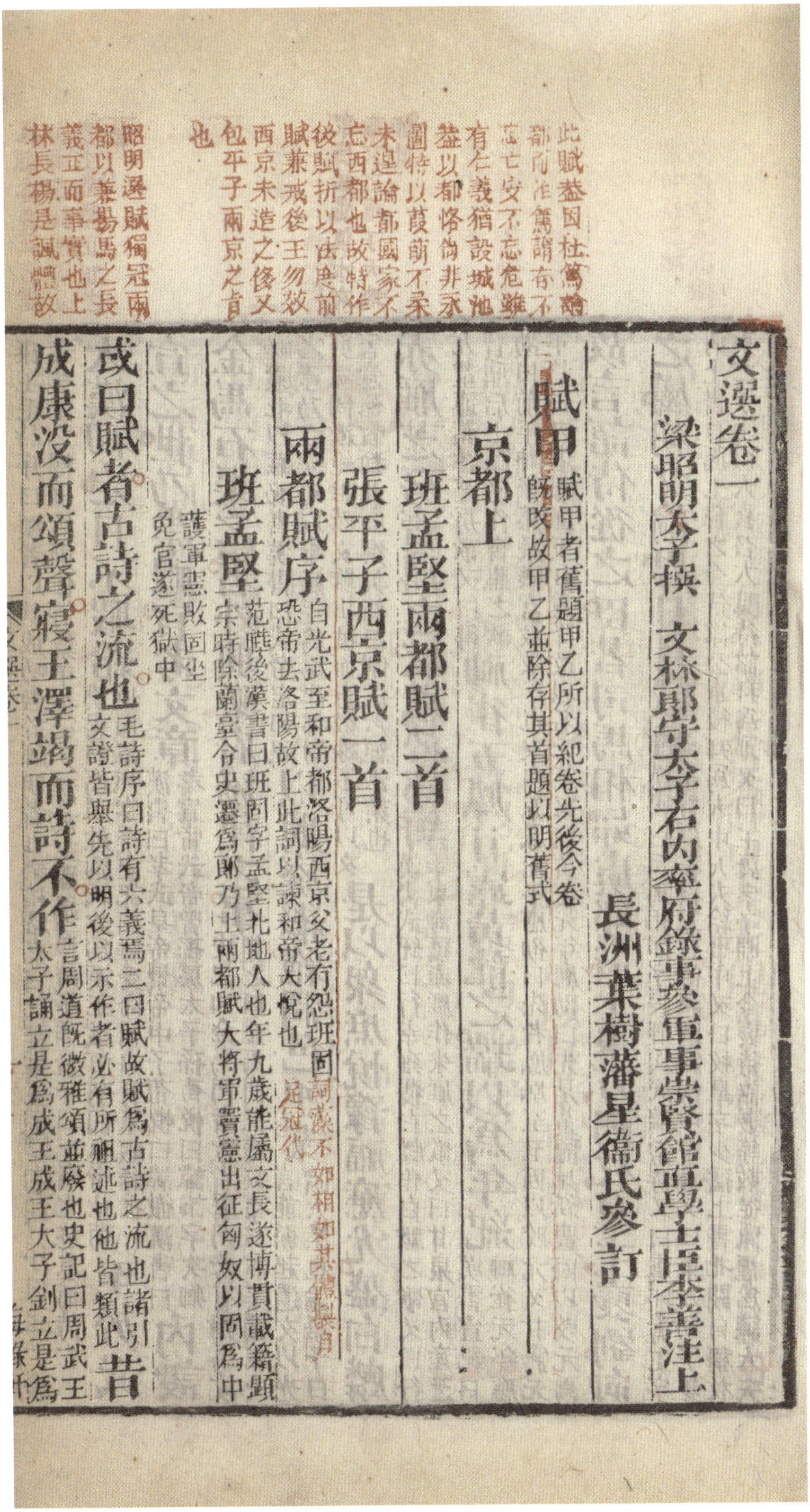
此賦蓋因杜篤論都而作篤謂存不忘亡安不忘危雖有仁義猶設城池益以都洛偽非永圖特以葭萌不采未遑論都國家不忘西都也故特作後賦折以法度前賦兼戒後王勿效西京未造之後又包平子兩京之肯也

昭明選賦獨冠兩都以兼揚馬之長義正而事實也上林長楊是諷體故

文選卷一

梁昭明太子撰　文林郎守太子右內率府錄事參軍事崇賢館直學士臣李善注上

長洲葉樹藩星衞氏參訂

賦甲 賦甲者舊題甲乙所以紀卷先後今卷既改故甲乙並除存其首題以明舊式

京都上

班孟堅兩都賦二首

張平子西京賦一首

兩都賦序 自光武至和帝都洛陽西京父老有怨班固恐帝去洛陽故上此詞以諫和帝大悅也

詞義不如相如其體則異 足冠代

班孟堅 范曄後漢書曰班固字孟堅北地人也年九歲能屬文長遂博貫載籍顯宗時除蘭臺令史遷爲郎乃上兩都賦大將軍竇憲出征匈奴以固爲中護軍憲敗固坐免官遂死獄中

或曰賦者古詩之流也 毛詩序曰詩有六義焉二曰賦故賦爲古詩之流也諸引文證皆舉先以明後以示作者必有所祖述也他皆類此

昔成康沒而頌聲寢王澤竭而詩不作 言周道既微雅頌並廢也史記曰周武王太子誦立是爲成王成王太子釗立是爲

052.詩所五十六卷　〔明〕臧懋循撰　

明萬曆三十一年（1603）雕蟲館刻本　二册二函

半框高20.5釐米，寬13.5釐米，每半葉10行21字，小字雙行同。四周單邊，白口，無魚尾，版心上鐫篇名，中鐫卷次、葉碼。

内封題“古詩所，雕蟲館藏版”。卷端題“詩所”。

鈐印：“李紹昌印”“湘坡珍藏”“善本書”“吴興楊氏珍藏”“積善人家慶有餘”“敦彝堂”。

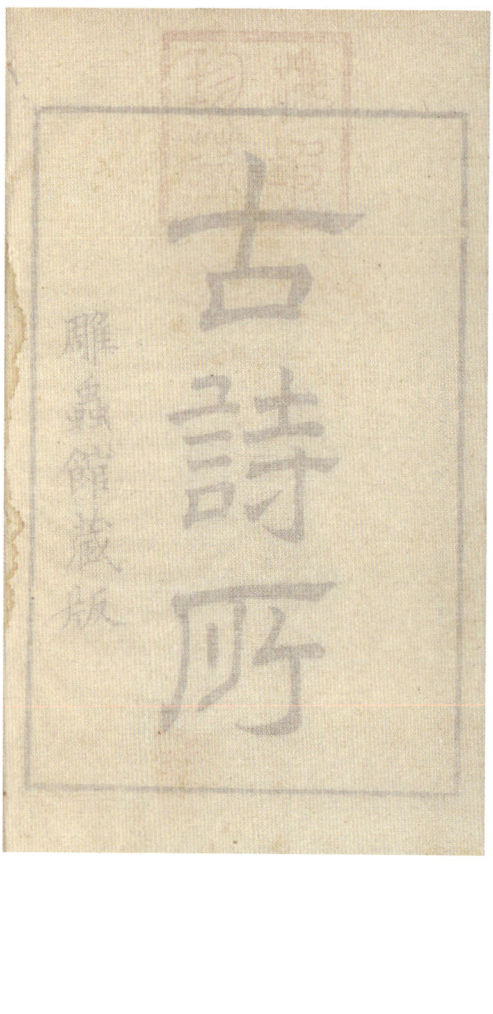

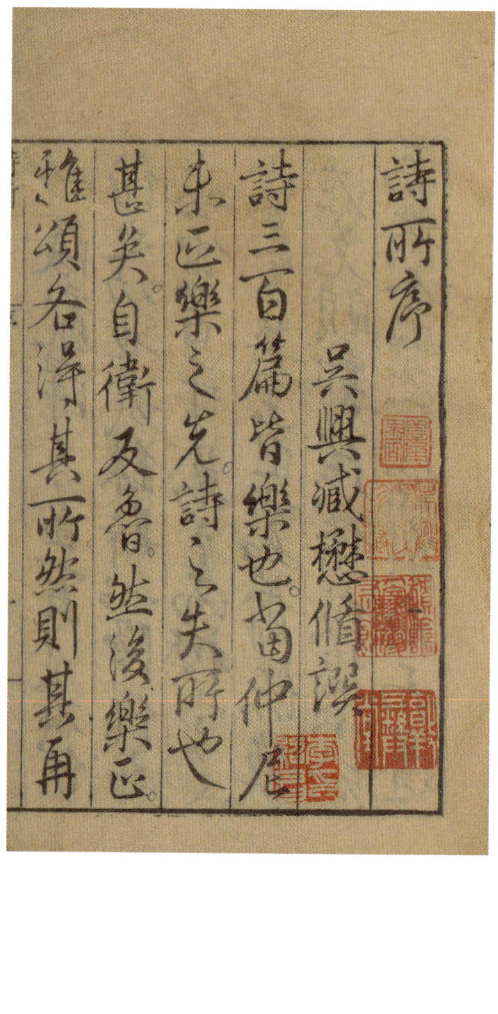

詩所第一卷　樂府

郊祀歌辭

漢郊祀歌

武帝定郊祀之禮祠太乙於甘泉祭后土於汾陰乃立樂府采趙代秦楚之謳以李延年爲協律都尉舉司馬相如等數十人造爲詩賦畧論律呂以合八音之調作十九章之歌以正月上辛用事使童男女七十人歌之

練時日

練時日候有望焫膋蕭延四方九重開靈之斿垂惠恩鴻祜休靈之車結玄雲駕飛龍羽旄紛靈之下若風馬左蒼龍右白虎靈之來神哉沛先以雨般古斑字裔裔靈之至慶陰陰相放怫震澹心靈巳坐五音飭虞至旦承

053.全唐詩三十二卷 〔清〕彭定求等輯

清光緒十三年(1887)上海同文書局石印本 三十二册四函

内封題"欽定全唐詩"。牌記題"光緒丁亥孟冬上海同文書局石印"。卷端題"全唐詩"。

鈐印:"李紹昌印"。

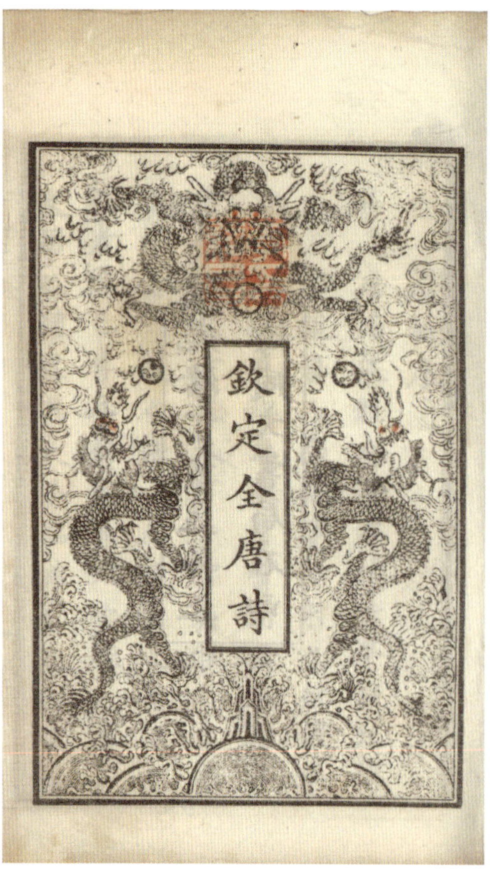

太宗皇帝

帝姓李氏諱世民神堯次子聰明英武貞觀之治庶幾成康功德兼隆由漢以來未之有也而銳情經術初建秦邸即開文學館召名儒十八人爲學士既即位殿左置弘文館悉引內學士番宿更休聽朝之間則與討論典籍雜以文詠或日昃夜艾未嘗少怠詩筆草隸卓越前古至於天文秀發沈麗高朗有唐三百年風雅之盛帝實有以啓之焉在位二十四年謚曰文集四十卷館閣書目詩一卷六十九首今編詩一卷

帝京篇十首 并序

予以萬幾之暇游息藝文觀列代之皇王考當時之行事軒昊舜禹之上信無間然矣至於秦皇周穆漢武魏明峻宇雕牆窮侈極麗征稅殫於宇宙轍迹徧於天下九州無以稱其求江海不能贍其欲覆亡顛沛不亦宜乎予追蹤百王之末馳心千載之下慷慨懷古想彼哲人庶以堯舜之風蕩秦漢之弊用咸英之曲變爛熳之音求之人情不爲難矣故觀文敎於六經閱武功於七德臺榭取其避燥濕金石尚其諧神人皆節之於中和不係之於淫放故溝洫可悅何必江海之濱乎麟閣可翫何必兩一作山陵之間乎忠良可接何必海上神仙乎豐鎬可遊何必瑤池之上乎釋實求華以人從欲亂於大道君子恥之故述帝京篇以明雅志云爾

秦川雄帝宅函谷壯皇居綺殿千尋起離宮百雉餘連甍遥接漢飛觀迥凌虛雲日隱層闕風煙出綺疏

巖廊罷機務崇文聊駐輦玉匣啓龍圖金繩披鳳一作鳥篆韋編斷仍一作方續縹帙舒還卷對此乃淹留一作忘憂欹案觀墳典

移步出詞林停輿欣武一作載宴琱弓寫明月駿馬疑流電驚雁落虛弦啼猿悲急箭閱賞誠多美於茲乃忘倦

鳴笳臨樂館眺聽歡芳節急管韻朱絃清一作長歌凝白雪彩鳳肅來儀一作下玄鶴紛成列去茲鄭衛聲雅音方可悅

芳辰追一作開逸趣禁苑信多奇橋形通漢上峰勢接雲危煙霞交隱映花鳥自參差何如肆轍跡萬里賞瑤池

飛蓋去芳園蘭橈遊翠渚萍一作藻間日彩亂荷處香風舉桂楫滿中川弦歌振長嶼豈必一作衢汾河曲方爲歡宴所

落日雙闕昏回輿九重暮長煙散一作引初碧皎月澄輕素搴幌翫琴書開軒引雲霧斜一作銀漢耿層閣清風搖玉樹

054.詳注七家詩七卷　〔清〕張熙宇輯評　

清道光十二年（1832）刻本　四册一函

半框高14.5釐米，寬9.5釐米，每半葉8行20字，無界欄。四周單邊，黑口，單黑魚尾，版心上鎸書名，中鎸卷次、子目書名及葉碼。

鈐印："李紹昌印"。

子目：

澹香齋試帖一卷　〔清〕王廷紹撰

修竹齋試帖一卷　〔清〕那清安撰

尚絅堂試帖一卷　〔清〕劉嗣綰撰

樫花館試帖一卷　〔清〕路德撰

桐雲閣試帖一卷　〔清〕楊庚撰

西漚試帖一卷　〔清〕李惺撰

簡學齋試帖一卷　〔清〕陳沆撰

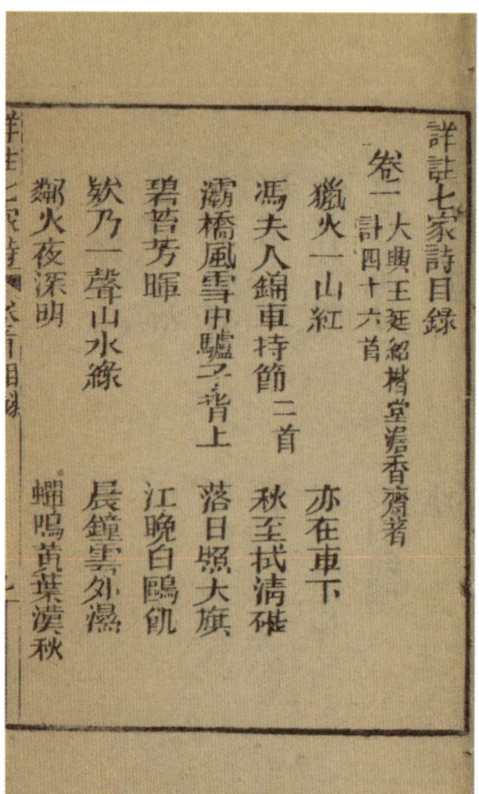
詳註七家詩目錄
卷一 大興王廷紹楷堂澹香齋著 計四十六首
獵火一山紅　亦在車下
馮夫人錦車持節二首　秋至拭清砧
灞橋風雪中驢子背上　落日照大旗
碧晳芳暉　江晚白鷗飢
欸乃一聲山水綠　晨鐘雲外濕
鄰火夜深明　蟬鳴黃葉漢秋

澹香齋試帖

大興王廷紹楷堂著　峩眉張熙宇玉田輯評

獵火一山紅

五言監題之勝

野闊圍全暗俄驚一派紅山光騰殺氣獵火散

少陵名句

天風白草霜威卷蒼鷹夜眼空照開雲墨墨飛

驚心動目之句

澈燄熊熊萬木號朱雀千峰走祝融箭明禽左

右煙張谷西東撒幕沙痕外韜旌燒影中焚蕤

瞻

055.嶺南三大家詩選二十四卷 〔清〕王隼輯

清同治七年（1868）南海陳氏重刻本　六册一函

半框高16.5釐米，寬13.5釐米，每半葉10行19字。左右雙邊，黑口，單黑魚尾，版心中鐫書名、卷次及葉碼。

内封題“嶺南三大家詩選”。牌記題“同治戊辰中冬南海陳氏重刊”。卷端題“嶺南三大家詩選，番禺王隼蒲衣選”。

鈐印：“李紹昌印”。

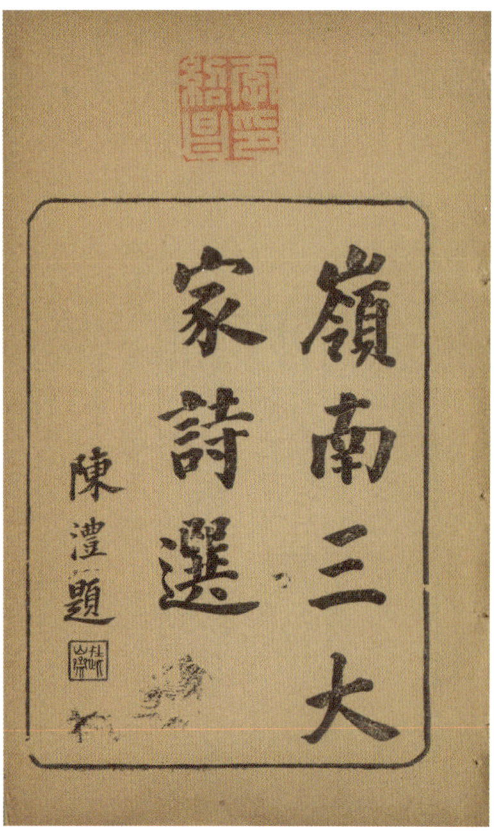

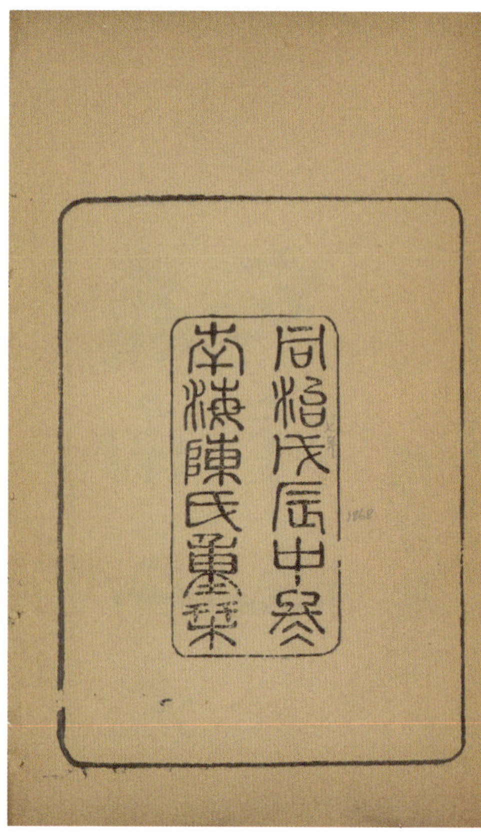

嶺南三大家詩選卷一

番禺王　隼蒲衣選

梁佩蘭

古樂府

朱鷺

朱鷺鷺在鼓毋以鼓易爾茹彼茹者華聲其食濡其翼軒而翮而誰誅而

有所思

有所思乃在大海東無物用遺君白玉蛺蝶金芙蓉芙蓉有雙頭蛺蝶無單飛繇之絲書俱之聞君

056.歷朝詞綜三十八卷　〔清〕朱彝尊輯　PL2548.Z48 1902

清光緒二十八年（1902）金匱浦氏重刻本　二十四册三函

半框高18.5釐米，寬13.5釐米，每半葉10行21字。左右雙邊，黑口，單黑魚尾，版心中鎸“詞綜”、卷次及葉碼。

内封題“歷朝詞綜”。牌記題“光緒壬寅金匱浦氏重修”。

鈐印：“李紹昌印”“蘇州緑蔭堂鑒記精造書籍章”“貴陽趙氏壽華軒藏”。

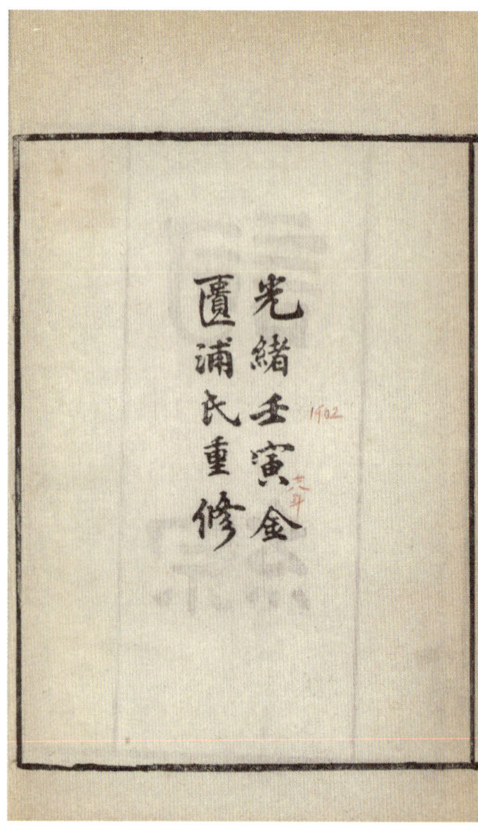

序

自有詩而長短句卽寓焉南風之操五子之歌是已周之頌三十一篇長短句居十八漢郊祀歌十九篇長短句居其五至短簫鐃歌十八篇篇皆長短句謂非詞之源乎迄于六代江南採蓮諸曲去倚聲不遠其不卽變爲詞者四聲猶未諧暢也自古詩變爲近體而五七言絶句傳于伶官樂部長短句無所依則不得不更爲詞當開元盛日王之渙高適王昌齡詩句流播旗亭而李白菩薩蠻等詞亦被之歌曲古詩之於樂府近體之於詞分鑣並騁非有先後謂詩降爲詞以詞爲詩之餘殆

類叢部

057.詩韻類錦十一卷　〔清〕郭化霖輯　

清同治四年（1865）緯文堂刻本　六册一函

半框高16釐米，寬10釐米，上下兩欄，每半葉上欄小字18行12字，下欄小字18行21字。左右雙邊，白口，無魚尾，版心上鎸書名，中鎸卷次、韻部名，下鎸葉碼。

内封題“詩韻類錦，同治乙丑冬鎸，謹遵佩文韻府，緯文堂梓”。卷端題“詩韻類錦，郢兆郭化霖雨三氏編，懋功陳銘章參訂，男鳳翥丹山校字，婿徐炳文同校”。

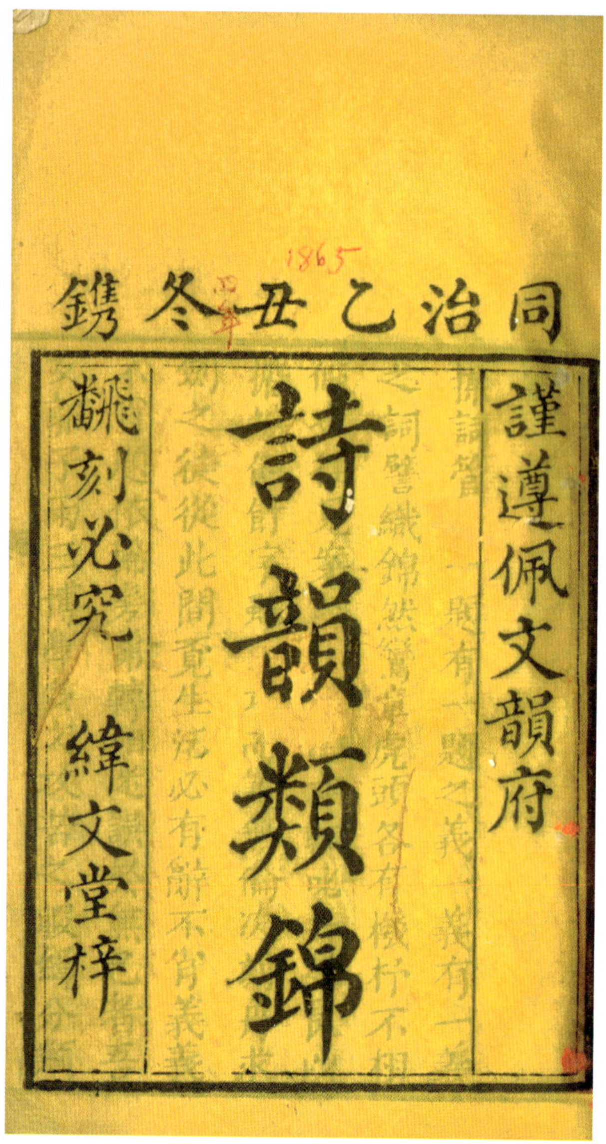

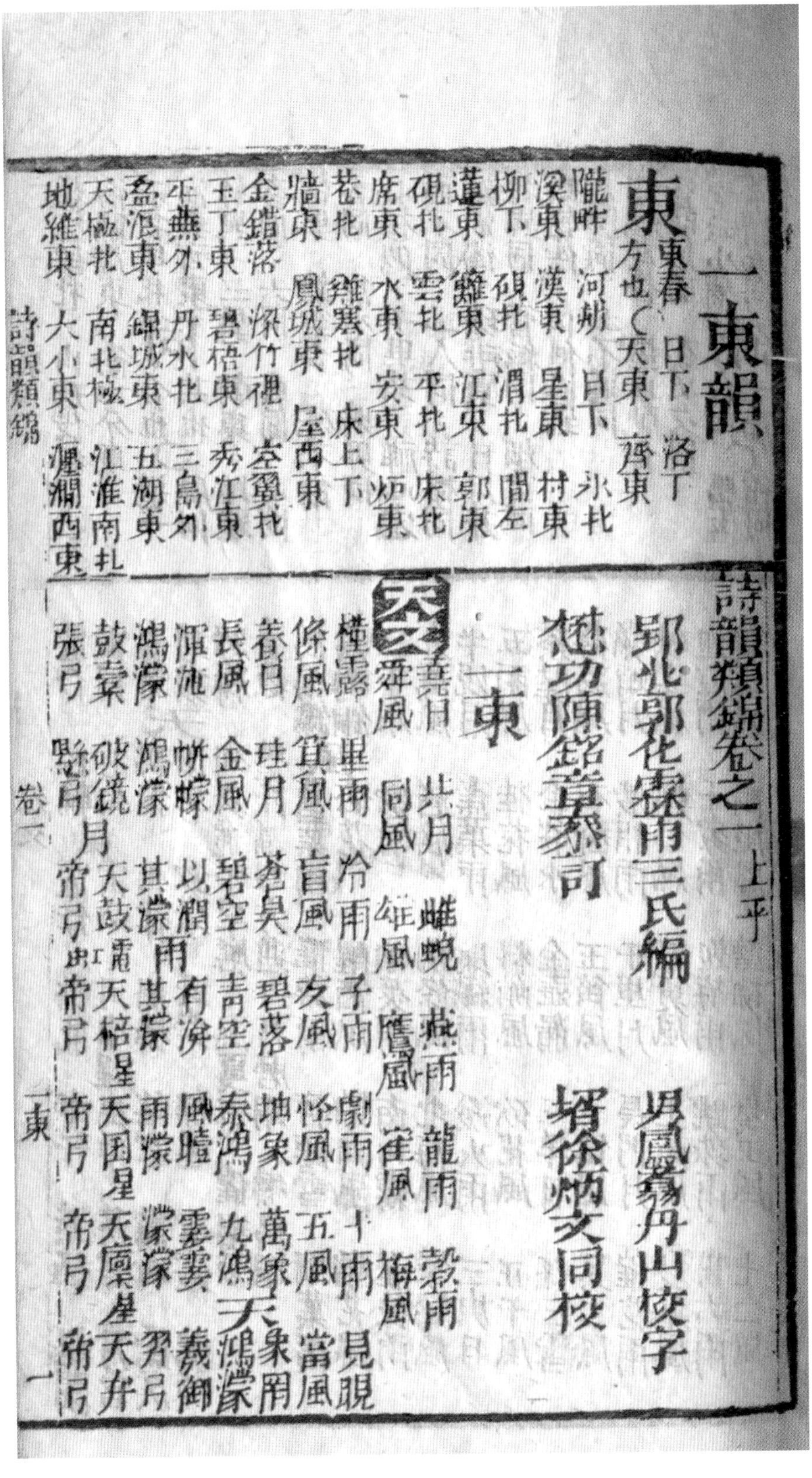

一東韻

東 東春 日下 洛下 方也 天東 齊東
隴畔 河朔 日下 氷北
溪東 漢東 星東 村東
柳下 硯北 渭北 閭左
蓮東 籬東 江東 郭東
硯北 雲北 平北 床北
席東 水東 家東 爐東
巷北 雞塒北 床上下
牆東 鳳城東 屋西東
金錯落 深竹裡 空翠北
玉丁東 碧梧東 秀江東
平蕪外 丹水北 三島外
盈溟東 錦城東 五湖東
天極北 南北極 江淮南北
地維東 大小東 瀍澗西東

詩韻類錦

詩韻類錦卷之一 上平

郢北郭化霖甫三氏編 男鳳翥丹山校字
燃功陳銘葺纂訂 婿徐炳文同校

一東

天文

堯日 共月 雌蜺 燕雨 龍雨 穀雨
舜風 同風 雄風 鷹風 雀風 梅風
權露 星雨 冷雨 子雨 劇雨 十雨 見睍
條風 箕風 盲風 友風 怪風 五風 當風
養日 桂月 蒼昊 碧落 坤象 萬象 天象開
長風 金風 碧空 青空 泰鴻 九鴻 天鴻濛
渾淪 蝃蝀 以潤 有渰 風曨 霎霎 義御
鴻濛 鴻濛 其濛雨 其濛 雨濛 濛濛 羿弓
鼓橐 破鏡月 天鼓雷 天棓星 天囷星 天廪星 天弁
張弓 懸弓 帝弓虹 帝弓 帝弓 帝弓 帝弓

詩韻類錦 卷一 一東 一

058.詩韻審音六卷　〔清〕謝元淮輯　

清光緒二年（1876）衡陽魏氏刻本　四册一函

半框高19釐米，寬14釐米，每半葉10行16字，小字雙行32字。左右雙邊，白口，單黑魚尾，版心中鎸卷次、韻部名，下鎸葉碼。

内封題“詩韻審音，光緒丙子重鎸，衡陽魏家藏版”。卷端題“詩韻審音，松滋謝元淮默卿輯”。

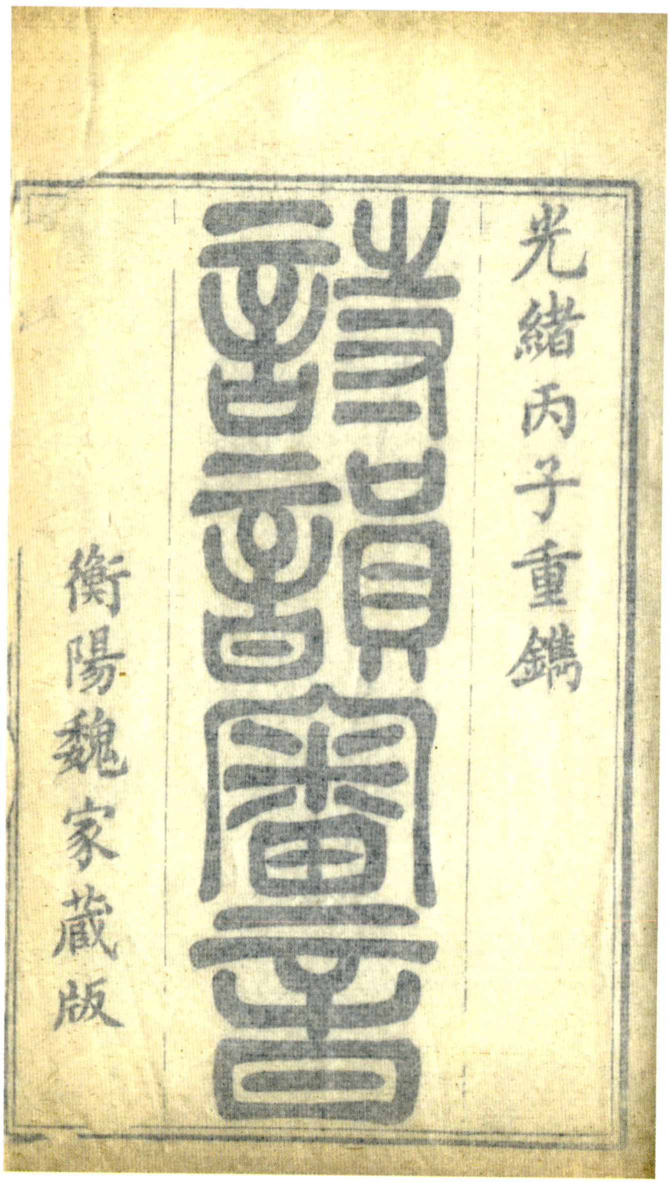

詩韻審音卷一

松滋謝元淮默卿輯

上平聲

一東 古通冬轉江 韻畧通冬江

陰

東 都翁切徵清音春方也　**涷** 夏暴雨又水名送韻同　**蝀** 螮丨去聲同

中 陟弓切次商清音和也丨央也送韻異　**忠** 內盡其心而不欺也　**衷** 方寸所蘊也送韻同

沖 直弓切次商次清音和也深也　**种** 稚也又姓或作冲　**翀** 直上飛也　**盅** 器虛也

終 職中切次商清音盡也　**螽** 蝗也　**鼨** 豹文鼠　**霳** 小雨

䈺 戎八呼篋爲丨　**忡** 敕中切次商次清音憂也　**嵩** 息弓切次商次清音中嶽丨山　**崧** 山名通作嵩

蔠 茱名　**弓** 居中切角清音矢角曰丨木曰弧　**躬** 身屈爲丨

059.隨園三十種　〔清〕袁枚撰　PL2451.S88

清隨園刻本　九十五册十二函

半框高13釐米，寬10釐米，每半葉10行21字。左右雙邊，黑口，無魚尾，版心中鎸子目書名、卷次及葉碼。

内封題“隨園三十種，隨園藏版”。

鈐印：“李紹昌印”。

子目：

小倉山房文集三十五卷　〔清〕袁枚撰

小倉山房詩集三十七卷附續集二卷　〔清〕袁枚撰

小倉山房外集八卷　〔清〕袁枚撰

袁太史稿一卷　〔清〕袁枚撰

隨園尺牘十卷　〔清〕袁枚撰

牘外餘言一卷　〔清〕袁枚撰

隨園詩話十六卷補遺十卷　〔清〕袁枚撰

隨園隨筆二十八卷　〔清〕袁枚撰

子不語二十四卷續十卷　〔清〕袁枚撰

隨園食單一卷　〔清〕袁枚撰

碧腴齋詩存八卷　〔清〕胡德琳撰

隨園續同人集十七卷　〔清〕袁枚輯

隨園女弟子詩選六卷　〔清〕袁枚輯

隨園八十壽言六卷　〔清〕袁枚輯

紅豆村人詩稿十四卷　〔清〕袁樹撰

袁家三妹合稿四卷

盈書閣遺稿一卷　〔清〕袁棠撰

綉餘吟稿一卷　〔清〕袁棠撰

樓居小草一卷　〔清〕袁杼撰

素文女子遺稿一卷　〔清〕袁機撰

南園詩選二卷　〔清〕何士顒撰

湄君詩集二卷　〔清〕陸建撰
筱雲詩集二卷　〔清〕陸應宿撰
飲水詞鈔二卷　〔清〕納蘭性德撰　〔清〕袁通撰
七家詞鈔　〔清〕汪世泰輯
　捧月樓詞二卷　〔清〕袁通撰
　箏船詞一卷　〔清〕劉嗣綰撰
　緑秋草堂詞一卷　〔清〕顧翰撰
　玉山堂詞一卷　〔清〕汪度撰
　崇睦山房詞一卷　〔清〕汪全德撰
　過雲精舍詞二卷　〔清〕楊夔生撰
　碧梧山館詞二卷　〔清〕汪世泰撰

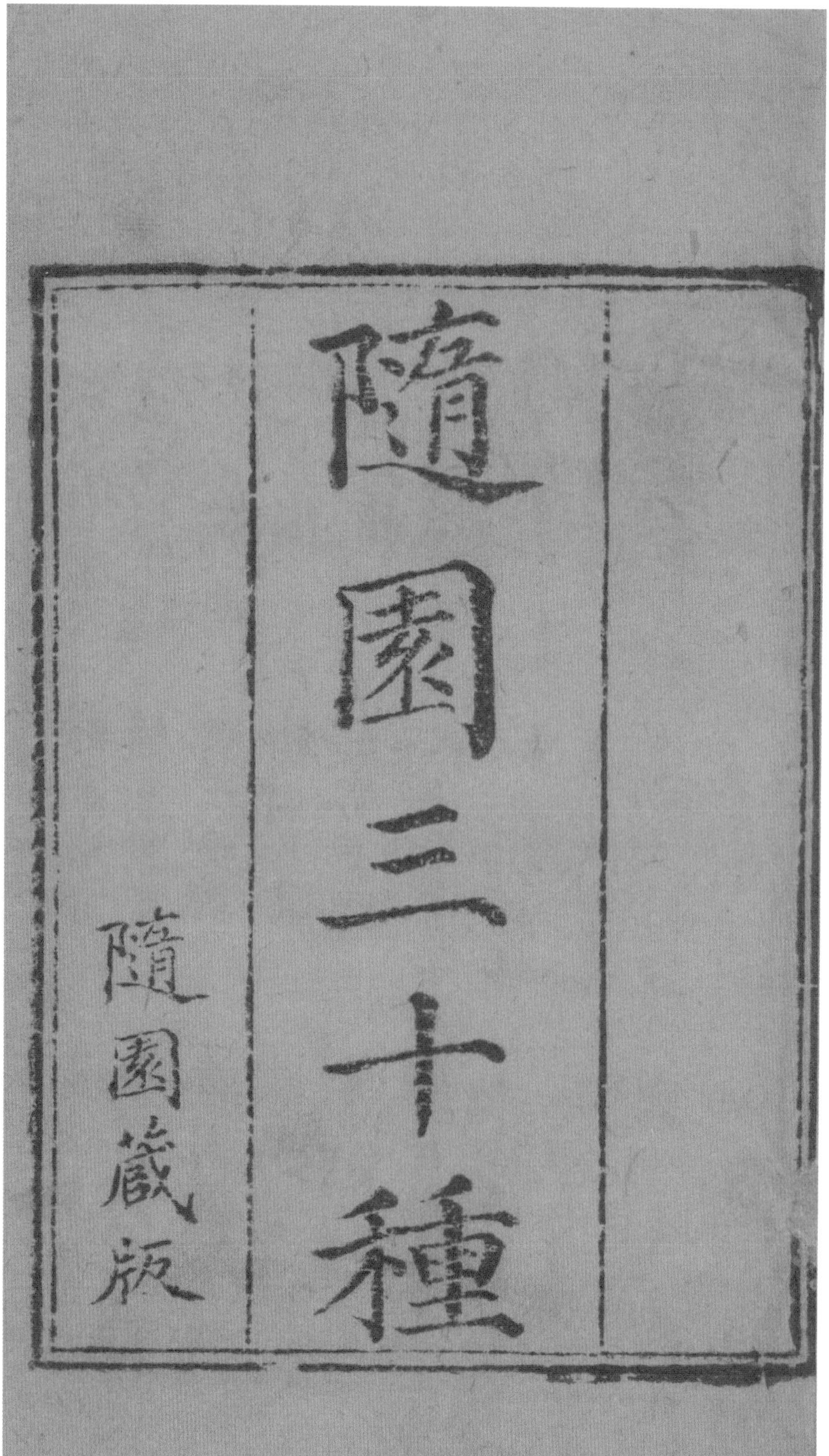
隨園三十種

隨園藏版

小倉山房文集卷一

錢唐袁枚子才

長沙弔賈誼賦

歲在丙辰予春秋二十有一於役粤西路出長沙感賈生之弔屈平也亦爲文以弔賈生其詞曰何蒼蒼者之不自珍其靈氣兮代紛紛而俊英前者旣不用而流亡兮後者又不用而挺生惟吾夫子之於君臣兮淚如秋霖而不可止前旣哭其治安兮後又哭其愛子爲人臣而竭其忠兮爲人師而殉之以死君固黄農虞夏之故人兮行宛曼于先王不知漢家之自有制度兮乃嘐嘐

060.粵十三家集　〔清〕伍元薇輯　

清道光二十年(1840)南海伍氏詩雪軒刻本　三十册六函

半框高13釐米,寬9.5釐米,每半葉9行21字。左右雙邊,黑口,無魚尾,版心中鎸子目書名、卷次及葉碼,下鎸"詩雪軒校刊本"。

内封題"粵十三家集"。牌記題"道光廿年九月南海伍氏開雕"。

鈐印:"李紹昌印"。

子目:

文溪集二十卷　〔宋〕李昴英撰

秋曉先生覆瓿集四卷　〔宋〕趙必瑑撰

九峰先生集三卷　〔宋〕區仕衡撰

李駕部前集四卷後集二卷青霞漫稿一卷　〔明〕李時行撰

瑶石山人詩稿十六卷　〔明〕黎民表撰

區太史詩集二十七卷　〔明〕區大相撰

陳文忠公遺集十一卷　〔明〕陳子壯撰

蓮鬚閣集二十六卷　〔明〕黎遂球撰

中洲草堂遺集二十三卷末一卷　〔明〕陳子升撰

九谷集六卷　〔清〕方殿元撰

六瑩堂集九卷二集八卷　〔清〕梁佩蘭撰

大樗堂初集十二卷　〔清〕王隼撰

雲華閣詩略六卷附録一卷坡亭詞鈔一卷　〔清〕易宏撰

粵十三家集

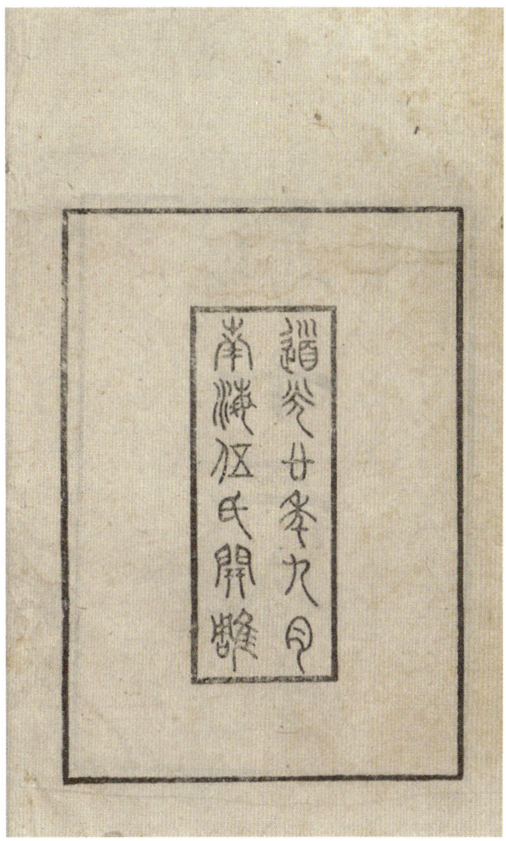
道光廿年九月
南海伍氏開雕

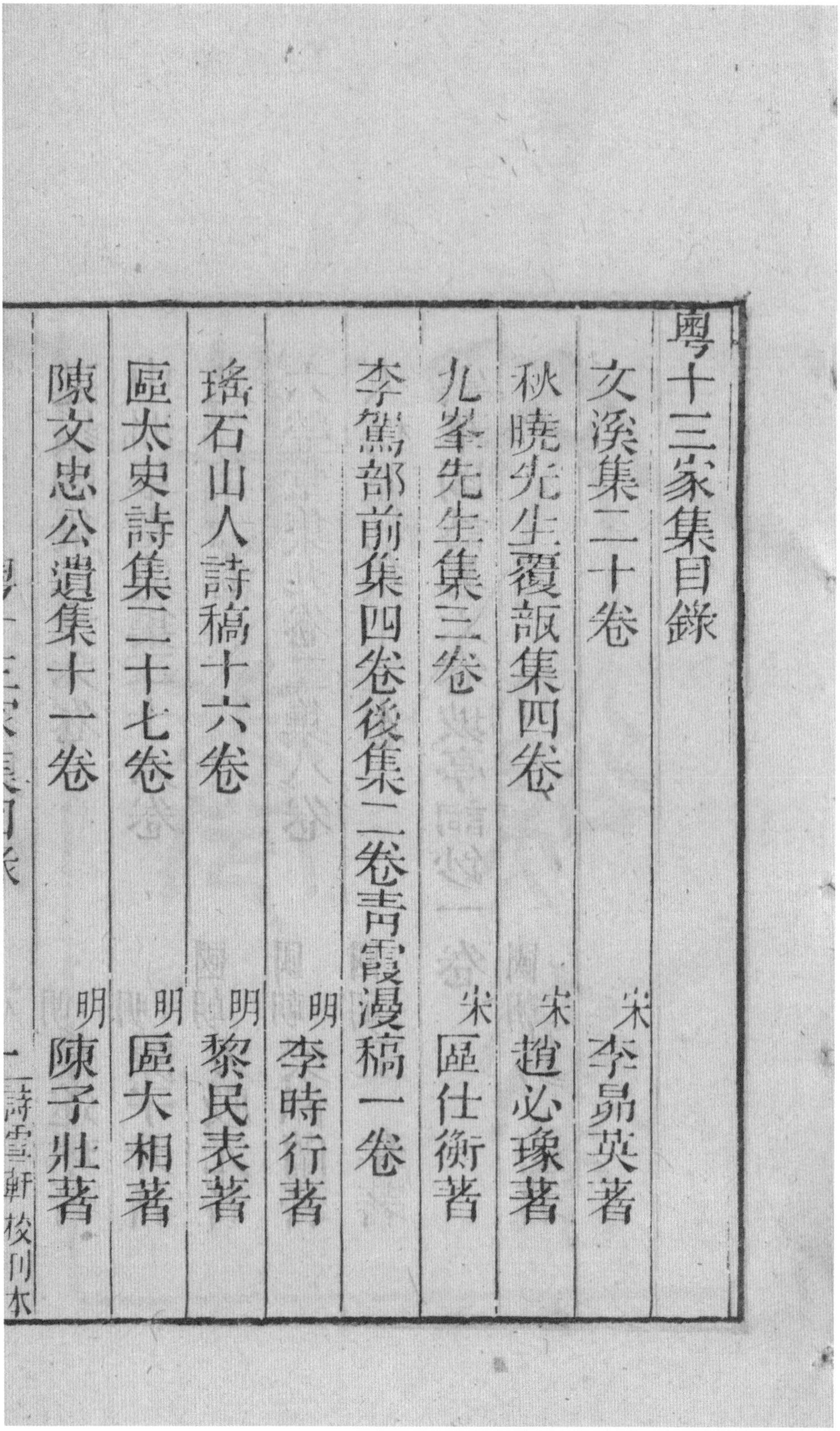

粵十三家集目錄

文溪集二十卷　宋李昴英著

秋曉先生覆瓿集四卷　宋趙必瑑著

九峯先生集三卷　宋區仕衡著

李駕部前集四卷後集二卷青霞漫稿一卷　明李時行著

瑤石山人詩稿十六卷　明黎民表著

區太史詩集二十七卷　明區大相著

陳文忠公遺集十一卷　明陳子壯著

粵十三家集目錄　一　詩雪軒校刊本

文溪集卷之一

宋番禺李昴英俊明著

記

肇慶府放生咸若亭記

人與物林林然宇宙間氣之正偏性之靈冥物不得同於人如其肖形然而同一生意天生聖人所以厚羣生使各安其受於天者然後無負於天之付託我者每歲誕彌日郡國臣子旣瓣香祝萬壽於佛老氏之宮必籠禽而林之盤魚而溪之端笏如植視其翬翬而高洋洋

061.歸楂叢刻第一集七種 〔清〕謝希傳撰

清光緒二十四年（1898）東山草堂鉛印本 四册一函

内封題“歸楂叢刻七種”。牌記題“光緒戊戌季夏東山草堂付印”。

子目：

皇華攬要一卷

秘魯出使章程一卷

秘意交犯條款一卷

檀香山群島志一卷

墨西哥述略一卷

德國新制紀要一卷

文牘偶存一卷

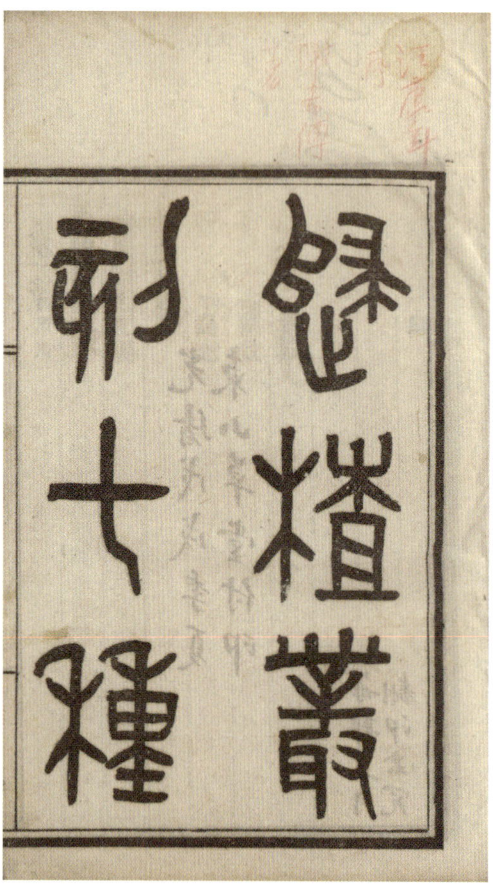

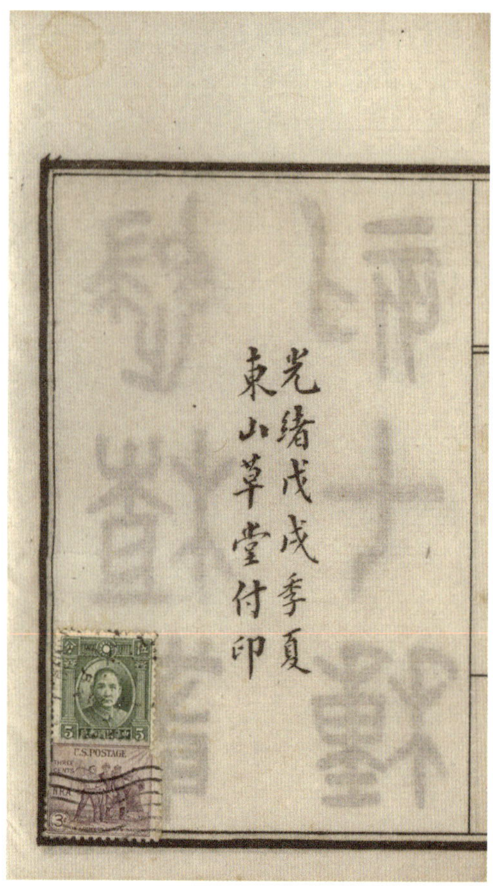

皇華輿要

出使祕魯參贊謝希傅纂箸

遣使與國自古有聞　本朝惟康熙二十七年索額圖使俄至尼布楚定約五十一年圖理琛使土爾扈特通問前後二役而已道光季年海禁大開環球市舶麕至者十有餘國咸豐十年英俄法議更條約先後遣使駐京

朝廷以友邦同盟有來無往非禮也同治六年特派郎中志剛孫家穀及英使蒲安臣等恭賷

國書往聘修報歷英俄法德美義比日瑞丹荷十有一國是爲遣使出洋之始四年斌椿偕稅務司赫德出洋乃游歷西例不賫國書不列公使到國後不面君不與朝會九年

海外中文古籍總目
漢籍合璧目録編

〔美〕郭玲玲（Ling-Ling Kuo）編

An Illustrated Catalogue of Ancient Chinese Books at University of the West Library

美國西來大學圖書館中文古籍目録

前　言

西來大學位於美國加州柔似蜜市（Rosemead, California），1991年由星雲大師創建。星雲大師在創建臺灣的佛光山僧團和洛杉磯的西來寺（Hsi Lai Temple）之後，又在洛杉磯創立西來大學。西來大學是佛光山僧團辦的第一所大學，主要目的是應美國多元文化社會趨嚮的需要，成爲海外東西文化交流的橋樑。

西來大學圖書館是一所擁有豐富佛教史籍典藏及相關研究資料的研究性圖書館，其設立的宗旨就是爲東西方學者提供豐富的佛教文化資料。本館創立之初所藏文獻大部分來自於佛光山西來寺圖書館原有的館藏，日後除配合各學科增加的相關書籍外，又陸續接受各方捐贈，館藏文獻日漸豐富。

目前西來大學圖書館藏書約7萬册，其中所收藏的中文古籍應當是最初成立時接收的捐贈，具體來源雖然無從查考，但由於其中多爲佛教經典古籍，故在中日以外的地區，這批古籍的收藏與保存具有特殊重要的意義。例如，本館所藏最早中文古籍爲日本寬元三年（1245）所刻《安樂集》，這也是該書目前存世最早的版本。又如，日本寶曆十一年（1761）東都書肆崇義堂刊《新定三禮圖》，書後有菊池武慎刊記曰："不佞得善本於同志之珍藏，乃喜而校訂，俾書肆鋟於梓云。"説明此書在日本翻刻時又做了整理，可與其他流傳的版本對比校勘。

更值得一提的是，本館珍藏有日本寬文九年（1669）日本僧人鐵眼道光翻刻《大明三藏聖教目録》（又稱《永樂北藏目録》）一書。書中收有鐵眼禪師撰寫的《進新刻大藏經表》（1678）、《上大藏經疏》（1681）、《刻大藏緣起疏文》（1669）。這三篇文章可以作爲研究《永樂北藏》《嘉興方册大藏經》和日本的《黄檗藏》三部大藏經關係的重要資料。筆者希望本館收藏的這些中文古籍有助於學者對佛教典籍的研究，現編成本目録，以方便各方查詢。

筆者在整理此份目録期間，承蒙西來大學圖書館同仁協助掃描及編排，並感激本校龍達瑞教授提供有關古籍的信息。俄亥俄州立大學李國慶教授更是不厭其煩地指導及協助完成此份目録。在整理過程中，筆者增長了許多古籍版本相關的知識，受益匪淺，心中的感恩，非筆墨所能形容。筆者才疏學淺，或有疏漏，還請讀者及同行不吝指教。

郭玲玲

2019年4月12日於加州柔似蜜市

定稿於2023年12月

編　例

一、本書目共收録西來大學圖書館所藏中文古籍47種，其中包括和刻本40種。

二、書目按經部、史部、子部、集部、類叢部、新學類及其下屬類目分類編排。類目設置及條目排序參照《全國古籍普查登記手册》之《漢文古籍分類表》和《漢文古籍目録分類款目組織規則》，並結合本館實際情况作適當變通。本館中文古籍多爲和刻本，列入附録。

三、書目按書名項、著者項、版本項、稽核項、版式項、附注項、藏印項順序著録，後加編者按語。

1.書名項：包括書名及卷次。書名一般以卷端所題爲據。卷次包括卷數、卷首、卷末、附録等。殘本在書名項著録原書卷數，在按語中標明現存卷數及卷次。

2.著者項：包括朝代（國别）、著者姓名、並列著者姓名及著作方式。一般著録本名，主要據書中所署，書中無署且無考者缺省。著者姓名取通用名字，一般不取字號、别稱。若正文卷端所題字號别稱未能查知其真實姓名者，則在著者項前加"題"字。清以前的著者，著録朝代名；域外著者，著録國名。

3.版本項：包括刻印或抄寫時代、地域、版刻類型等。年份確切者括注公元紀年，干支紀年轉换爲相應的朝代年號紀年；年代不詳者，則著録某朝或某朝某代間抄本、刻本。

4.稽核項：著録册數、函數，館藏無函者則不著録函數。

5.版式項：著録行格、字數、書口、邊欄、魚尾、版框尺寸、版心文字等情况。

6.附注項：著録内封、牌記頁、卷端等内容，大多僅記録原書所載文字内容。

7.藏印項：著録書中現有藏書家、名人學者所鈐書印，以反映其流傳情况。藏印文字不能識别者以“□”代之。

8.按語：著録古籍存缺卷信息，以及編者考證所得信息。

四、款目左上角爲本書目檢索順序號，右上角爲館藏索書號。

五、書目一般采用規範繁體字。

六、書目後附書名索引和著者名索引，按筆畫順序編排。

七、爲體現古籍原貌，每部書均選出若干書影，一般選擇内封、牌記和卷端，原書無上述頁面者，提供其他書頁以供讀者觀覽。

子部

001.楞伽阿跋多羅寶經四卷　〔南朝宋〕釋求那跋陀羅譯

BQ1723.C5 G86 1870

清同治九年（1870）金陵刻經處刻本　二册一函

半框高17.5釐米，寬13釐米，每半葉10行20字。左右雙邊，白口，無魚尾，版心中鐫書名、卷次及葉碼。

卷端題“楞伽阿跋多羅寶經，宋天竺三藏求那跋陀羅譯”。卷末題“同治九年秋七月金陵刻經處識”。

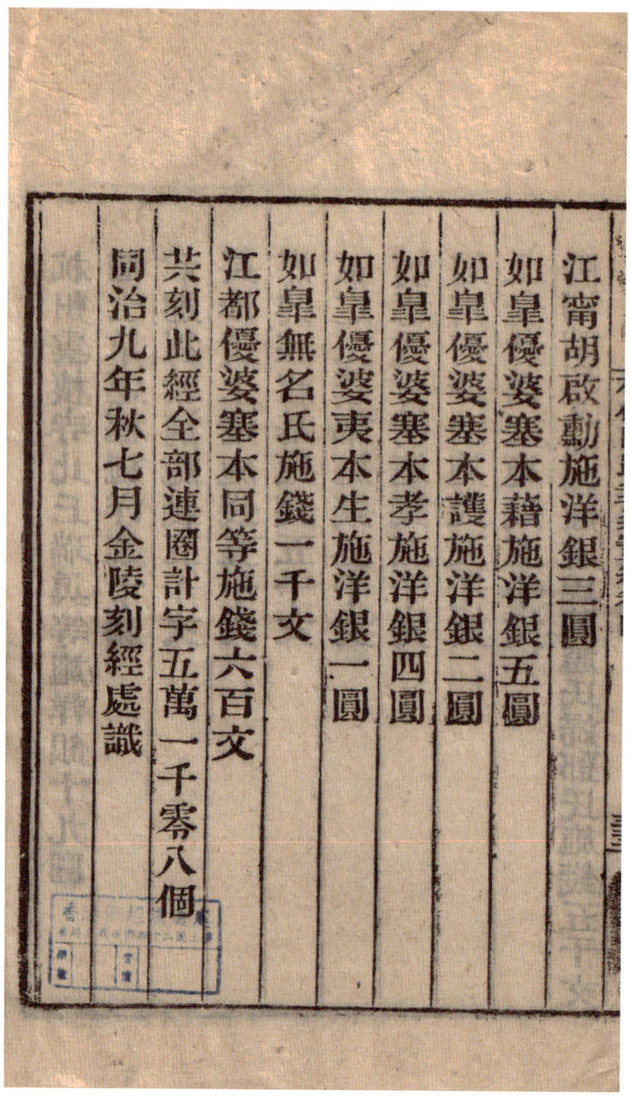

江甯胡啟勳施洋銀三圓
如皐優婆塞本藉施洋銀五圓
如皐優婆塞本護施洋銀二圓
如皐優婆塞本孝施洋銀四圓
如皐優婆夷本生施洋銀一圓
如皐無名氏施錢一千文
江都優婆塞本同等施錢六百文
共刻此經全部連圈計字五萬一千零八個
同治九年秋七月金陵刻經處識

楞伽阿跋多羅寶經卷第一

宋天竺三藏求那跋陀羅譯

一切佛語心品之一

如是我聞。一時佛住南海濱楞伽山頂。種種寶華以爲莊嚴。與大比丘僧及大菩薩衆俱。從彼種種異佛刹來。是諸菩薩摩訶薩。無量三昧自在之力。神通遊戲。大慧菩薩摩訶薩而爲上首。一切諸佛手灌其頂。自心現境界。善解其義。種種衆生。種種心色。無量度門。隨類普現。於五法自性識二種無我究竟通達。爾時大慧菩薩與摩帝菩薩俱遊一切諸佛刹土。承佛

002.大方廣佛華嚴經要解一卷 〔宋〕釋戒環撰

清同治十一年（1872）金陵刻經處刻本 一册一函

半框高16釐米，寬12釐米，每半葉10行20字。左右雙邊，白口，無魚尾，版心中鐫書名、葉碼。

卷端題“大方廣佛華嚴經要解，宋温陵白蓮寺比丘戒環集”。卷末題“新建吴坤修敬刊，同治十一年秋八月金陵刻經處識”。

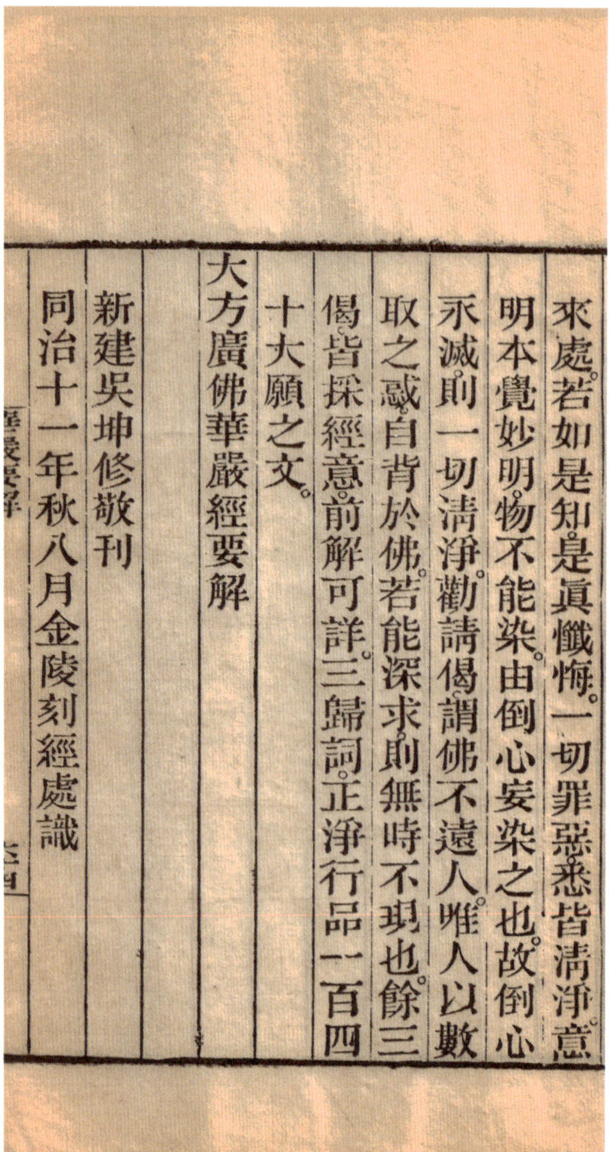
來處若如是知是眞懺悔一切罪惡悉皆清淨意
明本覺妙明物不能染由倒心妄染之也故倒心
永滅則一切清淨勸請偈謂佛不遠人唯人以數
取之惑自背於佛若能深求則無時不現也餘三
偈皆採經意前解可詳三歸詞正淨行品一百四
十大願之文
大方廣佛華嚴經要解
新建吳坤修敬刊
同治十一年秋八月金陵刻經處識

大方廣佛華嚴經要解

宋溫陵白蓮寺比丘戒環集

戒環嚮以華嚴海藏汗漫難究遂三復方山長者疏論述總要敘疏條經旨稍辨端倪繼沿綴緝清果明禪師所集修證儀略解聖號表法屢爲賢達下詢願盡九會之奧因取清涼國師綱要與論校讐別爲斯解以方山爲正清涼爲助洞究全藏纔萬八千言庶幾覽者無異剖大經於一塵覩法界於彈指也建炎戊申上元日

初懸敘

003.天台四教儀集注十卷（殘）　〔元〕釋蒙潤集注

清同治七年（1868）杭州昭慶寺慧空經房刻本　二册一函

半框高19.5釐米，寬11.5釐米，每半葉8行18字，小字雙行同。四周雙邊，黑口，單黑魚尾，版心上鎸書名，中鎸卷次，下鎸葉碼。

卷端題“天台四教儀集注，南天竺沙門蒙潤集”。

按：存卷一至卷四。

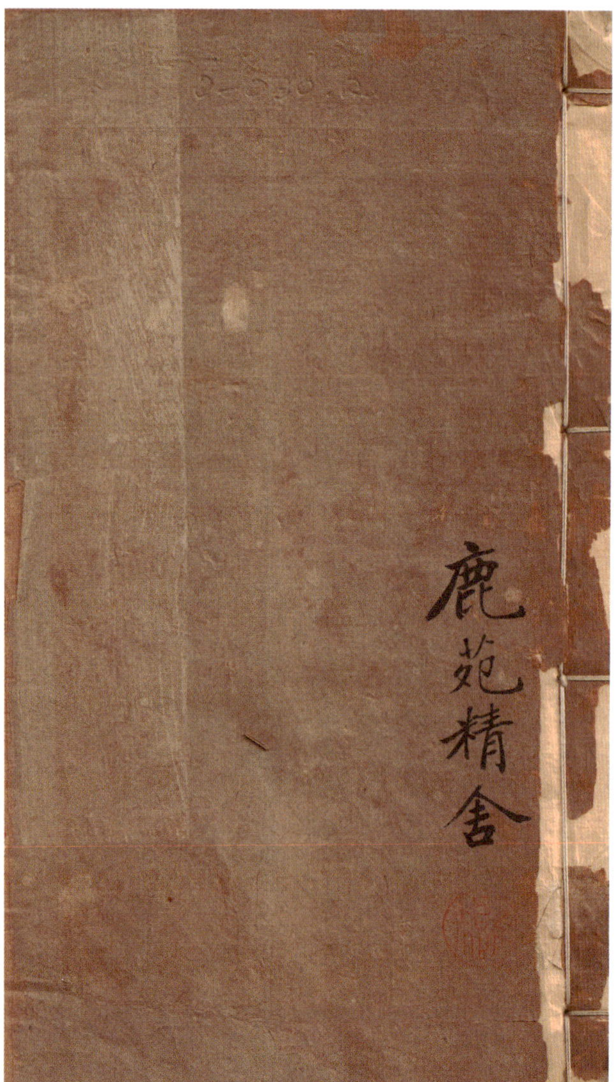

天台四教儀集註卷第一

南天竺沙門　蒙潤　集

天台四教儀

天台山名也。天者顚也。元氣未分，混而爲一。兩儀既判，淸而爲天，濁而爲地。此本俗名，且依俗釋。台者星名也。其地分野，應天三台，故以名焉。如輔行十一上：此山即大師棲身入寂之所。蓋以西方風俗，稱名爲尊，此土避名爲

004.天台四教儀注彙補輔宏記十卷(殘)　(高麗)釋諦觀録　〔元〕釋蒙潤集注　〔清〕釋性權彙補　

清光緒二十四年(1898)合肥張氏味古齋刻本　四十册五函

半框高17.5釐米,寬13釐米,每半葉10行20字。左右雙邊,白口,無魚尾,版心中鐫書名、卷次及葉碼。

卷端題"天台四教儀注彙補輔宏記,高麗沙門諦觀録,南天竺沙門蒙潤集注,清比丘性權彙補輔宏記,清三寶弟子錢伊菴較訂,天台嫡裔比丘諦閑編科參梓"。

卷末有跋,言刻書事,題"大清光緒戊戌年春王月卓三氏諦閑謹識"。

按:存卷十。

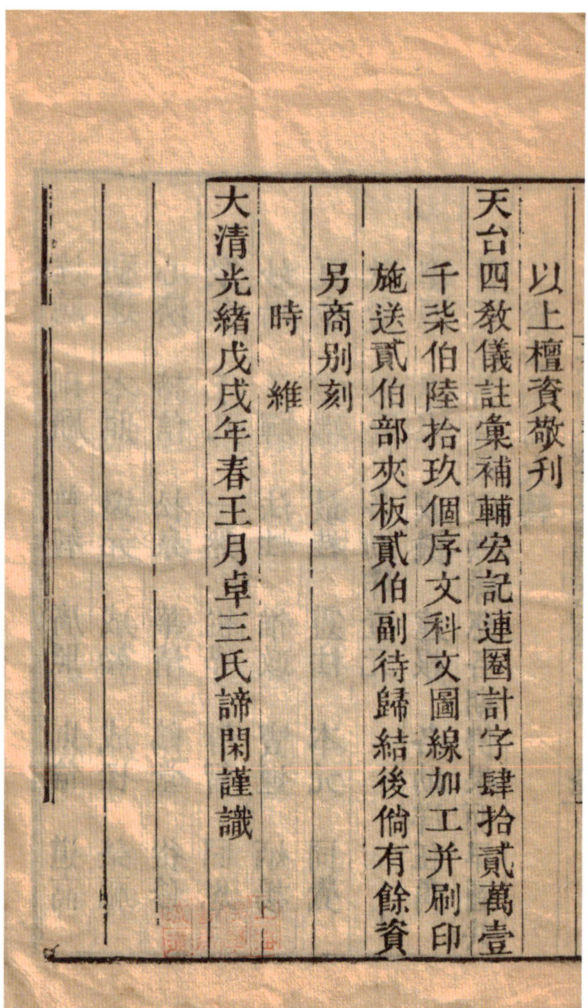
以上檀資敬刊
天台四教儀註彙補輔宏記連圖計字肆拾貳萬壹
千柒伯陸拾玖個序文科文圖線加工并刷印
施送貳伯部夾板貳伯副待歸結後倘有餘資
另商別刻
時維
大清光緒戊戌年春王月卓三氏諦閑謹識

天台四教儀註彙補輔宏記卷十之上

高麗沙門諦觀錄　清比丘性權彙補輔宏記

南天竺沙門蒙潤集註　清三寶弟子錢、、菴較訂

天台嫡裔比丘諦閑編科參梓

(乙)二明妙法方便正修二(丙)初總叙法被四機

然依上四教修行時各有方便正修謂二十五方便十乘觀法若教教各明其文稍煩義意雖異名數不別故總明可以意知

註然前明四教釋經方軌正爲開解若依解立行必須各明方便正修故所列方便則通四教但十乘且

005.具戒便蒙一卷　〔明〕釋袾宏輯　BQ6140.Z48

清刻本　一册一函

半框高20.5釐米，寬14釐米，每半葉10行20字，小字雙行同，無界欄。四周單邊，白口，無魚尾，版心上鐫書名，下鐫葉碼。

卷端題“具戒便蒙，菩薩戒弟子雲棲寺沙門袾宏輯”。

鈐印：“樂歸”“□□之印”。

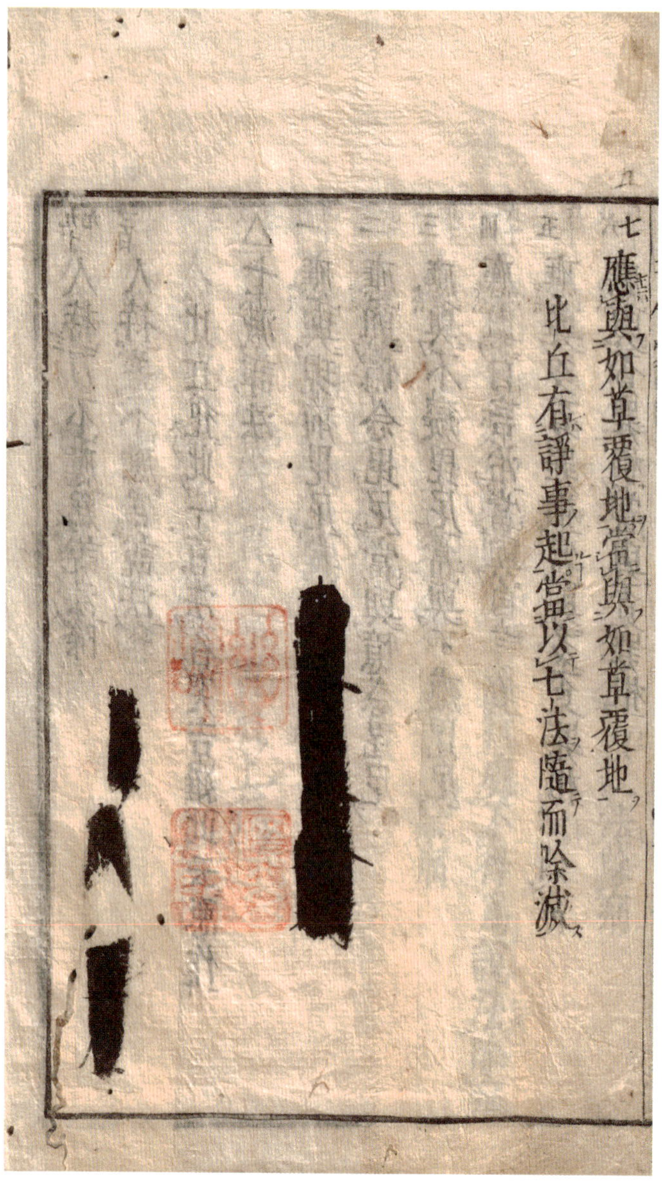

具戒便蒙

菩薩戒弟子雲棲寺沙門袾宏輯

大比丘具足戒若僧祇根本五分四分之類各不下四十五十餘卷太繁難通故譯者各約之而爲戒本鈍者猶以爲繁乃更約之其辭愈約而其義則愈明矣便初學故非敢減損也

大比丘具足二百五十戒

△四波羅夷法此云棄又云極惡

一犯不淨行

二不與物盜心取

集部

006.散原精舍詩上下二卷　〔清〕陳三立撰　

清宣統元年（1909）鉛印本　二册一函

内封題“散原精舍詩，宣統己酉孝胥”。卷端題“散原精舍詩，義寧陳三立”。鈐印：“幾莽”“陸丹林”“紅樹室藏”“天睨樓”。

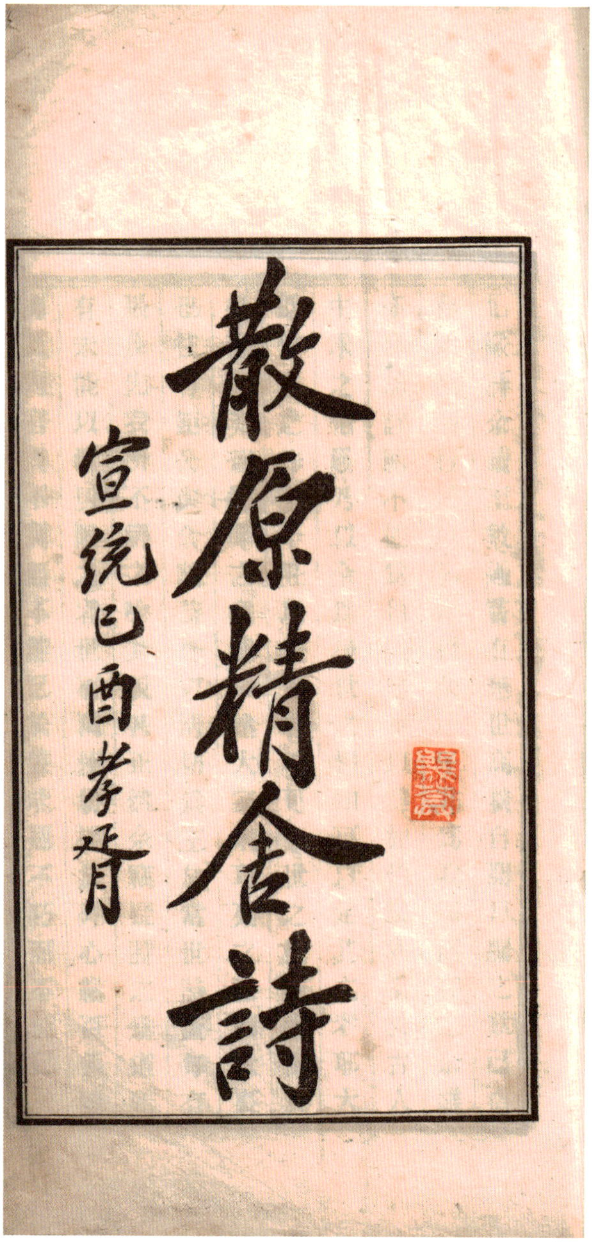

散原精舍詩卷上 起光緒辛丑訖甲辰

義甯陳三立

書感 以下辛丑

八駿西游問刦灰關河中斷有餘哀更聞謝敵誅鼂錯儘覺求賢始郭隗補袞經綸留草昧干霄芽櫱滿蒿萊飄零舊日巢堂燕猶盼花時啄蕊回

黄知縣過談嘲以長句

首下尻高利走趨初春麗日照泥塗嗟君骯髒百僚底過我恢疏一事無撑腹詩書得窮餓塡胸婚嫁苦追呼人間富貴換頭白何處煮茶眠老夫

類叢部

007.佩文韻府一百六卷　〔清〕張玉書等纂修　

清光緒十二年（1886）上海同文書局石印本　六十册六函

内封題“欽定佩文韻府”。牌記題“光緒丙戌仲秋上海同文書局石印”。卷端題“佩文韻府”。

鈐印：“念航過眼”。

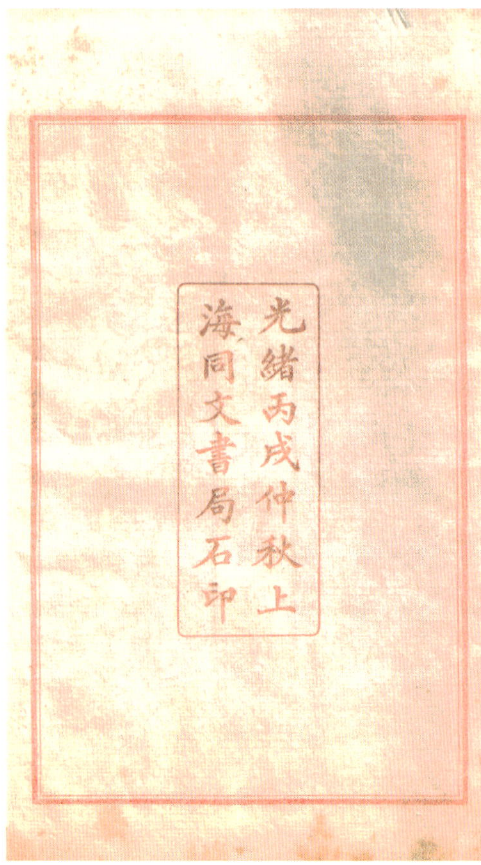

佩文韻府卷一

上平聲　一東韻

東 德紅切春方也漢書少陽在丨方丨動也從日在木中會意也禮記大明生於丨又姓陶潛聖賢羣輔錄舜友丨不訾

韻藻 南東 詩丨丨其畝李孝先詩余其歸老兮沂之丨丨部寶詩楚帆連日阻丨丨 自東 詩我來丨丨又自西丨丨 在東 詩蝃蝀丨丨蘇軾詩我言歲丨丨 徂東 詩自西丨丨又駕言丨丨 小東 詩丨丨大東杼柚其空言大小皆取

給於東國 大東 詩遂荒丨丨 侯東 詩乃命魯公俾丨于丨 門東 詩疏天子迎賓在丨丨又杜甫詩叫怒索餅啼丨丨又白居易喜錢左丞再除華州詩左轄轂中臺丨丨倚上才注謂華在國門之東也 居東 書周公丨丨二年則罪人斯得

闑東 禮記賓不入中門公事自闑西私事自丨丨 活東 爾雅科斗丨丨蝦蟇也唐寅詩青草池塘亂丨丨 甬東 左傳越滅吳使吳王居丨丨郭翼詩江上青山接丨丨吳商浩詩故國依然在丨丨 河東 史記丨丨吾股肱郡特名君耳薛能

詩萬家殘照在丨丨楊載詩作賦擬丨丨 易東 漢丁寬學易於田何學成辭歸何曰丨以丨矣又李瀚古今品略云楊震關西丁寬丨丨 膠東 漢書張敞為丨丨相謝靈運詩置酒飲丨丨 道東 漢宮闕疏長安立九市其六市在道西三市在丨丨

牆東 後漢書避世丨丨王君公黃庭堅詩老夫直欲臥丨丨 鎮東 三國趙雲胡威諸葛誕皆為丨丨將軍 征東 三國馬超張遼皆為丨丨將軍 平東 晉杜預王濬皆為丨丨將軍 勿東 晉書劉曜僭帝於長安時有石言於陝若云丨

丨者後曜東與石勒戰果被擒 桑東 後周裴俠年十三父沒哀毀若成人將卜葬空中有人曰童子何悲葬于丨丨封公侯俠宅側有大桑林因葬焉後封清河郡公 朔東 列子北山愚公欲平太行王屋二山帝命夸娥氏二子負二山一厝丨丨一厝

雍南 欵東 急就篇注丨丨卽欵冬也亦曰欵凍以其凌寒叩冰而生故為此名生水中花紫赤色一名兎奚亦曰顆東 乃東 本草丨丨夏枯草名 來東 離騷今逍遙而丨丨 母東 蔡琰詩天與地隔兮子西丨丨 極東 海賦舟人漁子徂南

丨丨 巴東 江賦丨丨之峽夏后疏鑿沈約詩丨丨三峽猿鳴悲夜鴻一聲淚霑衣郎士元詩年年秋雁過丨丨 井東 梁簡文詩女蘿托松際甘瓜蔓丨丨 江東 晉王坦之字文度弱冠有名語曰丨丨獨步王文度南史袁淑謂謝莊曰丨丨無我卿當

獨秀又杜甫詩丨丨日暮雲杜牧詩鱸魚新熟到丨丨羅隱詩麥秋梅雨過丨丨蘇軾詩要攜鄉味過丨丨又鑑湖勅賜老丨丨朱子詩畫錦過丨丨 籬東 杜甫詩日出丨丨水 林東 杜甫詩拜月步丨丨徐璣詩啼鳥在丨丨 從東 杜甫詩宛馬又

丨丨 關東 劉長卿詩關雞過渭北走馬向丨丨韓翃詩口銜丹詔出丨丨張籍詩朝廷重寄在丨丨 湘東 王建詩羅帳出丨丨王惲詩不容將恨到丨丨 瀼東 杜甫居瀼西復居丨丨陳基詩却擬移家住丨丨楊基詩錯比溪南是丨丨 蒲東

羅隱詩太平天子念丨丨 丁東 雲笈七籤葛積化宮西有丨丨水出於巖腹積雨不加久旱不竭又李商隱詩王佩玉丨丨韓偓詩玉堂西畔響丨丨 遼東 蘇軾詩蘇武豈知歸漢北管寧自欲老丨丨方夔詩時有歸鶴來丨丨甘立詩遠分茅土鎮丨

丨 陸東 宋景祐中賜丨丨舘職辭不受 陳東 宋太學生上書劾童蔡汪黃 東東 妓名竇鞏詩惟有側輪車上鐸耳邊常似叫丨丨

澗瀍東 書洛誥我乃卜丨水東丨水西惟洛食我又卜瀍水丨亦惟洛食 首陽東 詩采葑采葑丨丨之丨 畝盡東 左傳晉人曰必使齊之封內盡東其畝 馬首東 左傳欒黶曰吾丨丨欲丨乃歸下軍從之 鴻溝東 漢書

割丨丨以丨為楚以西為漢 吾欲東 漢書高祖曰丨亦丨丨耳安能鬱鬱久居此乎張九成詩久雨江深丨丨丨黃庭堅詩倚有江船丨丨丨 順流東 莊子丨丨而丨行又孫楚為石仲容與孫皓書雍益二州丨丨而丨 渤海東 列子丨丨

之丨有大壑實惟無底之谷 斗柄東 淮南子丨丨丨指而天下皆春秦觀詩春回丨丨丨張翥詩夜夜雲隨丨丨丨 日賁東 太玄經丨沒丨丨注日沒返照東也 皋從東 叢說梟謂鳩曰鄉人皆惡我我將東徙鳩曰子不能更鳴東徙猶惡

子之聲 風騖東 劉晝從化草之戴風丨丨丨則東靡風騖西則西靡 吳河東 南史吳喜為河東太守叛者聞丨丨丨來皆望風降散 百川東 古詩丨丨丨到海何時復西歸韓愈文障丨丨而丨之 松向東 大唐新語三藏法師

西域取經手摩靈巖寺松曰吾西去汝可西向若歸卽東向及去果西向後一年忽東向法師果歸 平陵東 古歌丨丨丨松柏桐不知何人劫義公注丨丨丨翟義門人所作王莽殺義義門人作歌以怨之孫萬壽詩當時金谷裏此日丨丨丨 扶桑

東 王褒詩俄瞻少海北暫別丨丨丨徐凝送日本使還詩絕域將無外丨丨更有丨 灞陵東 梁簡文詩南遊偃師縣斜上丨丨丨 瑤池東 沈約詩羽人廣霄宴帳集丨丨丨 馬復東 庾肩吾詩眷然從此去車西丨丨丨 東山東

吳均詩倘遺故人念僕在丨丨丨 東復東 徐陵詩昔有北山北今余丨丨李賀詩家住錢塘丨丨丨丨蘇軾詩此去江淮丨丨丨郭翼詩淡澹青山丨丨丨 玉門東 陳後主詩回頭不見望流水丨丨丨 甘泉東 李白詩前軍細柳北後騎

丨丨丨 金城東 李白詩扈從丨丨丨 金市東 李白詩五陵年少丨丨丨銀鞍白馬度春風 天漢東 杜甫詩迢迢丨丨丨趙孟頫詩月華流影丨丨丨 玉壘東 杜甫詩潛行丨丨丨 漏天東 杜甫詩朝廷燒棧北鼓角

丨丨丨 雪嶺東 杜甫詩劍閣星橋北松州丨丨丨又青熒丨丨丨 日華東 杜甫詩君隨丞相後我住丨丨丨張翥詩寸心長在丨丨丨 平林東 王維詩故人不可見寂寞丨丨丨 小苑東 王維詩長樂青門外宜春 滄

一東

附録

008.新定三禮圖二十卷 〔宋〕聶崇義集注 DS721.N35 1761

日本寶曆十一年（1761）刻本 四册一函

半框高21.5釐米，寬16.5釐米，每半葉16行28字。左右雙邊，白口，雙黑魚尾，版心中鎸書名、卷次，下鎸葉碼。

序題“新定三禮圖，通議大夫國子司業兼太常博士柱國賜紫金魚袋臣聶崇義集注”。卷末題“寶曆十一年辛巳九月，東都書肆崇文堂，日本橋南二町目，前川六左衛門”。

鈐印：“赤冢氏藏書印”“行□□”“直安之印”“子龍”。

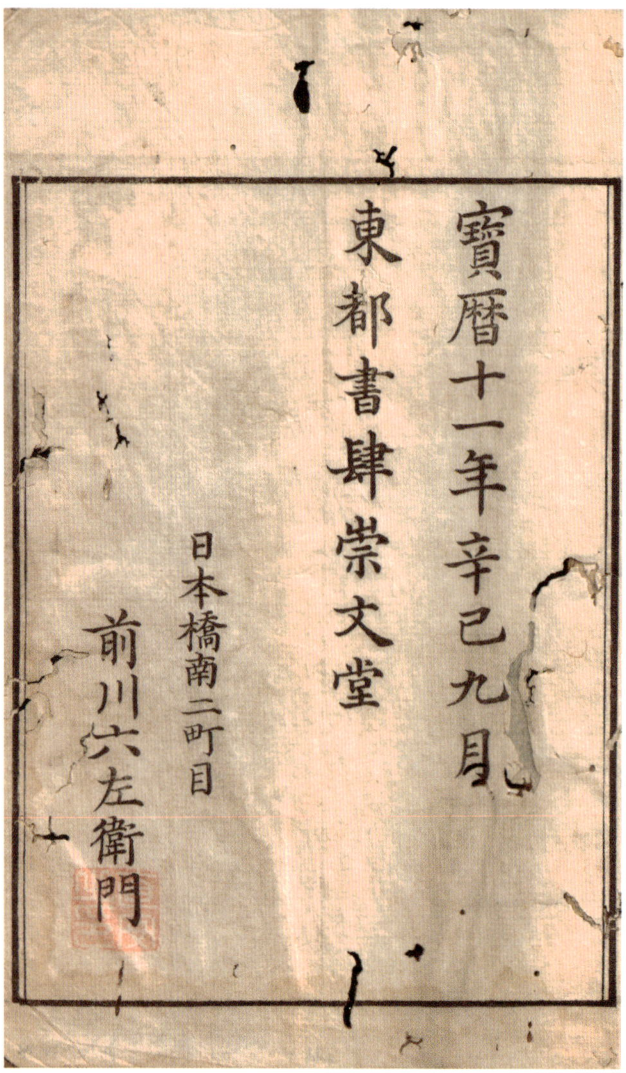

按此序是竇學士之撰非聶氏之自叙傳写誤以聶氏之朝銜名姓出於此今冝徙置下大衆見圖卷首

新定三禮圖序

通議大夫國子司業兼太常博士柱國賜紫金魚袋臣聶崇義集註

昔者、秦始皇之重法術、而天下貴刑名、魏文帝之惡方嚴、而人間尚通變、
上之化下、下必從焉、是以雙劍崇節、飛白成俗、狹瑟飾容、赴曲增抃、自然
之道也、周世宗暨
今皇帝、恢堯舜之典則、總夏商之禮文、思隆大猷、崇正舊物、儀形作範、旁
詔四方、常恨近代以來、不能慕遠、無所釐革、溺於因循、傳積世之漸、誰爲
千載之絶軌、去聖逾邈、名實謬乖、朱紫混淆、鄭雅交雜、痛心疾首、求以正
之、而名儒嚮風、適其所願、國子司業兼太常博士聶崇義垂髫之歲、篤志
於禮、禮經之内、游刃其間、每謂春秋不經、仲尼恥是、關雎既亂、師摯憫之、
今吉凶之容、禮樂之器、制度舛錯、失之甚焉、施之於家、猶曰不可、朝廷之
大寧容濫瀆、御名欲正失於得、返邪於正、潛訪同志、定其禮圖、而所學有淺
深、所見有差異、作舍道側、三年不成、衆口云云、何所不至、會
國朝創制、彝器迨於車服、乃究其軌量、親自規模、擧之措之、或沿或革、從
理以變、惟適其本、時之學者、曉然服義、於是博采三禮舊圖、凡得六本、大
同小異、其猶面焉、至當歸一之言、豈容如是、吾誰適從之歎、蓋起於斯、何

009.佛祖三經指南三卷　〔清〕釋道霈述　BQ1138.D36 1877

日本明治十年（1877）刻本　一册一函

半框高16釐米，寬12.5釐米，每半葉10行19字，注文小字20行34字，無界欄。四周雙邊，白口，單黑魚尾，版心中鎸書名、卷次及葉碼，下鎸“金地院藏板”。

内封題“佛祖三經指南，明治十年二月再刊，東都金地院藏版，發賣所”。卷端題“佛祖三經指南，富沙釋道霈述”。卷末題“明治十年三月十日出版”。

鈐印：“金地藏版”。

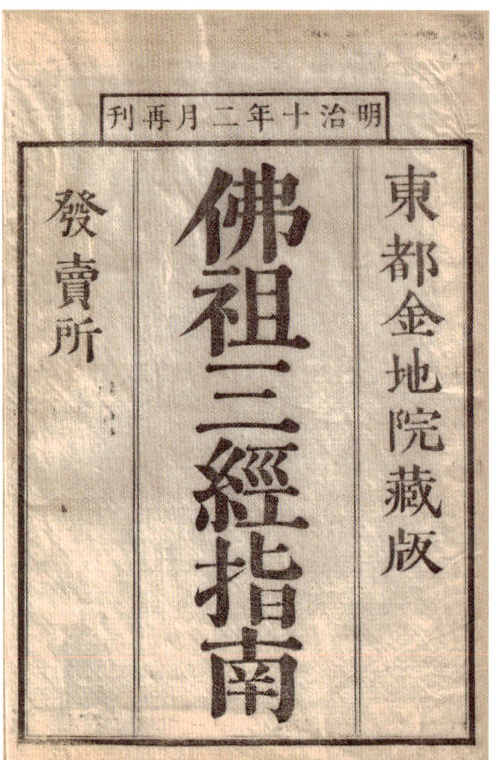
明治十年二月再刊
東都金地院藏版
佛祖三經指南
發賣所

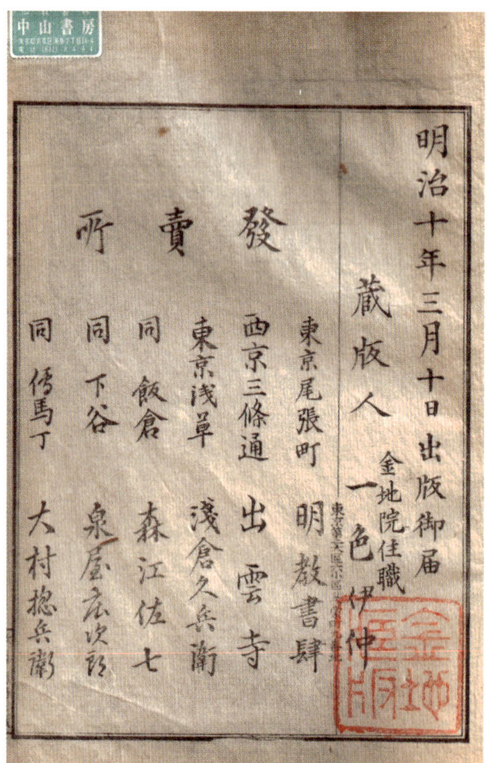
明治十年三月十日出版御届
藏版人 金地院住職 一色伊仲
發賣所
東京尾張町 明教書肆
西京三條通 出雲寺
東京淺草 淺倉久兵衛
同 飯倉 森江佐七
同 下谷 泉屋庄次郎
同 傳馬丁 大村總兵衛
金地藏版

有離合故一一具二若單一字名即非六釋以不得成離合相故
依主謂所依為主如說眼識識依眼起眼之識故名眼識擧眼之主以表於識也亦名依
士釋此即分取他名如眼識亦名為色識耳識亦名為聲識等如子取父名名為依主父
取子名即名依士所依劣
故△識如子根如父故眼
識等名為依主識如父塵
如子故色識等名為依士
蓋主勝士劣也餘可知

帶數以數顯義通於三釋
如五蘊二諦等五即是蘊
二即是諦此用自為名即
持業帶數△五二皆數也
蘊以積聚為義諦以審實
為義五皆積聚二皆審實
故是持業帶數○如眼等
六識取自他為名即依士
帶數△識是能依之自眼
等是所依之他六則是數
故名依主帶數

佛祖三經指南卷上

富沙釋道霈述

佛說四十二章經

佛凡說經皆有緣起或因一事為一人陞座演
說至於立名或立一名或立多名如楞嚴淨名
等是也唯此經是佛初成道時尋常日用中隨
機開導非止因一事為一人也故其間教義大
小頓漸不一其說亦無有定名後經家約章立
之其章凡四十有二故名佛說四十二章經佛
能說教主四十二章所說之法七種立題中則

010.十住毗婆沙論十七卷 （印度）龍樹造 〔後秦〕釋鳩摩羅什譯

日本寬文六年（1666）刻本 五册一函

半框高21釐米，寬14釐米，每半葉10行19字，無界欄。四周雙邊，黑口，雙花魚尾，版心中鐫書名、卷次及葉碼。

卷端題“十住毗婆沙論，聖者龍樹造，後秦龜茲國三藏鳩摩羅什譯”。卷末題“寬文六丙午年開板”。

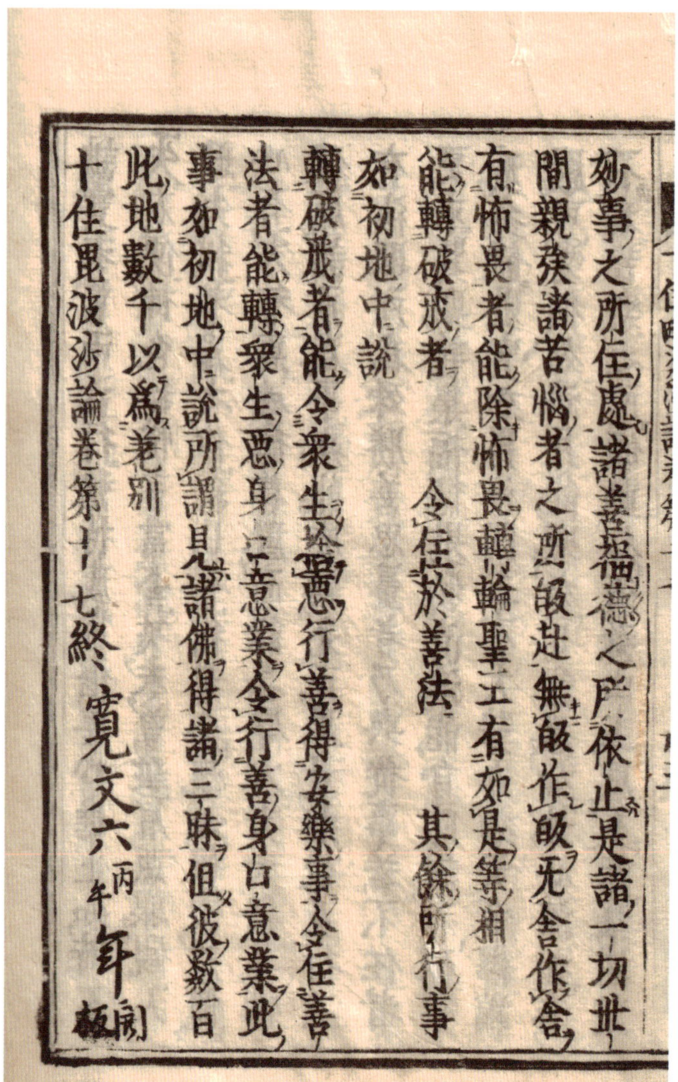
妙事之所住處諸善福德之所依止是諸一切世
間親族諸苦惱者之所歸趣無歸作歸無舍作舍
有怖畏者能除怖畏轉輪聖王有如是等相
能轉破戒者　令住於善法　其餘所行事
如初地中說
轉破戒者能令衆生捨惡行善得安樂事令住善
法者能轉衆生惡身口意業令行善身口意業此
事如初地中說所謂見諸佛得諸三昧但彼數百
此地數千以爲差別
十住毘婆沙論卷第十七終　寬文六丙午年開板

十住毗婆沙論卷第一

聖者龍樹造

後秦龜茲國三藏鳩摩羅什譯

序品第一

敬礼一切佛　無上之大道　乃諸菩薩衆
堅心住十地　聲聞辟支佛　無我我所者
今解十地義　隨順佛所説

問曰汝欲解菩薩十地義以何因縁故説答曰地獄畜生餓鬼人天阿修羅六趣險難恐怖大畏是衆生生死大海旋流洄澓隨業往來是其濤波涕

011.因明正理門論本一卷　（印度）龍樹造　〔唐〕釋玄奘譯

日本明治十四年（1881）刻本　一册一函

半框高21釐米，寬16釐米，每半葉12行20字，無界欄。四周單邊，白口，單黑魚尾，版心上鎸書名，中鎸卷名、卷次，下鎸葉碼。

卷端題“因明正理門論本，大域龍菩薩造，唐三藏法師玄奘譯”。卷末題“明治十四年九月二十四日出版，翻刻出版人永田調兵衛”。

鈐印：“淵海藏書”。

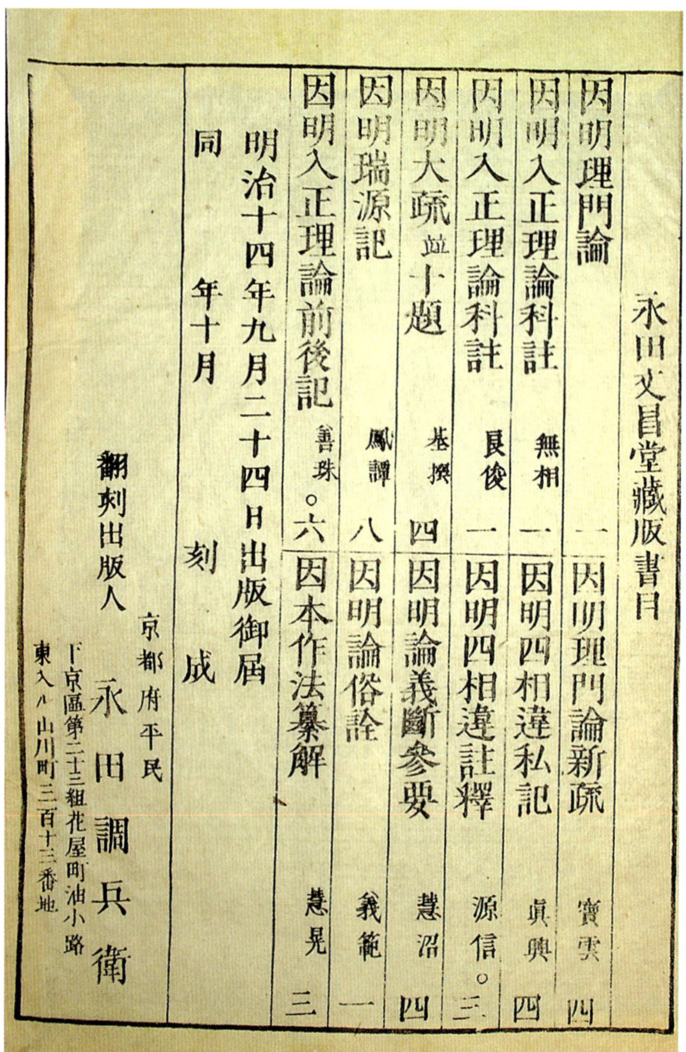
永田文昌堂藏版書目
因明理門論　一　因明理門論新疏　實雲　四
因明入正理論科註　無相　一　因明四相違私記　貞興　四
因明入正理論科註　晃俊　一　因明四相違註釋　源信　三
因明大疏並十題　基撰　四　因明論義斷參要　慧沼　四
因明瑞源記　鳳譚　八　因明論俗詮　義範　一
因明入正理論前後記　善珠　六　因本作法纂解　慧晃　三
明治十四年九月二十四日出版御届
同　年十月　刻成
京都府平民
翻刻出版人　永田調兵衛
下京區第二十三組花屋町油小路東入ル山川町三百十三番地

因明正理門論本

大域龍菩薩造

唐三藏法師玄奘譯

爲欲簡持能立能破義中眞實故造斯論

宗等多言說能立　是中唯隨自意樂

爲所成立說名宗　非彼相違義能遣

宗等多言說能立者由宗因喩多言辯說他未了義故此多言於論式等說名能立又以一言說能立者爲顯總成一能立性由此應知隨有所闕名能立過言是中者起論端義或簡持義是宗等中故名是中所言唯者是簡別義隨自意顯不顧論宗隨自意立樂爲所立謂不樂爲能成立性若異此者說所成立

012.瑜伽師地論釋一卷　（印度）最勝子等造　〔唐〕釋玄奘譯

日本安永九年（1780）刻本　一册一函

半框高20.5釐米，寬14釐米，每半葉10行20字，無界欄。四周單邊，白口，無魚尾，版心上鎸書名，中鎸葉碼，下鎸“校點”。

卷端題“瑜伽師地論釋，最勝子等諸菩薩造，唐三藏法師玄奘奉詔譯”。

鈐印：“樹下寶奉”“彌天”。

按：内有硃墨批校。

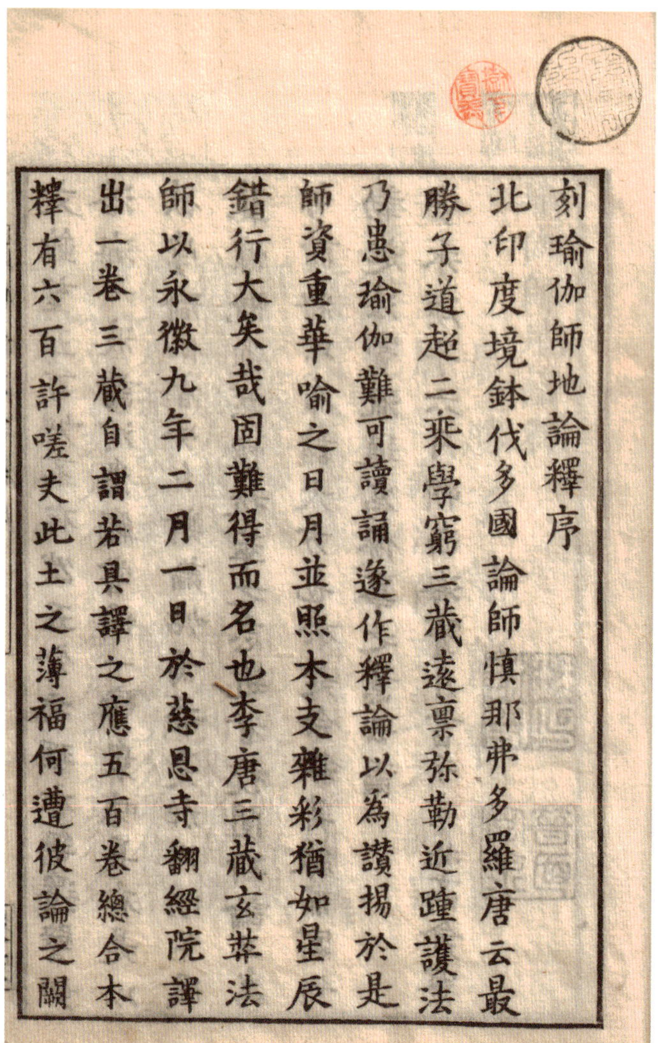
刻瑜伽師地論釋序
北印度境鉢伐多國論師慎那弗多羅唐云最
勝子道超二乘學窮三藏遠稟弥勒近踵護法
乃患瑜伽難可讀誦遂作釋論以爲讃揚於是
師資重華喻之日月並照本支雜彩猶如星辰
錯行大矣哉固難得而名也李唐三藏玄奘法
師以永徽九年二月一日於慈恩寺翻經院譯
出一卷三藏自謂若具譯之應五百卷總合本
釋有六百許嗟夫此土之薄福何遭彼論之闕

高麗論本論釋下有一卷兩字

麗本無唐字

瑜伽師地論釋

最勝子等諸菩薩造

唐三藏法師玄奘奉詔譯

本地分中五識相應地之一

敬禮天人大覺尊　福德智慧皆圓滿
無上文義眞妙法　正知受學聖賢衆
稽首無勝大慈氏　普爲利樂諸有情
廣採衆經眞要義　略說五分瑜伽者
歸命法流妙定力　發起無著功德名
能於聖者無勝海　引出最極法甘露

013.毗盧遮那成佛神變加持經義釋十四卷（殘）　〔唐〕釋一行述記

日本明治間刻本　二册一函

半框高20釐米，寬14.5釐米，每半葉10行20字，無界欄。四周單邊，上白口下黑口，無魚尾，版心上鎸書名，中鎸卷次，下鎸葉碼。

卷端題“毗盧遮那成佛神變加持經義釋，沙門一行述記”。卷末題“京都市木屋町二條貝葉書院”。

按：存卷一、卷二。

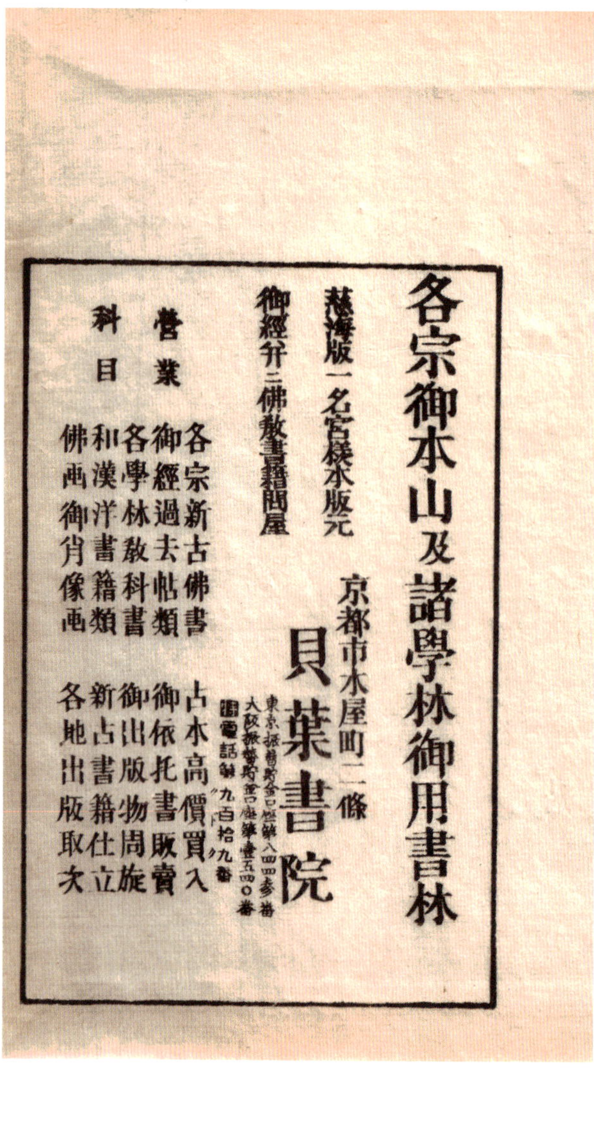
各宗御本山及諸學林御用書林
慈海版一名宮様木版元
御經并三佛教書籍問屋
京都市木屋町二條
貝葉書院
東京振替貯金口座第八四四参番
大阪振替貯金口座第壹五四〇番
電話第九百拾九番
營業科目
各宗新古佛書
御經過去帖類
各學林教科書
和漢洋書籍類
佛画御肖像画
古本高價買入
御依托書販賣
御出版物周旋
新古書籍仕立
各地出版取次

翻下一有也字

明下一有英字

如一作隨

毗盧遮那成佛神變加持經義釋卷第一

沙門一行述記

入眞言門住心品第一

大毗盧遮那成佛神變加持經者梵音毗盧遮那此翻是日之别名即除暗遍明之義然世間日則有方分若照其外不能及内明在一邊不至一邊又唯在晝光不燭夜如來智慧日光則不如是遍一切處作大照明無有内外方所晝夜之别復次日行閻浮提一切卉木叢林如其性分各得增長世間衆務因之得成如來日光遍照法界亦能平等開發無量衆生

014.維摩義記四卷　〔晋〕釋慧遠撰　

日本正德三年（1713）刻本　八册一函

半框高20釐米，寬14.5釐米，每半葉10行20字，無界欄。四周單邊，上白口下黑口，無魚尾，版心中鎸“維摩净影疏”及卷次，下鎸葉碼。

外封題“維摩經義記”。卷端題“維摩義記，沙門慧遠撰”。卷末題“京兆井上忠兵衛叡麓佐野伊兵衛共刻斯，净影所撰維摩義記全書四卷伏冀福壽增益現當安樂者，正德三年癸巳春日謹識”。

鈐印：“斷常”“咄堂”“首椿”。

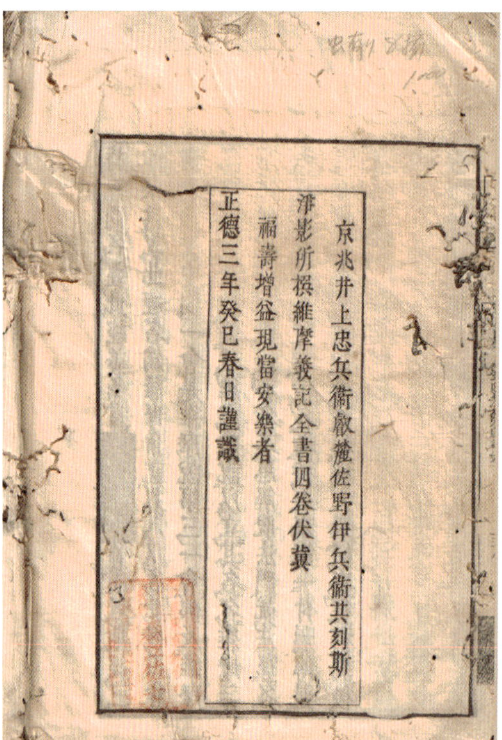
京兆井上忠兵衛叡麓佐野伊兵衛共刻斯
净影所撰維摩義記全書四卷伏冀
福壽增益現當安樂者
正德三年癸巳春日謹識

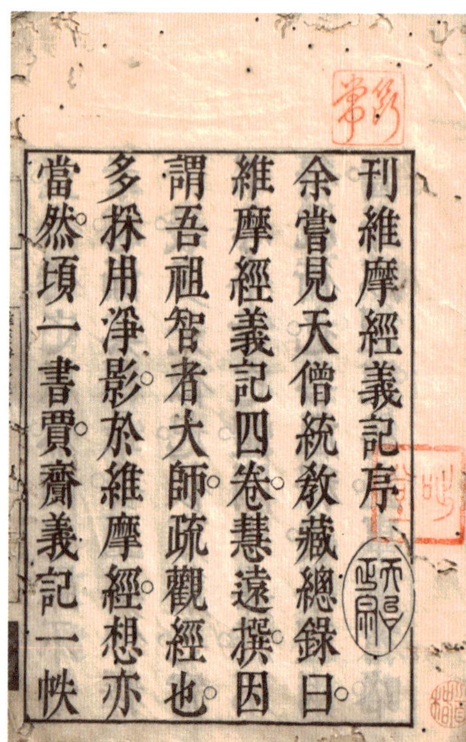
刊維摩經義記序
余嘗見天僧統敎藏總錄曰
維摩經義記四卷慧遠撰因
謂吾祖智者大師疏觀經也
多採用淨影於維摩經想亦
當然頃一書賈齎義記一帙

維摩義記卷第一 本

沙門 慧遠 撰

聖教雖衆要唯有二其二是何謂聲聞藏及菩薩藏教聲聞法名聲聞藏教菩薩法名菩薩藏聲聞藏中所教有二一是聲聞聲聞二緣覺聲聞聲聞聲聞者是人本來求聲聞道常樂觀察四眞諦法成聲聞性於最後身値佛欲小如來爲說四眞諦法而得悟道本聲聞性故今復聞聲而得悟道是故名爲聲聞聲聞經言爲求聲聞者說四眞諦據斯爲論緣覺聲聞者是人本來求緣覺道常樂觀察十二緣法成緣覺

015.仁王般若經疏六卷　〔隋〕釋吉藏撰　

日本寬文元年（1661）刻本　六册一函

半框高20釐米，寬14釐米，每半葉10行20字，小字雙行同，無界欄。四周單邊，上黑口下白口，雙花魚尾，版心中鐫“仁王經疏”、卷次及葉碼。

卷端題“仁王般若經疏，吉藏法師撰”。卷末題“寬文元辛丑稔中冬吉日刊板”。

鈐印：“大黑山藏書”。

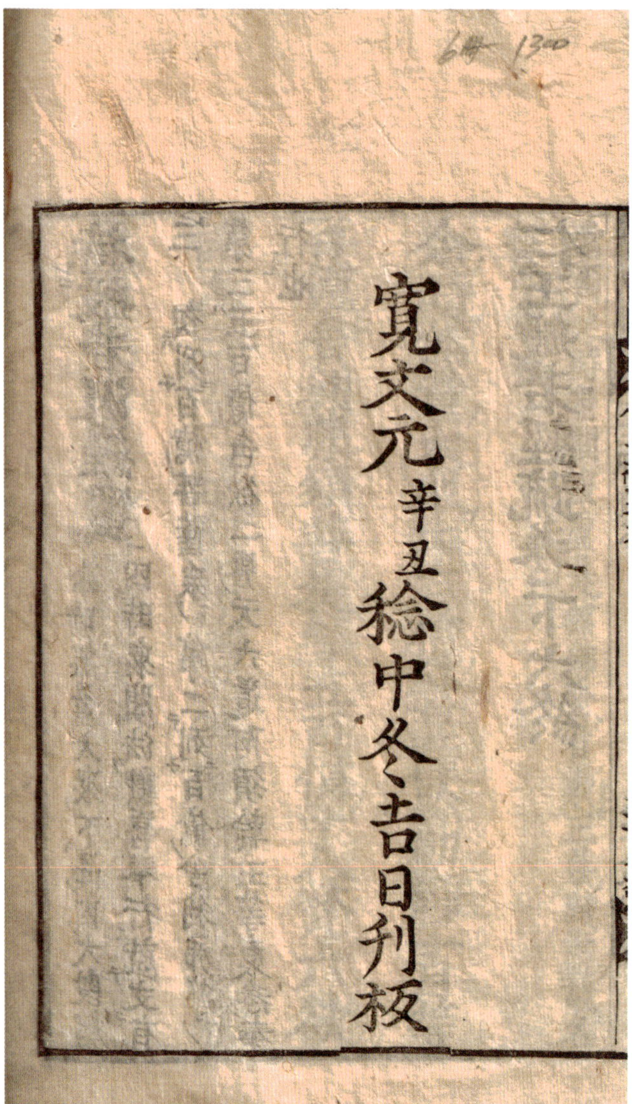

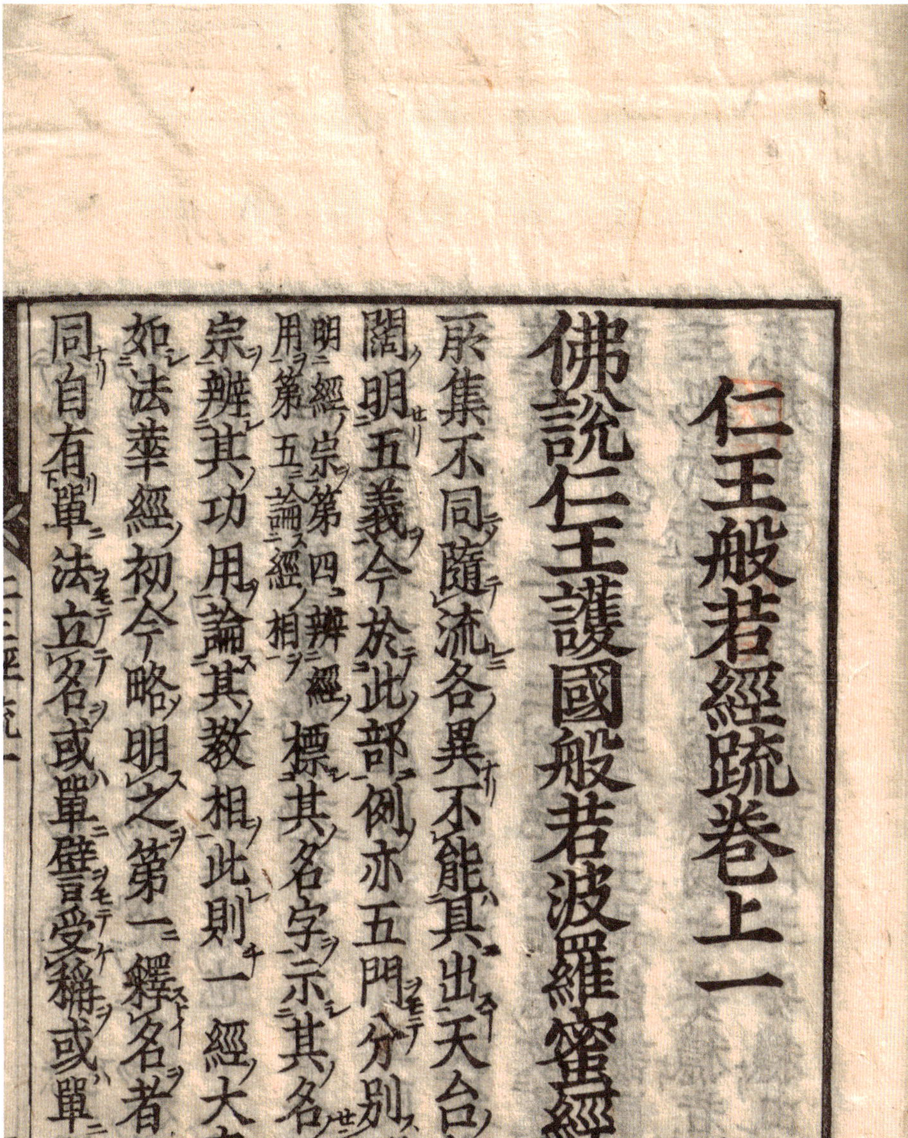
仁王般若經疏卷上一　　吉藏法師撰

佛説仁王護國般若波羅蜜經序品第一

夫集不同隨流各異不能其出天台智者於衆經中闕明五義今於此部例亦五門分別第一釋經名第二出經躰第三明經宗第四辨經用第五論經相標其名字示其名下之躰明其綱宗辨其功用論其教相此則一經大意略盡委釋具如法華經初今略明之第一釋名者但諸經受名不同自有單法立名或單譬受稱或單人立名或法譬

仁王經疏一　一

016.大方廣佛華嚴經普賢行願品別行疏鈔六卷 〔唐〕釋澄觀撰 〔唐〕釋宗密抄

日本寛文十三年（1673）刻本 七册一函

半框高20.5釐米，寬16釐米，每半葉12行21字，小字雙行同，無界欄。四周單邊，白口，雙黑魚尾，版心中鎸“華嚴行願品疏鈔”、卷次及葉碼。

卷端題“大方廣佛華嚴經普賢行願品別行疏鈔”。卷末題“時寛文十三歲次癸丑季春吉祥日，柳馬場二條下町，吉野屋權兵衛板行”。

鈐印：“空傳”。

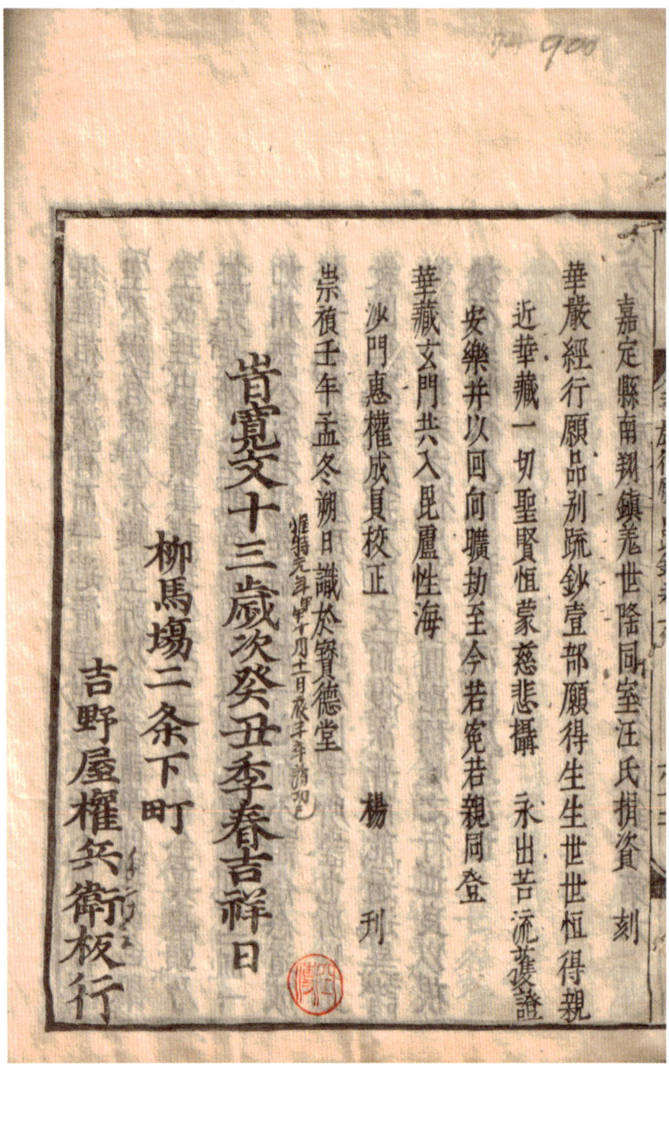
嘉定縣南翔鎮羌世隆同室汪氏損資 刻
華嚴經行願品別疏鈔壹部願得生生世世恒得親
近華藏一切聖賢恒蒙慈悲攝 永出苦流獲證
安樂并以回向曠劫至今若冤若親同登
華藏玄門共入毘盧性海
沙門惠權成員校正 楊 刊
崇禎壬午孟冬朔日識於寶德堂
旹寛文十三歲次癸丑季春吉祥日
柳馬場二条下町
吉野屋權兵衛板行

大方廣佛華嚴經普賢行願品别行疏鈔卷第一 并序

將釋疏文大文分為二第一解疏題目第二正解疏文初中分二初明所述疏目後辨能述人名初中有二先明所釋經題後明能釋疏目初中分二初釋總題即大部之通名後明品目即品章之别目今且初文問總名七字為是唐言為是梵語答於中佛之一字即是梵語餘之六字總是唐言問若總就梵文呼之如何答若依舊梵云摩訶毗佛畧敎陀健拏驃呵欲底修多羅此訛畧也若就正者應云摩訶尾没馹(里也反)没馱𡅏拏䌲(名庚反)賀素怛囕(二合)摩訶云大尾没馹云方廣没馱云覺者𡅏拏云雜華䌲賀云嚴飾素怛囕云契經若總就唐言應云大方廣覺者雜華嚴飾契

017.大華嚴經略策一卷 〔唐〕釋澄觀述

日本慶安五年(1652)刻本 一册一函

半框高21釐米，寬14.5釐米，每半葉9行18字。四周雙邊，黑口，雙花魚尾，版心中鐫書名、葉碼。

卷端題“大華嚴經略策，清凉山大華嚴寺鎮國沙門澄觀述”。卷末題“慶安五壬辰曆仲冬，中野五郎左衛門刊行”。

鈐印：“開卷有益”“空傳”等。

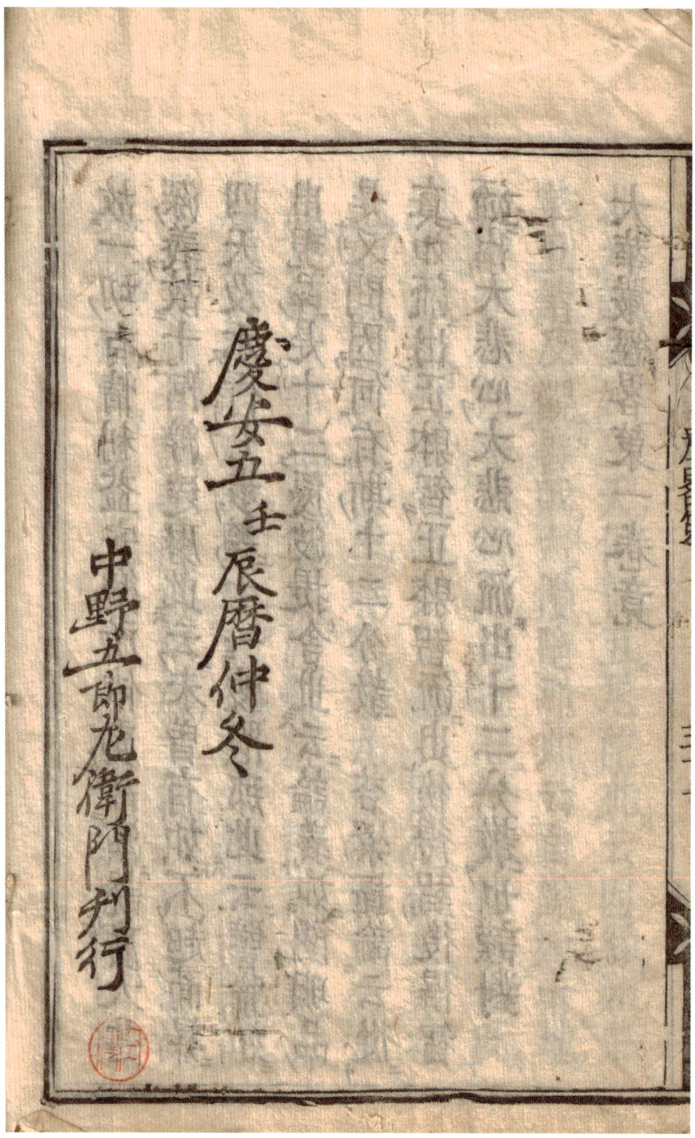

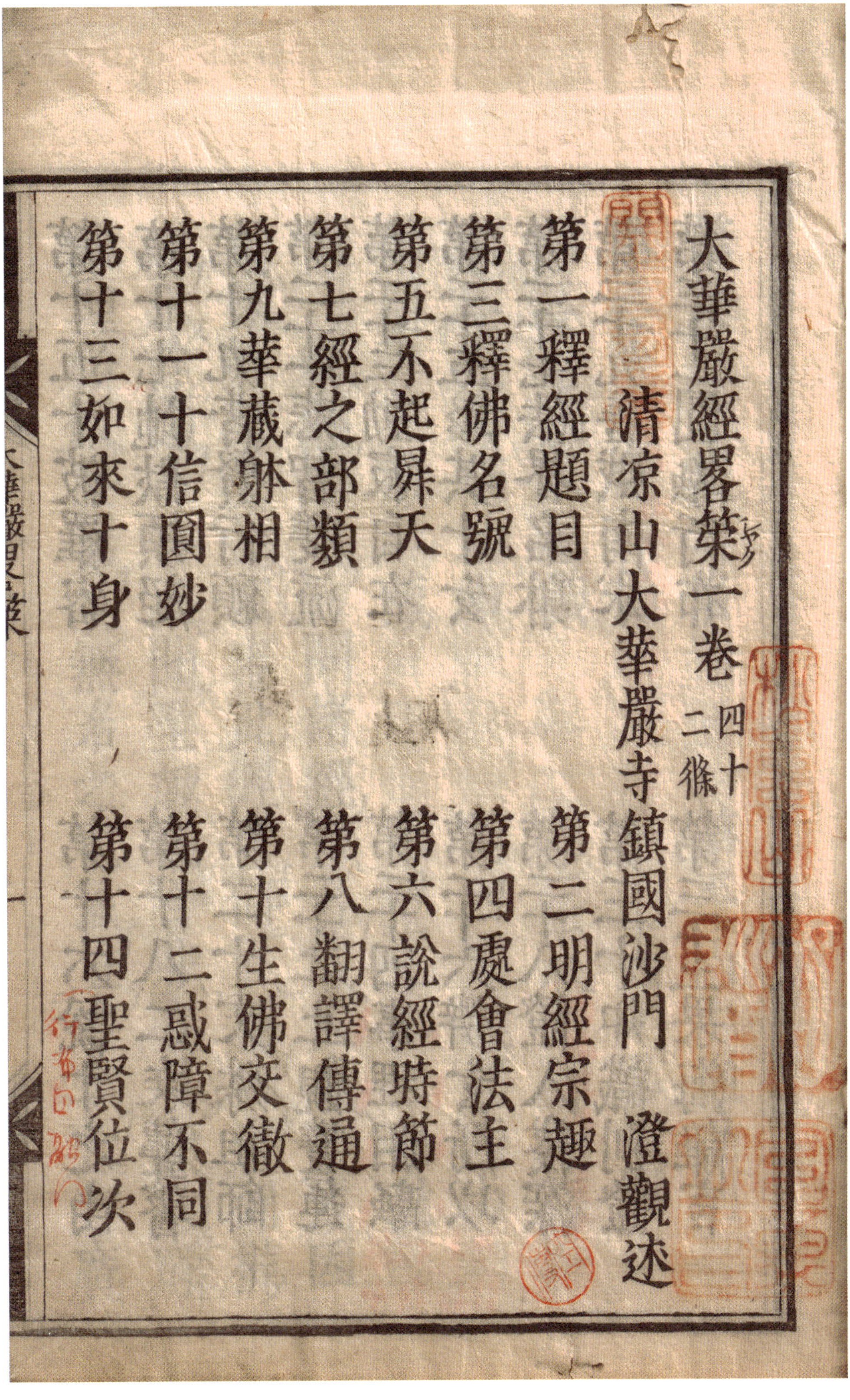

大華嚴經畧策一卷（四十二條）

清凉山大華嚴寺鎮國沙門　澄觀述

第一釋經題目　第二明經宗趣

第三釋佛名號　第四處會法主

第五不起昇天　第六說經時節

第七經之部類　第八翻譯傳通

第九華藏躰相　第十生佛交徹

第十一十信圓妙　第十二惑障不同

第十三如來十身　第十四聖賢位次

大華嚴畧策　一

018.於大方廣佛華嚴經中搜玄分齊通智方軌五卷　〔唐〕釋智儼撰

日本延享二年（1745）刻本　九册一函

半框高20釐米，寬15釐米，每半葉9行18字，無界欄。四周單邊，白口，無魚尾，版心上鎸“華嚴經搜玄記”，中鎸卷次，下鎸葉碼。

外封題“華嚴經搜玄記”。卷端題“於大方廣佛華嚴經中搜玄分齊通智方軌，終南太一山至相寺沙門釋智儼”。卷末題“延享第二歲次乙丑臘月佛成道日京三條通室町西江入町文臺屋多兵衛梓行”。

鈐印：“空傳”。

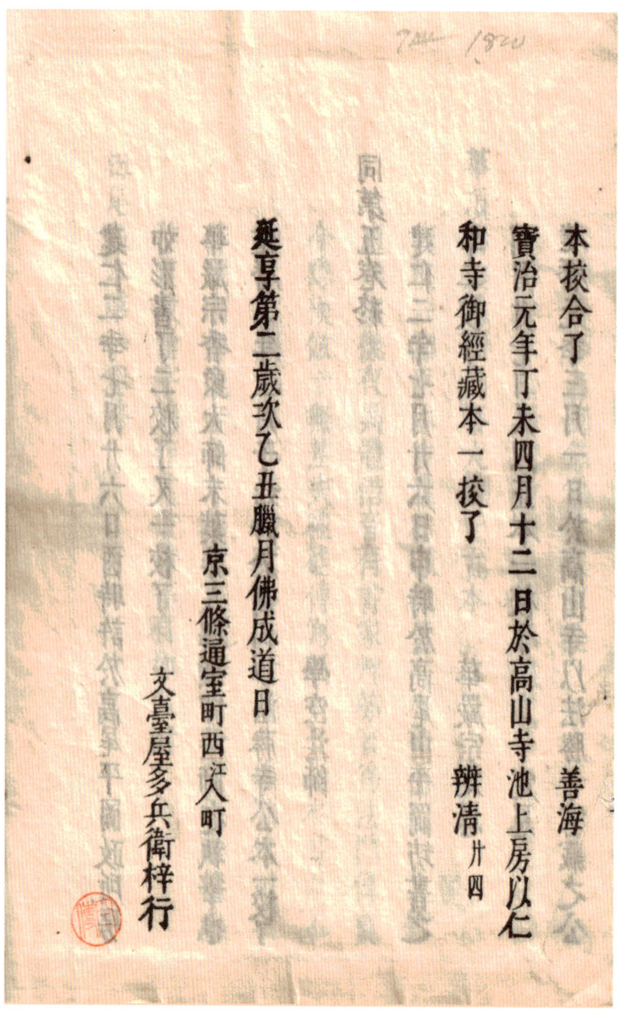
本挍合了　善海
寳治元年丁未四月十二日於高山寺池上房以仁
和寺御經藏本一挍了　辨清 廿四
延享第二歲次乙丑臘月佛成道日
京三條通室町西江入町
文臺屋多兵衛梓行

於大方廣佛華嚴經中搜玄分齊通智方軌第一

終南太一山至相寺沙門釋智儼

此經本外國凡有十萬偈昔晉道人支法領從于闐國得此三萬六千偈以晉義熙十四年歲次鶉火三月十日於楊州謝司空寺天竺禪師佛度跋陀羅手執梵文譯胡音爲晉沙門釋法業親從筆授時吳郡內史孟顗右衛將軍褚叔度爲檀越至元熙二年六月十日出訖胡本至大宋永初二年辛酉之歲十二月廿八日挍畢

019.觀世音菩薩普門品玄義記會本四卷　〔宋〕釋知禮述　BQ2065.Z553

日本明治時期刻本　四册一函

半框高22.5釐米，15.5釐米，每半葉10行20字，無界欄。四周雙邊，白口，無魚尾，版心上鎸"重訂"，中鎸書名、卷次，下鎸葉碼。

卷端題"觀世音菩薩普門品玄義記會本，觀音玄義記，宋四明沙門知禮述"。

卷首有"重刻觀音玄疏記會本附言"，署"天台沙門實乘志"。

鈐印："釋子海静""默修"。

按：内有大量硃墨批校。

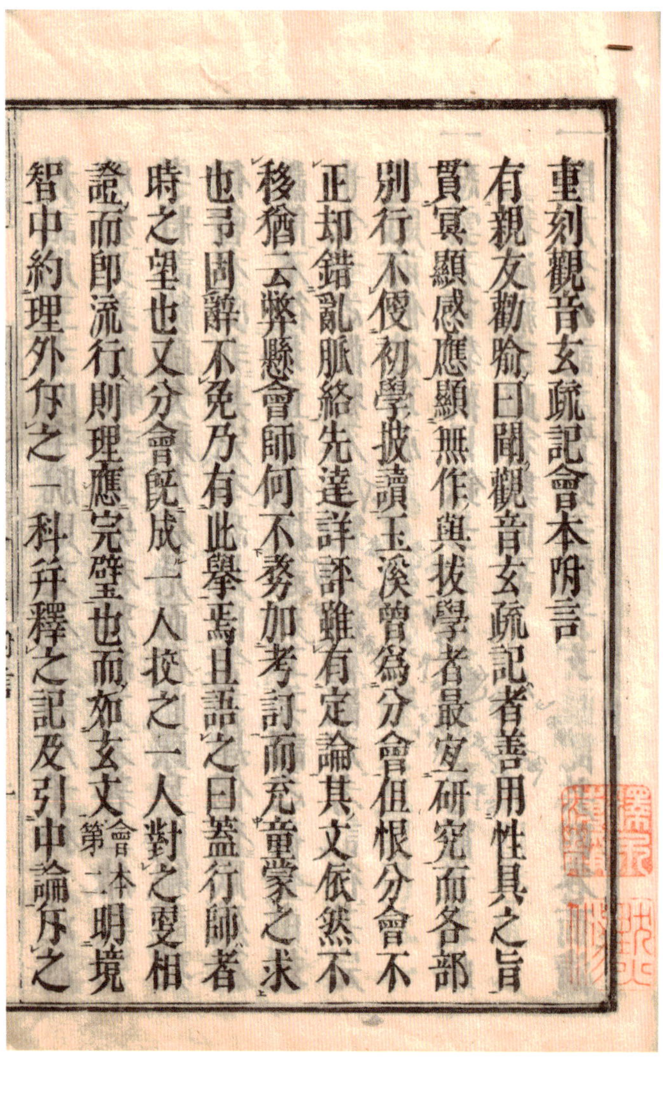
重刻觀音玄疏記會本附言
有親友勸翰曰聞觀音玄疏記者善用性具之旨
貫冥顯感應顯無作與拔學者最宜研究而各部
別行不便初學披讀玉溪曾爲分會但恨分會不
正却錯亂脈絡先達詳評雖有定論其文依然不
移猶云弊懸會師何不務加考訂而充童蒙之求
也予固辭不免乃有此舉焉且語之曰蓋行師者
時之望也又分會既成一人校之一人對之更相
證而即流行則理應完璧也而如玄文會本第二明境
智中約理外存之一科并釋之記及引中論序之

觀世音菩薩普門品玄義記會本卷第一

新旧二本今依新本

觀音玄義記卷第一 并序

宋四明沙門知禮述

知禮術伏惟念早季慕學投迹寶雲遇授法師講說此品神根既鈍遂數諮疑先師念我學勤不辭提耳故所說義粗記在心昔同聞人今各衰朽慮乎先見不益後昆共勉不才抄錄於世但疑識暗謬有所傳圓宗哲人刊正是望時天禧五年歲在辛酉八月一日絕筆故序

020.觀世音菩薩普門品義疏記會本四卷 〔宋〕釋知禮述 BQ2065.D59 1896

日本明治二十九年（1896）刻本 六册一函

半框高22釐米，寬15釐米，每半葉10行20字，無界欄。四周雙邊，白口，無魚尾，版心上鎸“重訂”，中鎸“普門品會疏記”、卷次，下鎸葉碼。

卷端題“觀世音菩薩普門品義疏記會本，觀音義疏記，宋四明沙門知禮述”。卷末題“明治廿九年五月三日”。

鈐印：“釋子海静”“默修”。

按：内有大量硃墨批校。

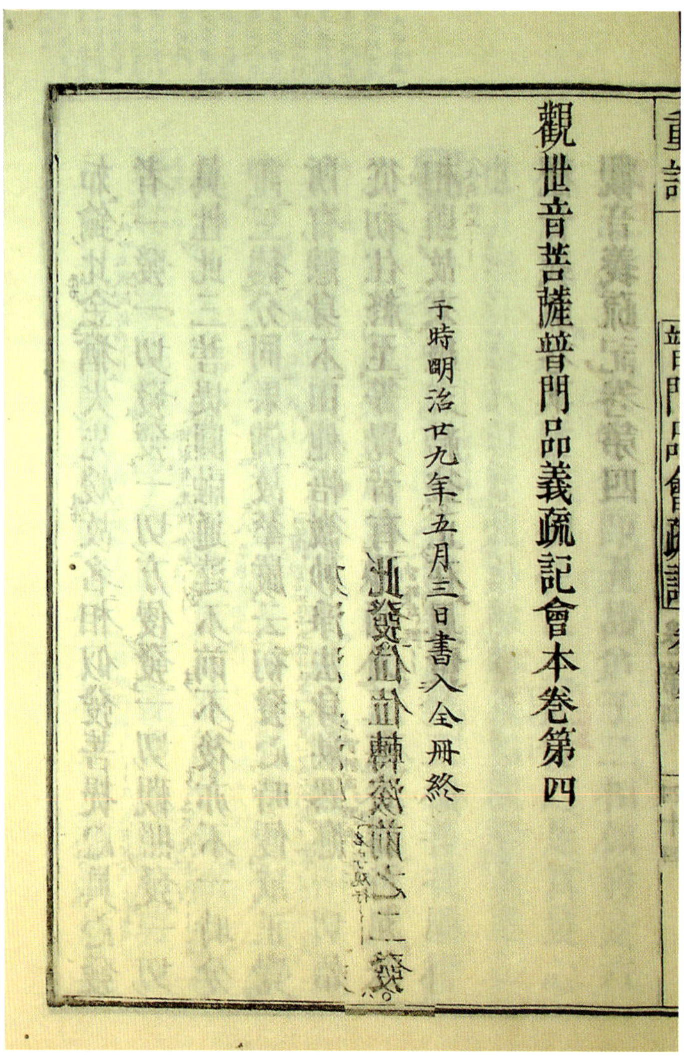
重訂
普門品會疏記
觀世音菩薩普門品義疏記會本卷第四
于時明治廿九年五月三日書入全冊終

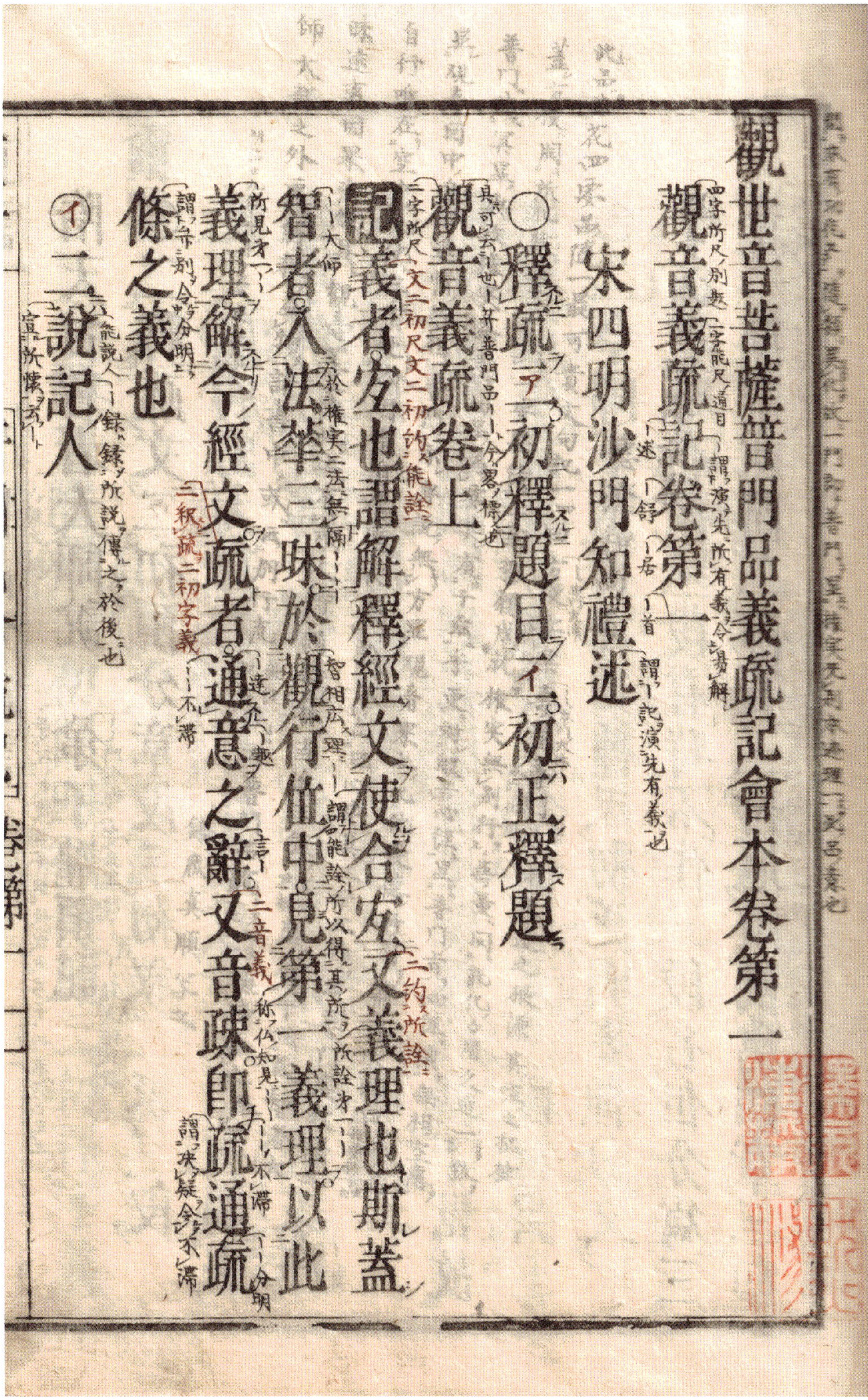
観世音菩薩普門品義疏記會本卷第一
観音義疏記卷第一
宋四明沙門知禮述
○釋疏二初釋題目二初正釋題
観音義疏卷上
記義者宜也謂解釋經文使合宜文義理也斯蓋
智者入法華三昧於觀行位中見第一義理以此
義理解今經文疏者通意之辭又音疏即疏通疏
條之義也
(イ)二説記人

021.觀音義疏記四卷　〔宋〕釋知禮述　

刻本年代不詳　四册一函

半框高19.5釐米，寬14.5釐米，每半葉10行20字，無界欄。四周單邊，黑口，無魚尾，版心中鎸書名、卷次，下鎸葉碼。

卷端題“觀音義疏記，宋四明沙門知禮述”。第二至四册末尾題“崇禎四年辛未歲佛生日玉溪菩提菴識”。

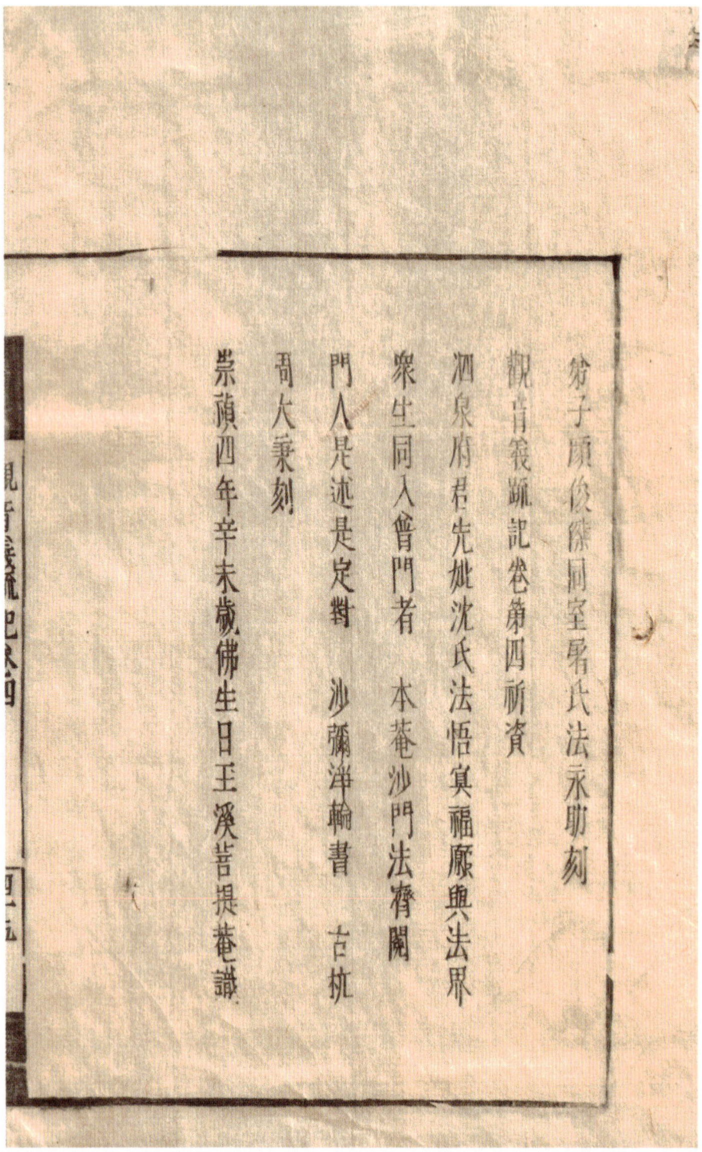
弟子顧俊傑同室胥氏法永助刻
觀音義疏記卷第四祈資
泗泉府君先妣沈氏法悟冥福廣與法界
衆生同入會門者　本菴沙門法齊閱
門人是述是定對　沙彌淨輪書　古杭
司大兼刻
崇禎四年辛未歲佛生日玉溪菩提菴識

觀音義疏記卷第一

宋四明沙門知禮述

○釋疏二 初釋題目二 初正釋題

義者宜也謂解釋經文使合宜也又義理也斯蓋智者入法華三昧於觀行位中見第一義理以此義理解令經文疏者通意之辭又音疏即疏通疏條之義也○二説記人

隋天台智者大師説

弟子灌頂記

○二釋疏文二 初預分章段二 初敘一家三段

022.盂蘭盆經疏新記二卷　〔宋〕釋元照述　

日本寛永七年（1630）刻本　二册一函

無框無界，每半葉10行15字，小字雙行同。版心下鎸葉碼。

牌記題“寛永庚午臘月吉旦，中野小左衛門綉梓”。卷端題“盂蘭盆經疏新記，錢唐沙門元照述”。

鈐印：“大黑山藏書”。

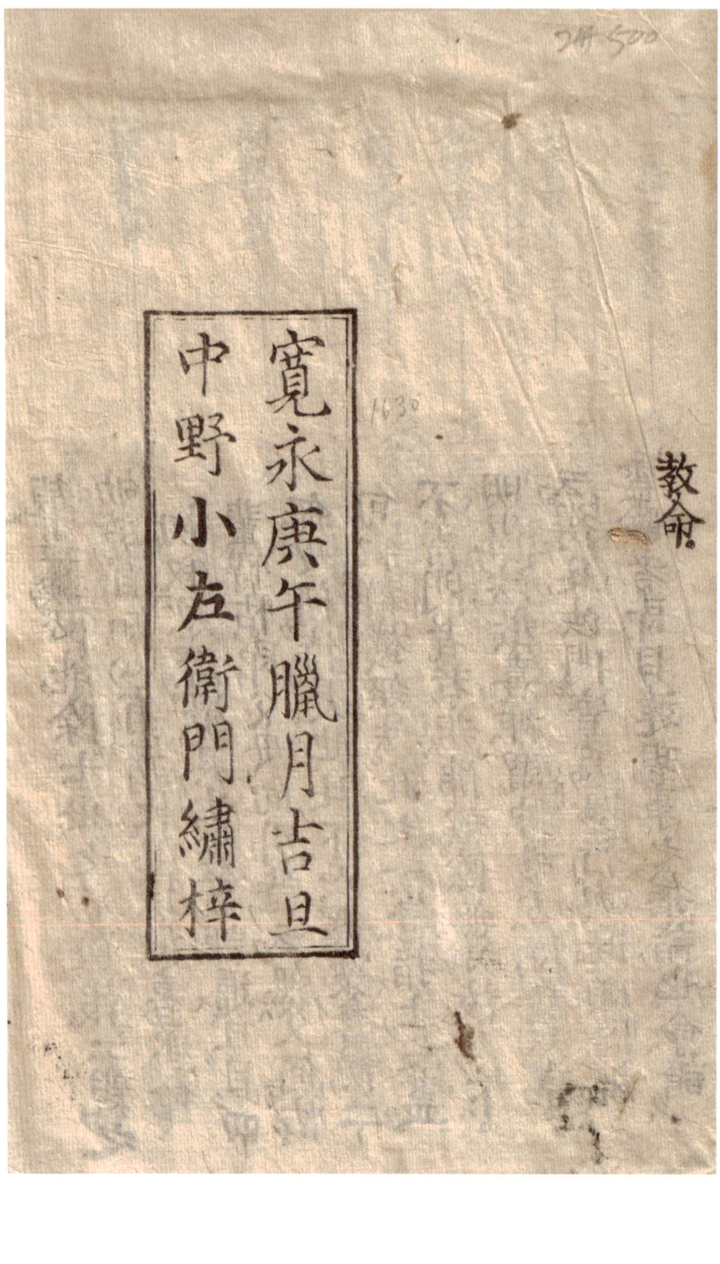

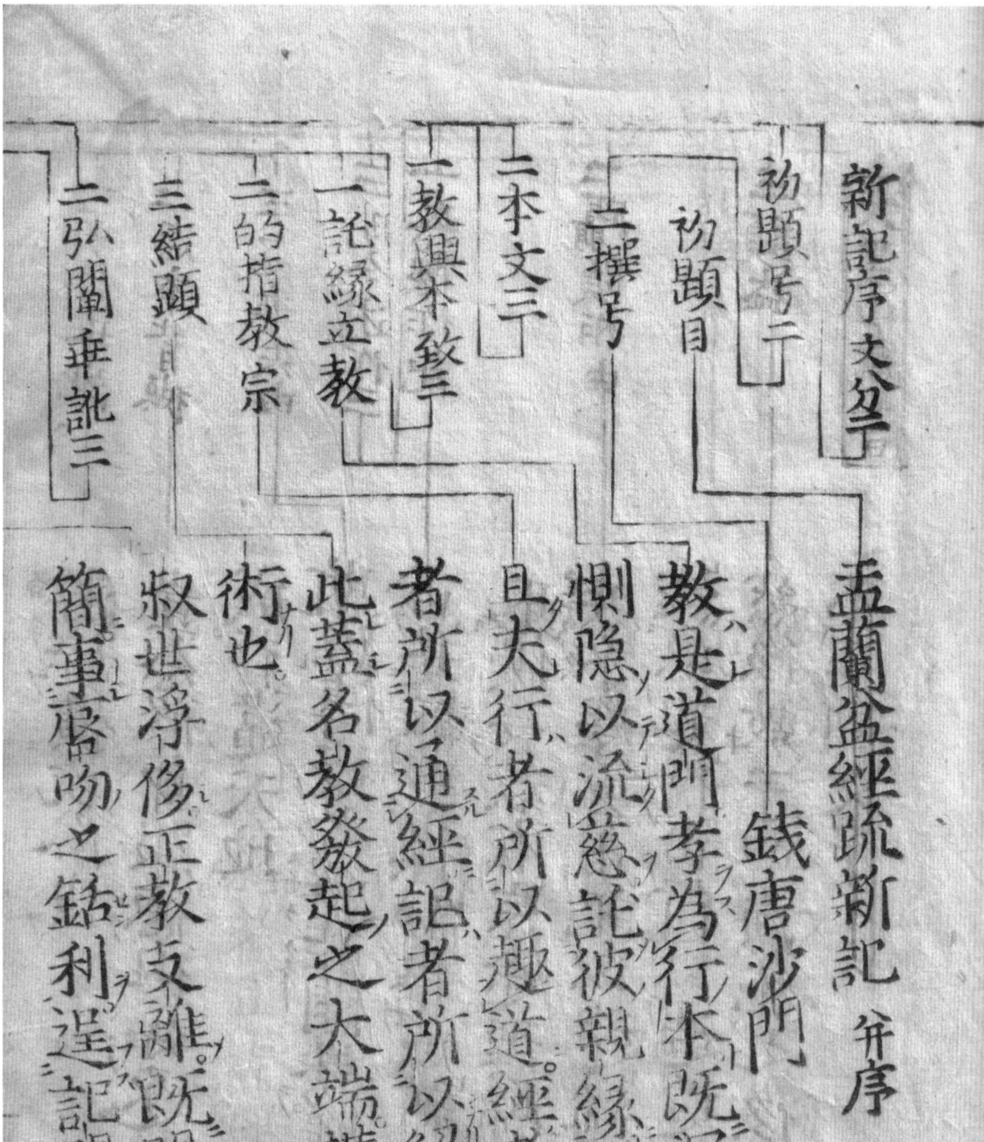
新記序文分三
初題號二
初題目
二撰号
二本文三
一教興本致三
一託緣立教
二的指教宗
三結顯
二弘闡乖訛三

盂蘭盆經疏新記　并序
錢唐沙門　元照　述
教是道門，孝為行本。既沉冥而忘返，故惻隱以流慈，託彼親緣，興斯至教。且夫行者所以趣道，經者所以詮行，疏者所以通經，記者所以解疏。此蓋名教發起之大端，講學討論之要術也。叙世淨修，正教支離，既闕師承，率從往簡，事唇吻之銛利，遑記問之繁多，私節

023.成唯識論了義燈七卷　〔唐〕釋惠沼述　

日本寬文七年（1667）刻本　七册一函

半框高21.5釐米，寬16釐米，每半葉9行19字，小字雙行同，無界欄。四周雙邊，黑口，雙花魚尾，版心中鎸“唯識了義”、卷次及葉碼。

卷端題“成唯識論了義燈，淄洲大雲寺苾蒭惠沼述”。卷末題“寬文七丁未歲七月吉旦，水田甚左衛門梓行”。

鈐印：“增位山藏”。

按：内有大量硃墨批校。

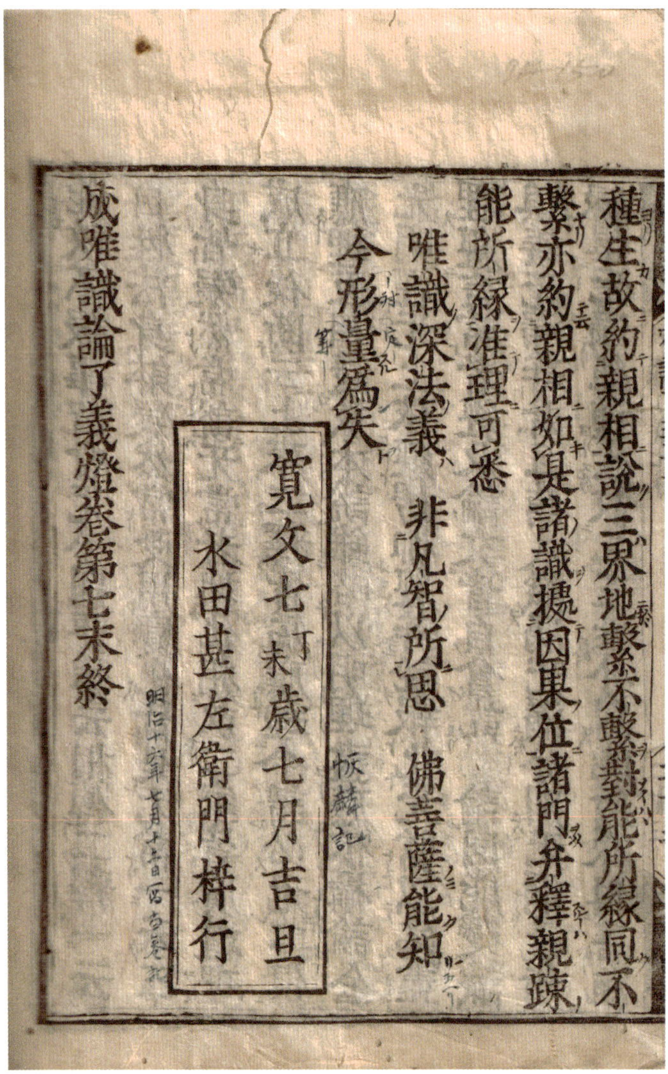
種生故約親相說三界地繫不繫能所緣同不
繫亦約親相如是諸識攝因果位諸門弁釋親疎
能所緣准理可悉
唯識深法義　非凡智所思　佛菩薩能知
今形量爲矣
寬文七丁未歲七月吉旦
水田甚左衛門梓行
成唯識論了義燈卷第七末終

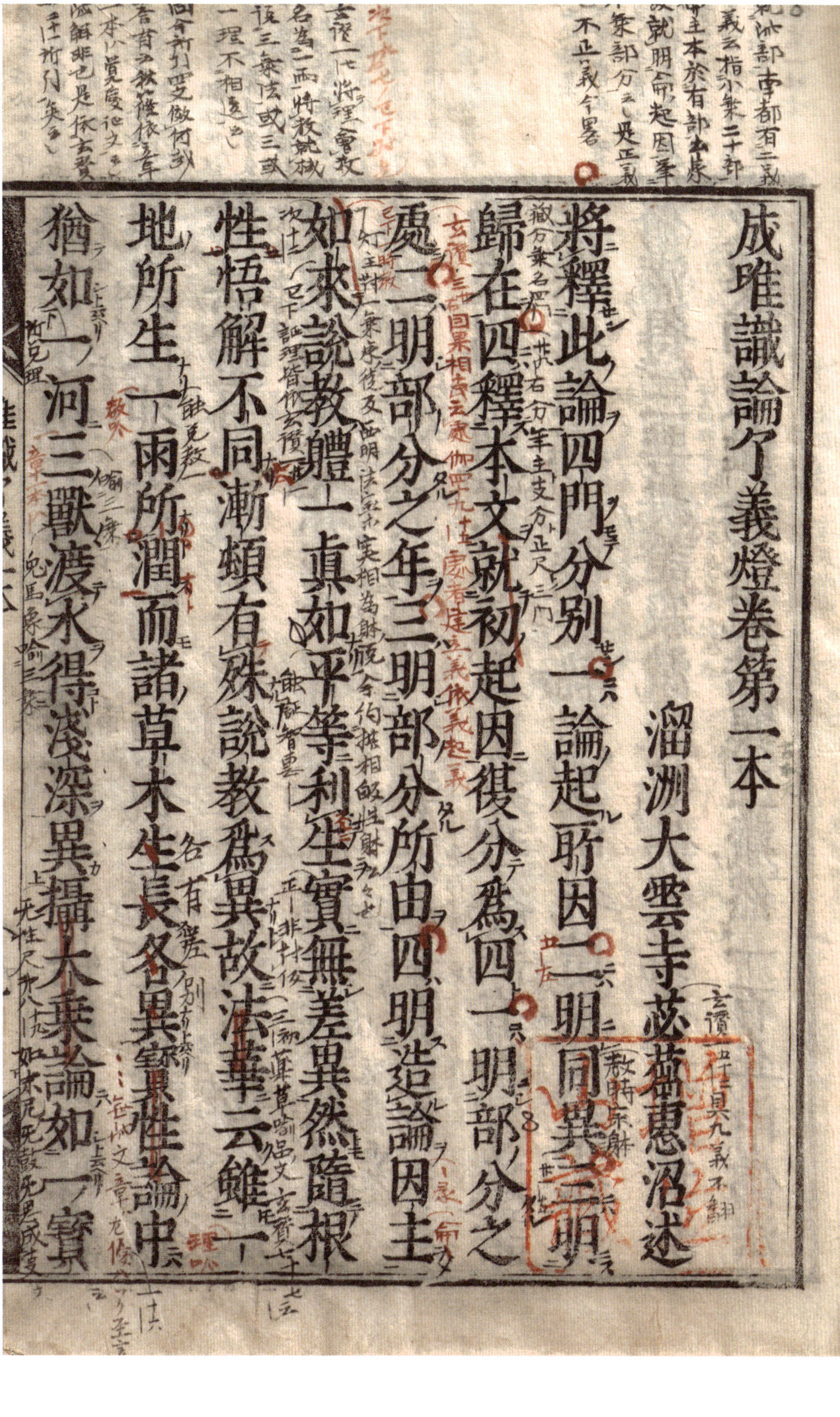

成唯識論了義燈卷第一本

淄洲大雲寺苾芻慧沼述

將釋此論四門分別一論起所因二明同異三明歸在四釋本文就初起因復分爲四一明部分之處二明部分之年三明部分所由四明造論因主如來說教體一眞如平等利生實無差異然隨根性悟解不同漸頓有殊說教爲異故法華云雖一地所生一雨所潤而諸草木生長各異寶性論中猶如一河三獸渡水得淺深異攝大乘論如一寶

024.異部宗輪論述記二卷　　(印度)世友造　〔唐〕釋玄奘譯　〔唐〕釋窺基記

日本安永三年(1774)刻本　二册一函

半框高19.5釐米，寬14.5釐米，每半葉9行19字，小字雙行字數不等，無界欄。四周單邊，上白口下黑口，無魚尾，版心中鎸書名、卷次及葉碼。

卷端題“異部宗輪論述記，世友菩薩造，唐三藏法師玄奘奉詔譯，翻經沙門基記”。卷末題“永田文昌堂”。

鈐印：“水野藏書”。

按：内有大量硃墨批校。

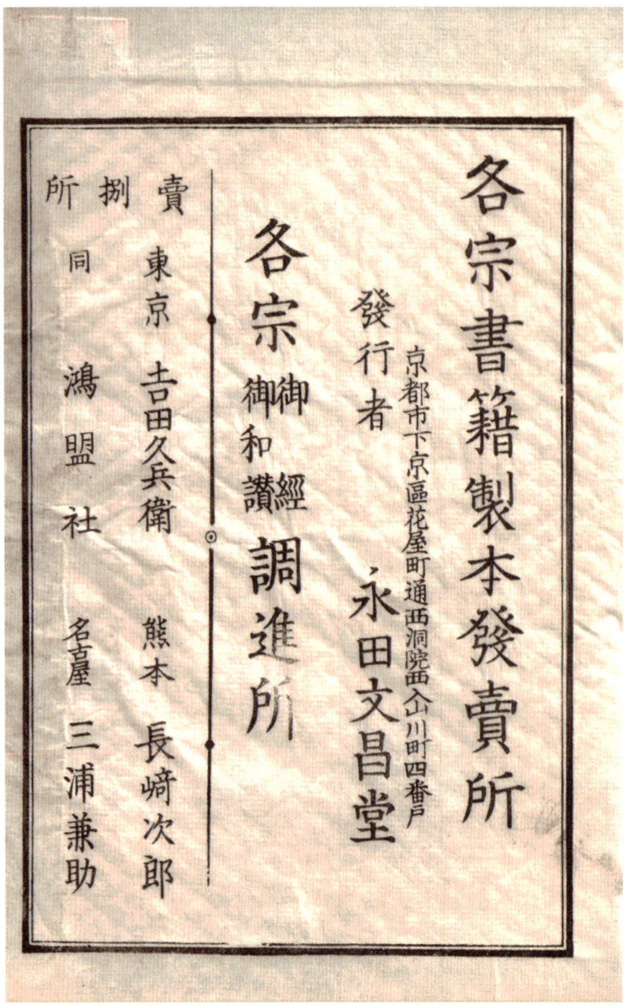
各宗書籍製本發賣所
發行者
京都市下京區花屋町通西洞院西入川町四番戸
永田文昌堂
各宗御經御和讃調進所
賣捌所
東京　吉田久兵衛
熊本　長崎次郎
同　鴻盟社
名古屋　三浦兼助

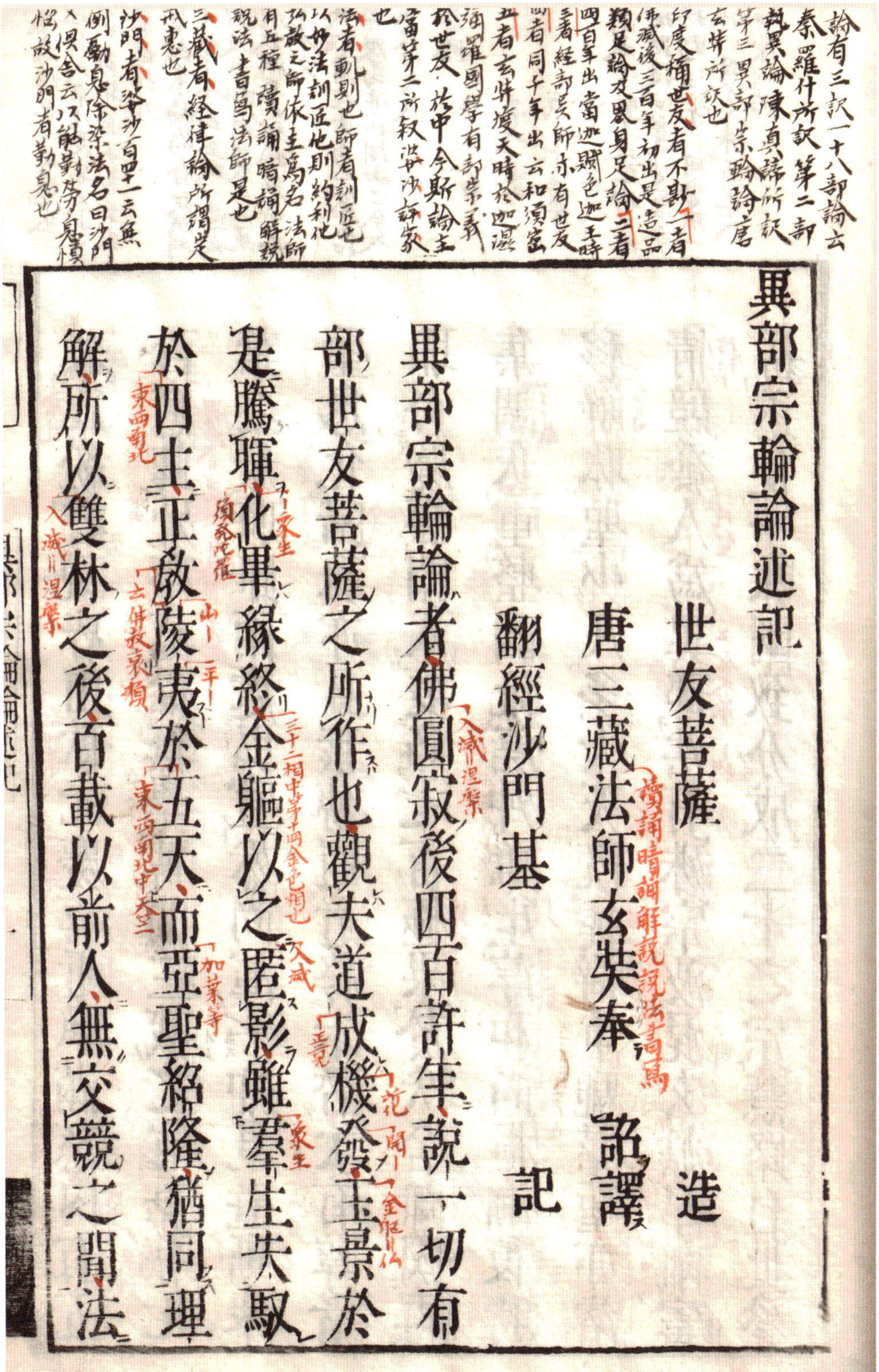

異部宗輪論述記

世友菩薩　造

唐三藏法師玄奘奉　詔譯

翻經沙門基　記

異部宗輪論者，佛圓寂後四百許年，說一切有部世友菩薩之所作也。觀夫道成機發，王景於是騰暉；化畢緣終，金軀以之匿影。雖羣生失馭於四圭，正教陵夷於五天，而亞聖紹隆，猶同理解。所以雙林之後，百載以前，人無交競之心，聞法

025.首楞嚴義疏注經十卷 〔宋〕釋子璿集

日本延寶八年（1680）刻本 五册一函

半框高21釐米，寬15釐米，每半葉8行17字，小字雙行同，無界欄。四周單邊，黑口，雙花魚尾，版心中鎸“首楞注經”、卷次及葉碼。

卷端題“首楞嚴義疏注經，長水沙門子璿集”。卷末題“延寶八庚申歲五月吉祥日開板，村井九良兵衛”。

按：内有大量硃墨批校。

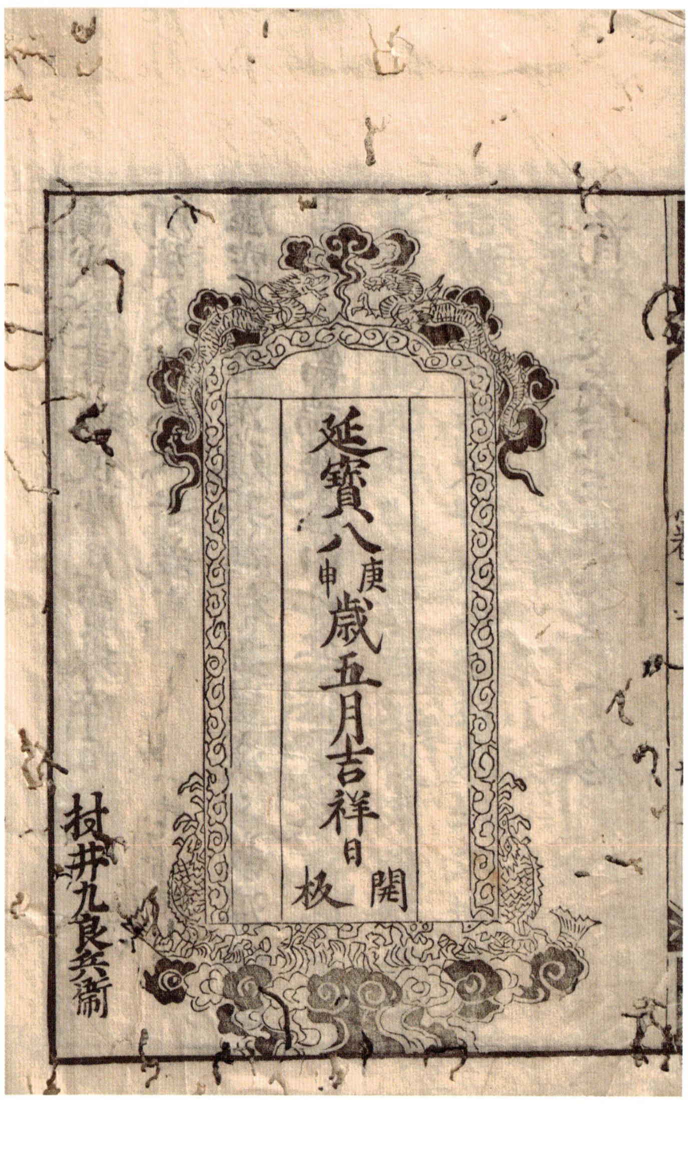

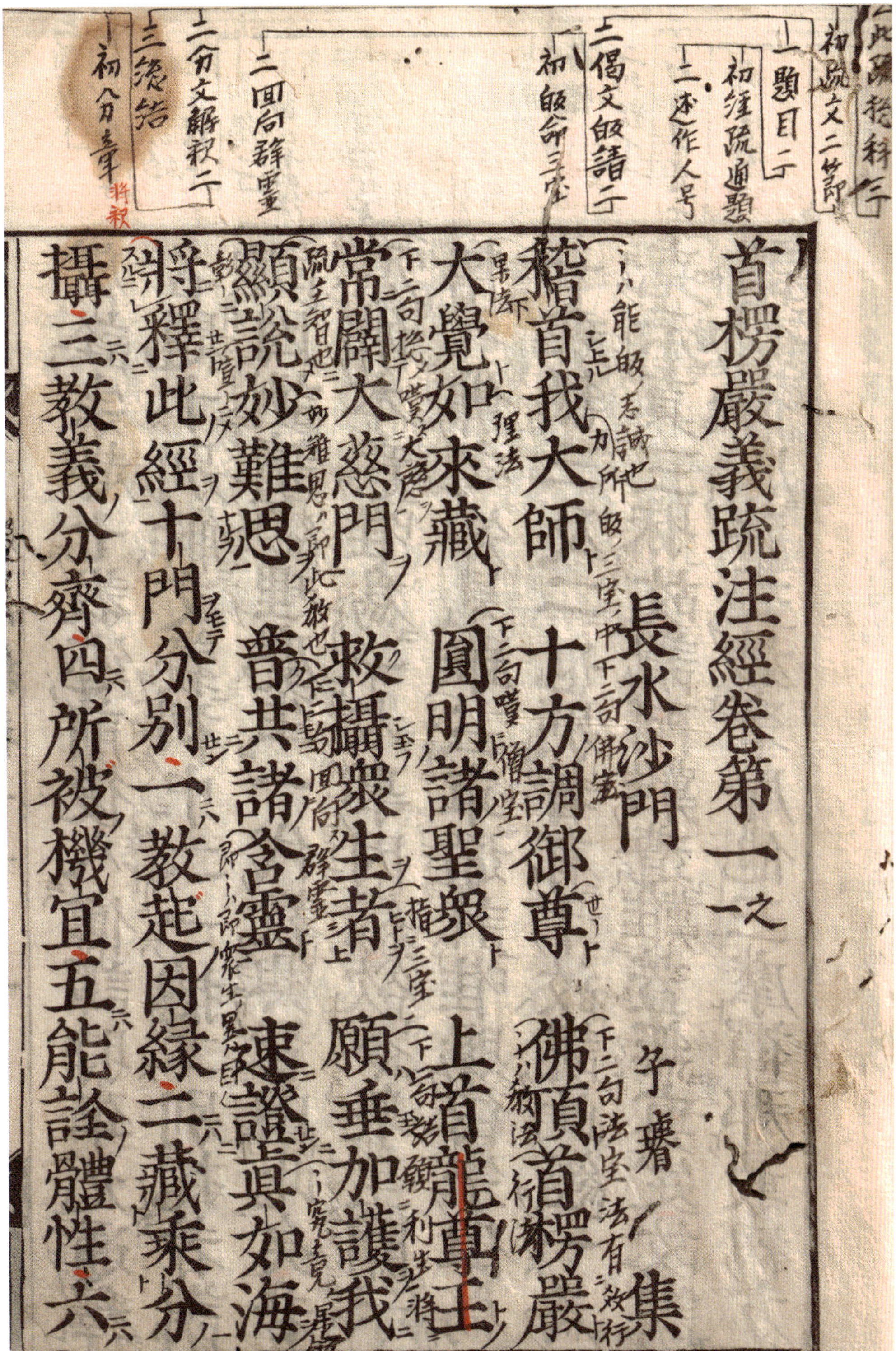
首楞嚴義䟽注經卷第一之一

長水沙門　子璿　集

稽首我大師　十方調御尊　佛頂首楞嚴

大覺如來藏　圓明諸聖衆　上首龍尊王

常闢大慈門　救攝衆生者　願垂加護我

顯說妙難思　普共諸含靈　速證真如海

將釋此經十門分別一教起因緣二藏乘分

攝三教義分齊四所被機宜五能詮體性六

026.四念處四卷　〔隋〕釋智顗撰　

日本元文二年（1737）刻本　一册一函

半框高21釐米，寬15釐米，每半葉10行20字，小字雙行同，無界欄。四周單邊，白口，雙花魚尾，版心中鎸書名、卷次及葉碼。

卷端題“四念處，天台山修禪寺智者大師説”。卷末題“元文二丁巳正月吉日，日野屋六兵衛、木村市郎兵衛”。

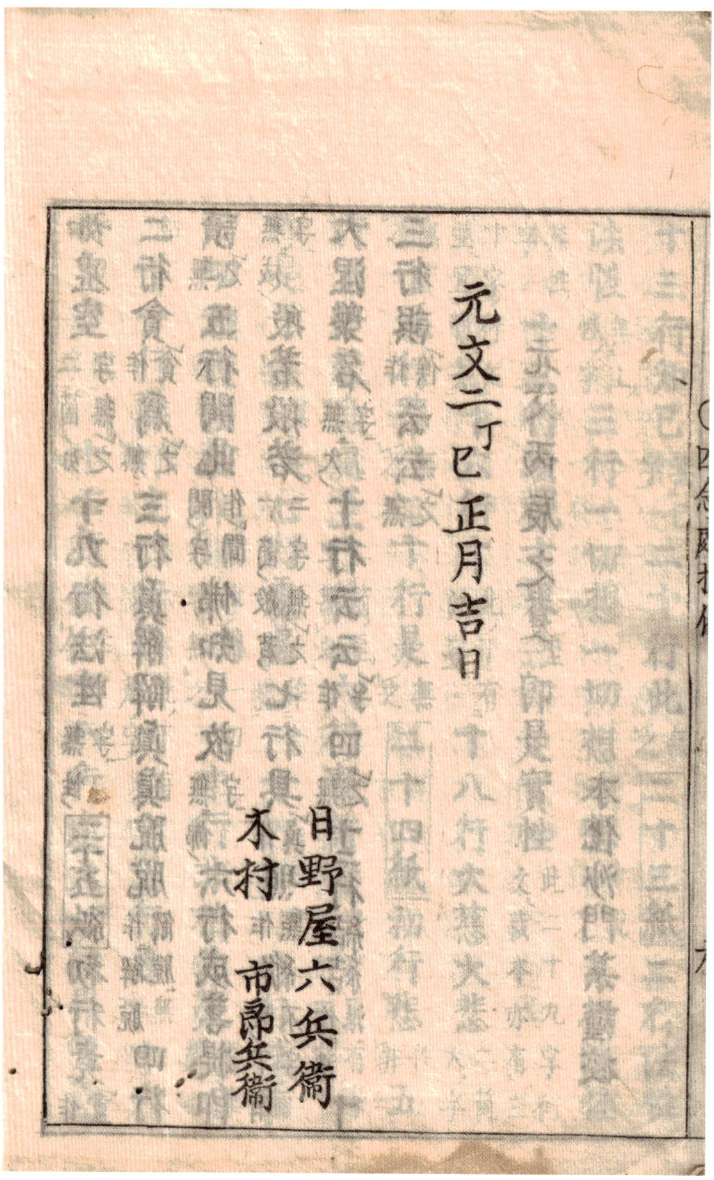

四念處卷第一
天台山修禪寺智者大師說
一切諸法皆不可思議不可思想圖度不可言語商
略何以故言語道斷故不可議心行處滅故不可思
大經云生生不可說生不生不可說不生生不可說
不生不生不可說既不可說亦不可思大品云色不
可說乃至識不可說眼不可說乃至意不可說色不
可說乃至法不可說眼界不可說乃至法界不可說
當知五陰十二入十八界皆不可說此指俗諦不可
說也四念處不可說乃至根力覺道皆不可說須陀

027.法界次第初門三卷　〔隋〕釋智顗撰　

日本天和二年（1682）刻本　三册一函

半框高21.5釐米，寬14釐米，每半葉10行20字，小字雙行同，無界欄。四周單邊，上白口下黑口，無魚尾，版心中鎸書名、卷次，下鎸葉碼。

卷端題“法界次第初門，陳隋國師智者大師撰”。卷末題“皇都書林，藤井文政堂山城屋佐兵衛”。

鈐印：“亮海藏書”“亮”。

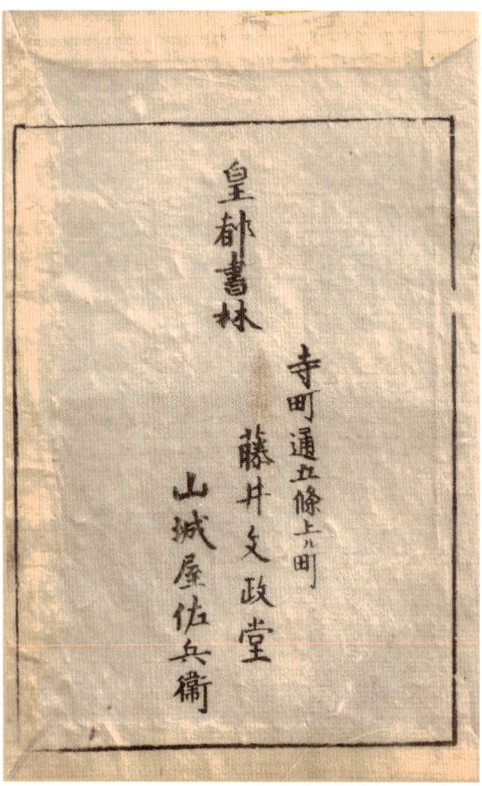
皇都書林
寺町通五條上ル町
藤井文政堂
山城屋佐兵衛

法界次第初門卷上之上

陳隋國師智者　大師　撰

名色初門第一

自第一至第十二因縁中ノ無明行識名色ノ釈

一名〇二色

今辨法界初門先從名色而始者至論諸法本原清淨絶名離相尚非是一何曾有二不二而辨其二者以行者初受一期妄報歌羅邏時但有名色二法當知名色即是一切世間出世間法之根本能生一切法普攝一切法即是一切法本若諸大聖分別說一切法門皆約名色而分別之無有一法出於名色故

十信　十心
十住　四十
十行　前
十回向　地　上人
十地　上
等覚　地　聖人
妙覚　大聖

028.天台法華疏義纘六卷 〔唐〕釋智度述 BQ2055.Z45 1658

日本明曆四年（1658）中野五郎左衛門刻本 六册一函

半框高22釐米，寬16釐米，每半葉10行20字，小字雙行同，無界欄。四周單邊，白口，雙花魚尾，版心中鎸“東春”、卷次及葉碼。

卷端題“天台法華疏義纘，東春沙門智度述”。卷末題“明曆四戊戌年仲秋，中野五郎左衛門刊”。

鈐印：“亮應”。

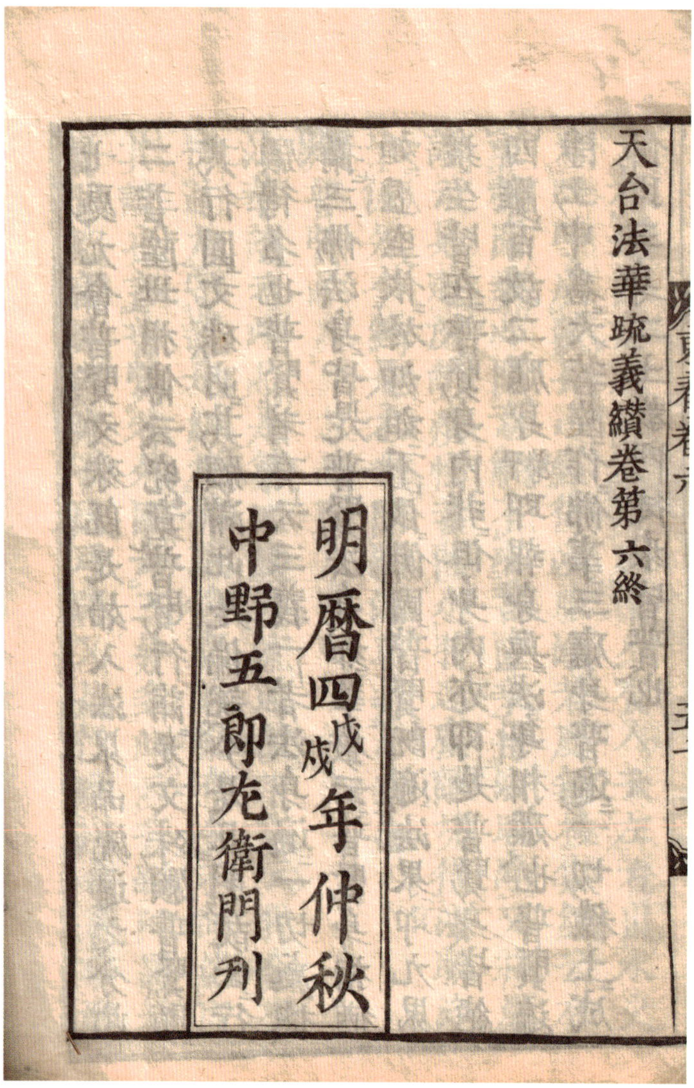

大嶌山什物

天台法華疏義續卷第一　東春沙門　智度述

釋此經題五門分別謂名體宗用教相初名者是摠躰宗用是別雖有體等名爲妙故別即摠雖是一妙名而具躰等三故摠即別別於摠摠於別俱名妙法也玄文寄教約行者辨其次第耳序品云必是知今佛欲說法華經是名助發實相義是躰雨法雨是宗斷三乘疑悔是用此約尋名得躰證躰須宗了極有用用即斷疑此從自行辨次第也神力品寄教者文云如來所有一切諸法是名自在神力是用秘要之藏是躰甚深之事是宗此約化他門故用居第

029.**天台四教儀一卷**　（高麗）釋諦觀録

日本明治十五年（1882）刻本　一册一函

半框高22釐米，寬16釐米，每半葉10行15字，小字雙行同，無界欄。四周單邊，白口，無魚尾，版心中鎸書名，下鎸葉碼。

内封題“天台四教儀，東叡山原版，東京千鍾房藏”。卷端題“天台四教儀，高麗沙門諦觀録”。卷末題“明治十五年十二月出版”。

鈐印：“空傳”“北圃氏千鍾房正本記”。

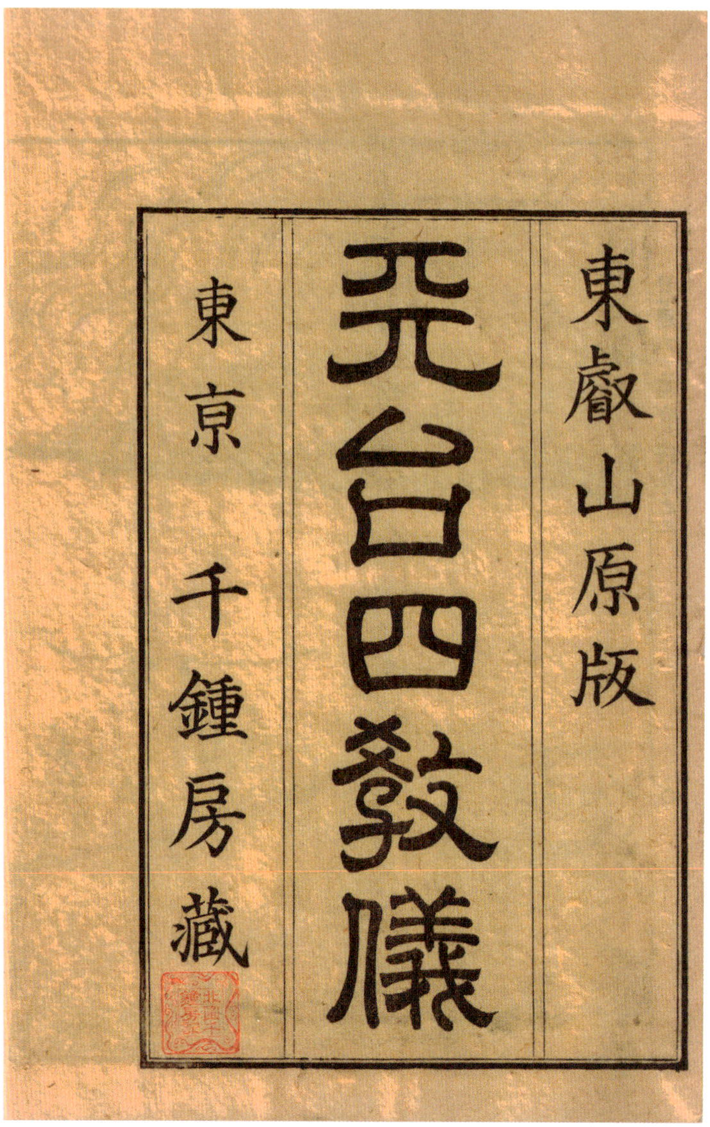

釋此四教文分爲二
初題目二
初所録題目
二能録人名
二本文分三
初敘法義散廣二
二略録綱要○
三結勸○
初正敘二
初總示二
初能立教主
二所用判釋
二別列二
初五時三
初牒前標名
二列示
三結

天台四教儀

高麗沙門　諦觀　録

天台智者大師

以五時八教判釋東流一代聖教罄無不盡

言五時者

一華嚴時二鹿苑時説四阿含三方等時説維摩思益楞伽楞嚴三昧金光明勝鬘等經四般若時説摩訶般若光讚般若金剛般若大品般若等諸般若經五法華涅槃時

是爲五時亦名五味

030.十不二門指要鈔會本二卷 〔宋〕釋知禮述 BQ9118.Z435 S55 1685

日本貞享二年（1685）刻本 二册一函

半框高21釐米，寬15.5釐米，每半葉10行20字，小字雙行同，無界欄。四周單邊，白口，雙黑魚尾，版心中鎸"指要鈔"，下鎸葉碼。

卷端題"十不二門指要鈔會本，宋四明沙門知禮述"。卷末題"書林涉川清右衛門"。

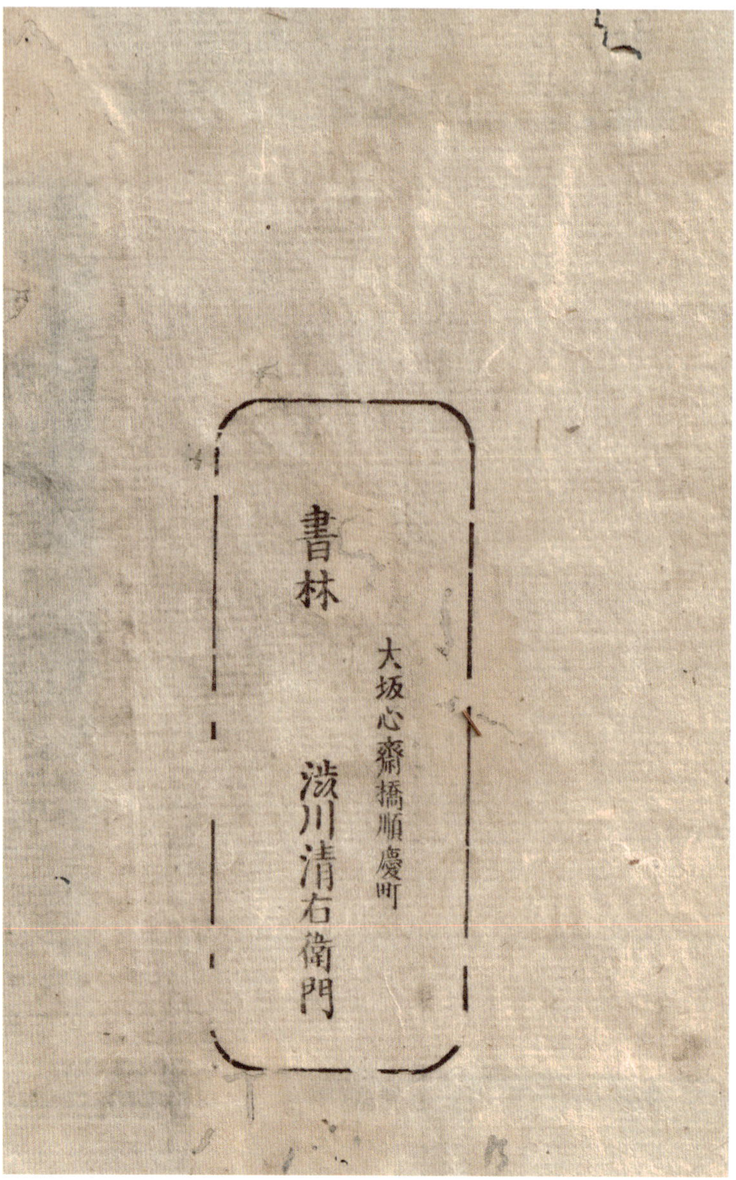

十不二門指要鈔會本卷上 并序

宋四明沙門知禮述

十不二門者本出釋籤豈須鈔解但斯宗講者或示或註著述云云而事理未明解行無託荊谿妙解翻隱於時天台圓宗罔益下物爰因講次對彼釋之命爲指要鈔蓋指介爾之心爲事理解行之要也聊備諸生温習敢期達士披詳時大宋景德元年歲在甲辰正月九日叙

鈔曰此文題目多本不同或云法華本迹十妙不二門或無本迹二字有唯云玄文十不二門此或

031.十不二門指要鈔會本二卷　〔宋〕釋知禮述　

日本明治十九年（1886）刻本　二册一函

半框高19.5釐米，寬13.5釐米，每半葉10行20字，無界欄。四周雙邊，上白口下黑口，無魚尾，版心中鎸書名、卷次及葉碼。

内封題“十不二門指要抄會本，明治十九年十月翻刻，佛籍書鋪森江擁萬閣、出雲寺松柏堂合梓”。卷端題“十不二門指要鈔會本，宋四明沙門知禮述”。卷末題“翻刻出版人森江佐七，出雲寺文次郎”。

鈐印：“吉田家藏本印”“森江藏版印”。

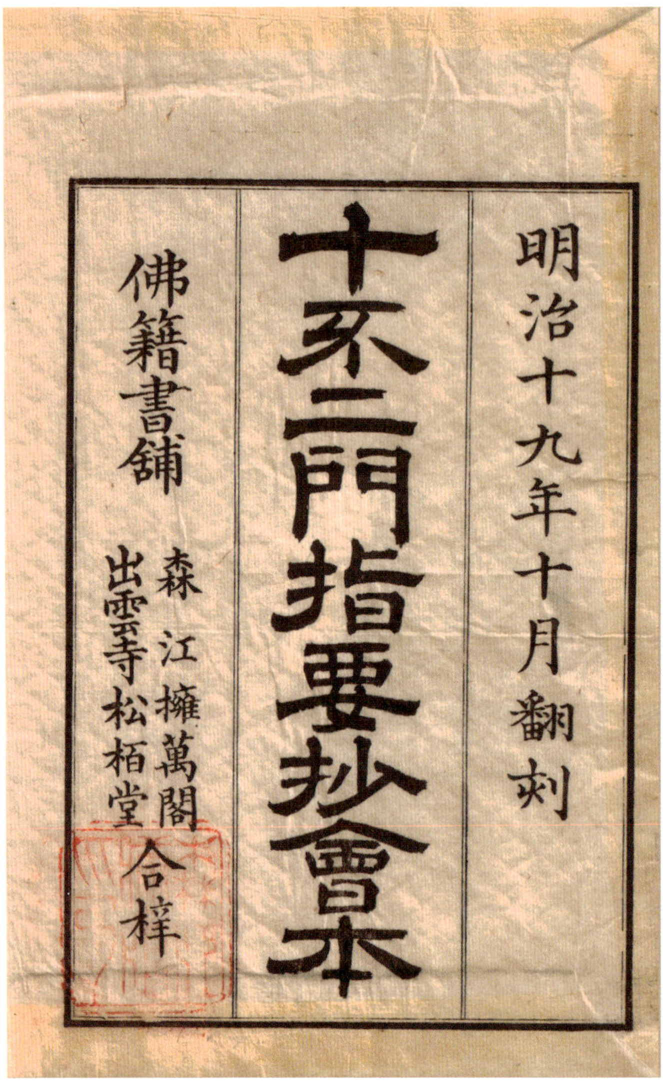

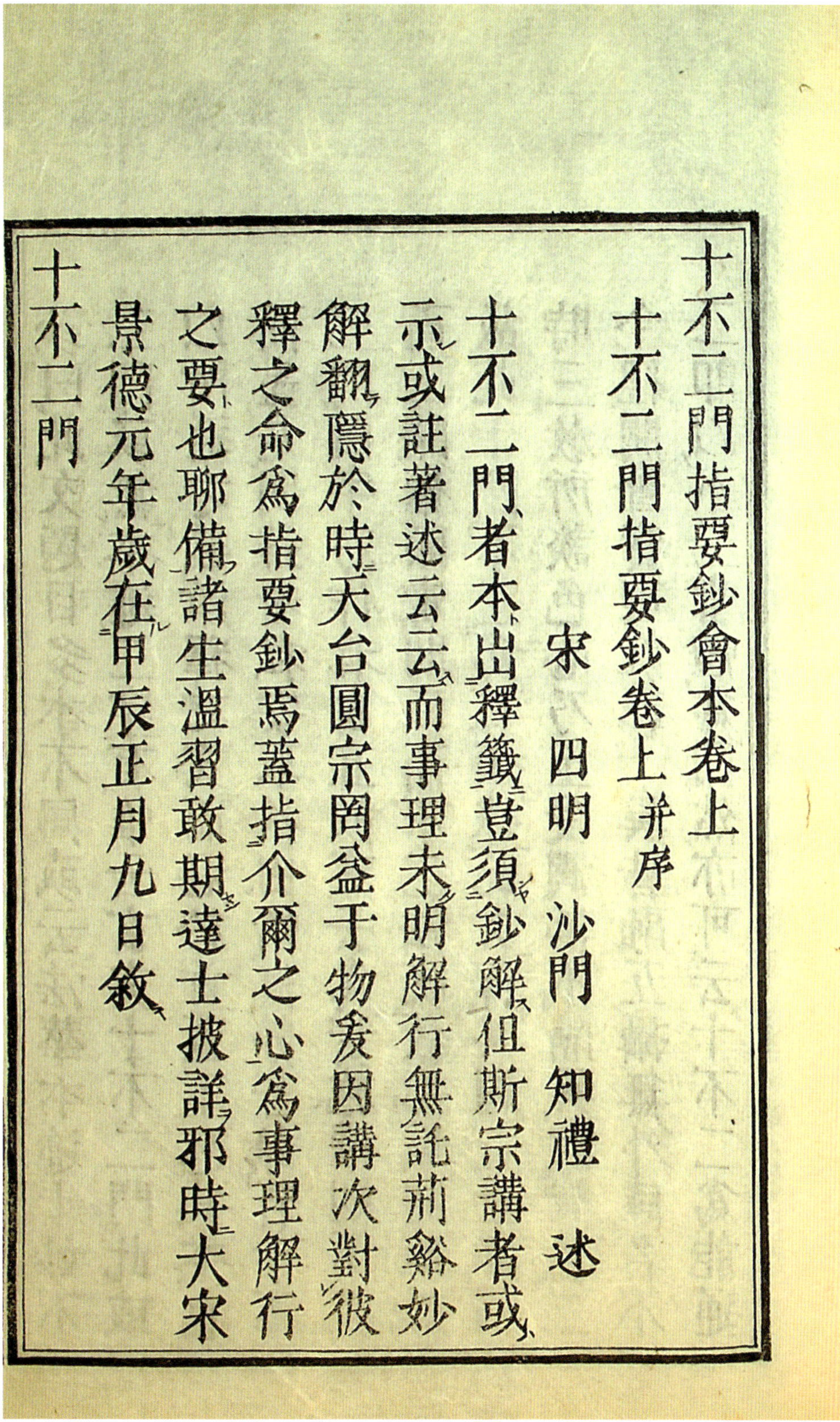
十不二門指要鈔會本卷上

十不二門指要鈔卷上 并序

宋 四明 沙門 知禮 述

十不二門者本出釋籤豈須鈔解但斯宗講者或示或註著述云云而事理未明解行無託荊谿妙解翻隱於時天台圓宗罔益于物爰因講次對彼釋之命爲指要鈔焉蓋指介爾之心爲事理解行之要也聊備諸生溫習敢期達士披詳邪時大宋景德元年歲在甲辰正月九日敘

十不二門

032.十不二門指要鈔詳解二卷　〔唐〕釋湛然釋籤　〔宋〕釋可度詳解

日本天和二年（1682）刻本　四册一函

半框高21釐米，寬14釐米，每半葉10行20字，小字雙行同，無界欄。四周單邊，上白口下黑口，無魚尾，版心上鎸"詳解"，中鎸卷次、葉碼。

卷端題"十不二門指要鈔詳解，唐荆溪尊者湛然釋籤，宋武林沙門可度詳解，宋四明尊者知禮鈔，明天台後學正謐分會"。卷末題"天和二壬戌年小春上旬日開板"。

鈐印："德風藏"。

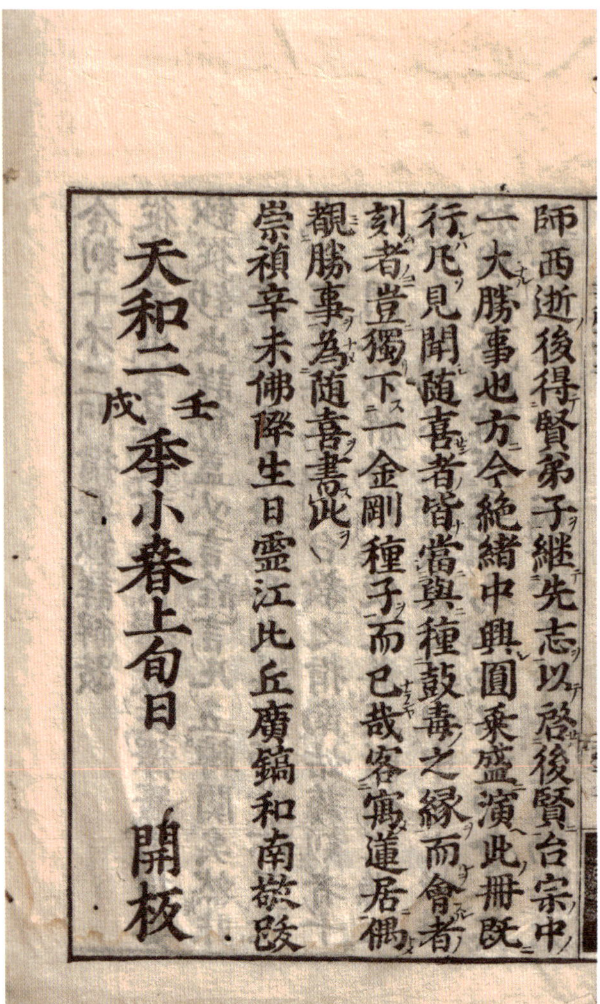
師西逝後得賢弟子繼先志以啓後賢台宗中
一大勝事也方今絕緒中興圓乘盛演此册既
行凡見聞隨喜者皆當與種鼓毒之緣而會者
刻者豈獨下一金剛種子而已哉客寓蓮居偶
覩勝事為隨喜書此
崇禎辛未佛降生日靈江比丘廣鎬和南敬跋
天和二壬戌年小春上旬日　開板

十不二門指要鈔詳解卷第一上

唐荊溪尊者湛然釋籤　宋武林沙門可度詳解

宋四明尊者知禮　鈔　明天台後學正謐分會

初釋題二　初正釋題

十不二門指要鈔 并序

【詳解】上四字是所釋下三字是能釋上六字是別別在今題鈔字是通通於諸鈔上四字入文委釋指要二字本序自明鈔字如向卷者卷舒爲義文凡二卷故以上下甄之并序者撫華鈔云疏題兼目於序故云并也蓋序後不再列題目故 文 能述人

033.四明十義書二卷　〔宋〕釋知禮述　

日本延寶九年（1681）刻本　二册一函

半框高19釐米，寬13釐米，每半葉10行19字，小字雙行字數不等，無界欄。四周單邊，白口，單黑魚尾，版心中鎸"義書"、卷次，下鎸葉碼。

卷端題"四明十義書"。卷末題"延寶九年辛酉中秋吉旦，中野孫三郎、村田勝五郎板行"。

鈐印："領勝寺大藏書""東壁""北天"等。

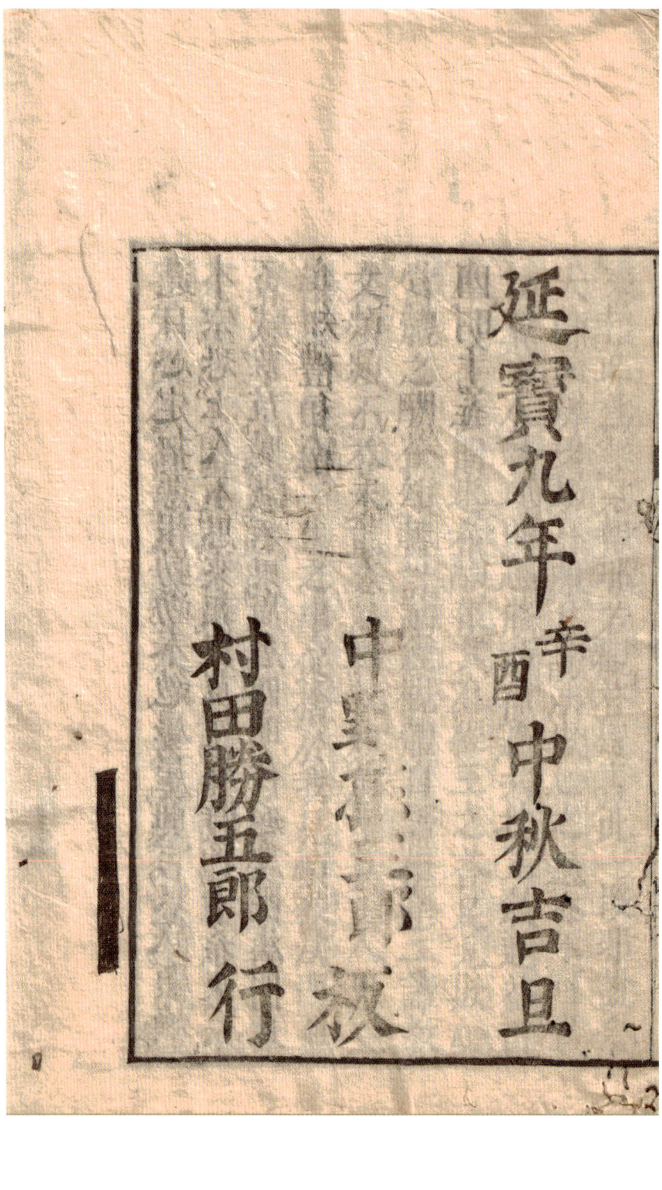

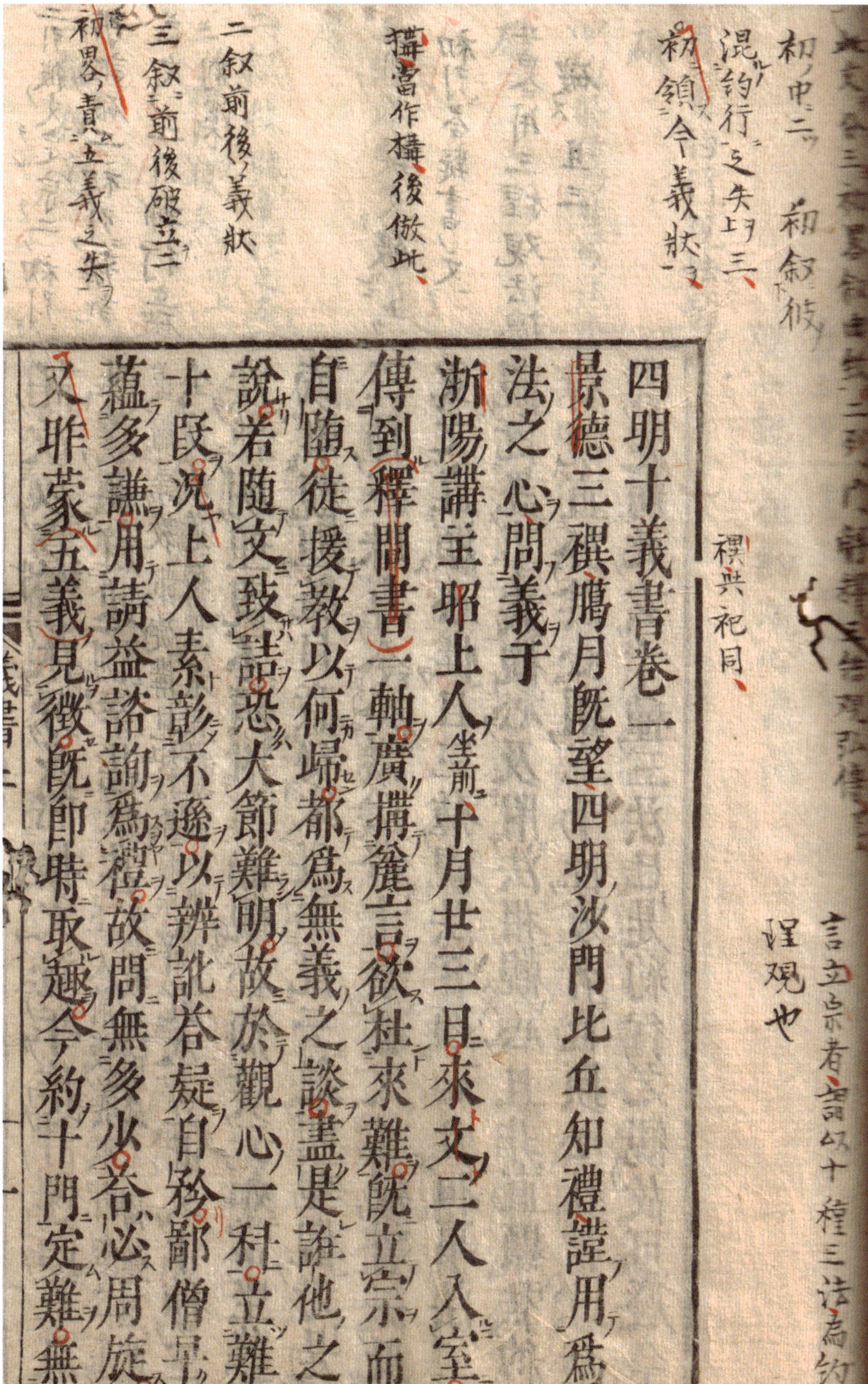

四明十義書卷一
景德三祀臈月既望四明沙門比丘知禮謹用爲
法之心問義于
浙陽講主昭上人坐前十月廿三日來文二人入室
傳到釋問書一軸廣搆麁言欲杜來難既立宗而
自隨徒援教以何歸都爲無義之談盡是誣他之
說若隨文致詰恐大節難明故於觀心一科立難
十段況上人素彰不遜以辨訛吝疑自矜鄙僧畢
蘊多譏用請益諮詢爲禮故問無多必吝必周旋
又非蒙五義見徵既即時取趣今約十門定難無

初中二　初叙彼
混約行之失三
初頌今義狀
攝書作構後傚此
二叙前後義狀
三叙前後破立
初略責五義之失
禩共祀同
言立宗者言以十種三法為約行
理观也

034.四明十義書二卷　〔宋〕釋知禮述　

日本元文二年（1737）刻本　二册一函

半框高17釐米，寬13.5釐米，每半葉10行18字，小字雙行字數不等，無界欄。四周雙邊，上白口下黑口，無魚尾，版心上鎸“十義書”、卷次，下鎸葉碼。

内封題“四明十義書，訂正排科，文會堂、英華堂”。卷端題“四明十義書”。卷末題“元文二丁巳年仲冬穀旦，河南四郎右衛門，京師書堂（同町）小林半兵衛敬刻”。

鈐印：“李□珍藏書畫記”“釋龍玄字羨淵”“海内一□”。

訂正排科
四明十義書
文會堂
英華堂

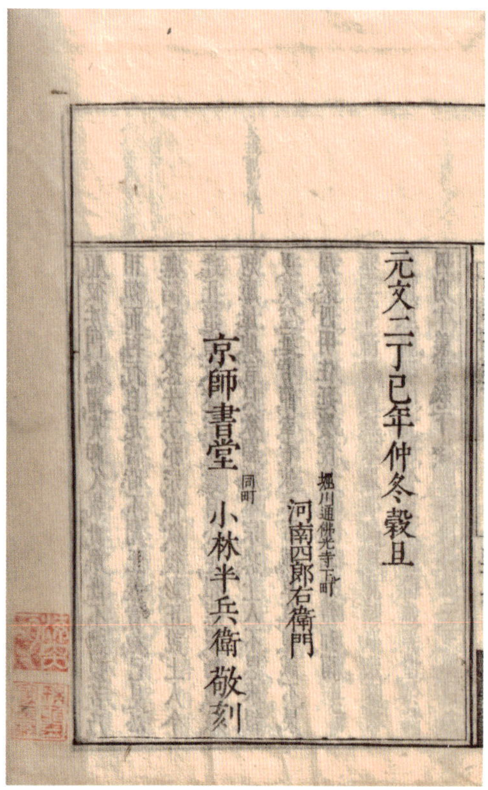
元文二丁巳年仲冬穀旦
堀川通佛光寺下町 河南四郎右衛門
京師書堂 同町 小林半兵衛敬刻

釋十義書文分三
初略敍由致
二列門解釋
三結觀弘傳
初敍彼混行之失二
初敍須今義狀
二敍前後義狀

四明十義書卷上

景德三禩臈月既望四明沙門比丘知禮謹用
爲法之心問義于
浙陽講主昭上人坐前十月廿三日來文二人
入室傳到釋問書一軸廣構麤言欲杜來難既
立宗而自臨徒侵教以何歸都爲無義之談盡
是誣他之説若隨文致詰恐大節難明故於觀
心一科立難十段
況上人素彰不遜以辨訛答疑自矜鄙僧早蘊
多謙用請益諮詢爲禮故問無多少答必周旋

035.四明十義書科一卷　〔宋〕釋繼忠述　

日本延寶九年（1681）刻本　一册一函

半框高20釐米，寬13釐米，每半葉9行，行字不等，無界欄。四周單邊，黑口，單黑魚尾，版心中鎸書名，下鎸葉碼。

卷端題“四明十義書科，永嘉沙門釋繼忠述”。

鈐印：“李□珍藏書畫記”“釋龍玄字羡淵”“海内一□”。

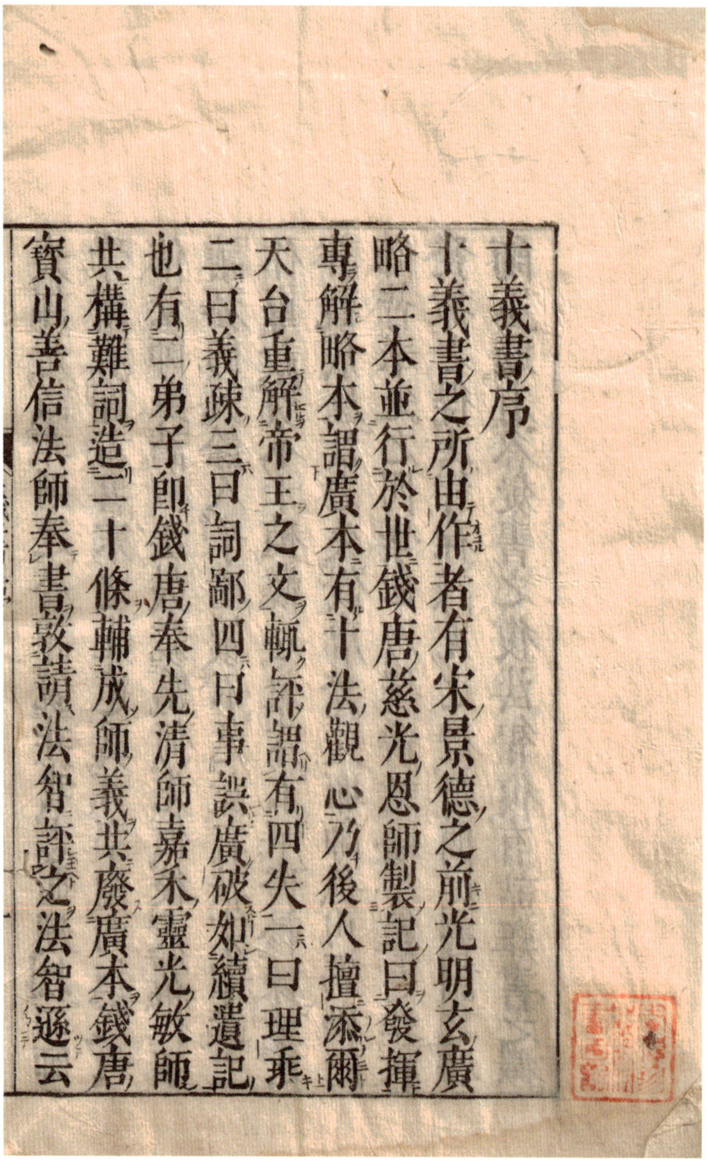

十義書序

十義書之所由作者有宋景德之前光明玄廣略二本並行於世錢唐慈光恩師製記曰發揮專解略本謂廣本有十法觀心乃後人擅添爾天台重解帝王之文輒所詰有四失一曰理乖二曰義疎三曰詞鄙四曰事誤廣破如續遺記也有二弟子即錢唐奉先清師嘉禾靈光敏師共構難詞造二十條輔成師義共廢廣本錢唐寶山善信法師奉書敦請法智評之法智遜云

四明十義書科

永嘉沙門釋繼忠　述

釋十義書文分三
- 初略敘由致二
  - 初敘彼混約行之失三
    - 初敘領全義抉　京
    - 二敘前後義抉　究
    - 三敘前後破立三
      - 初略責五義之失　文
      - 二引彼文定宗二
  - 二敘彼昧事法之乇三
    - 初引彼文　況
    - 二難彼意　且
    - 三結前後　所
- 二列門解釋二
  - 初列十義章目一
  - 二依十義解釋十
    - 初引辨訛文破三
      - 初引辨訛之文　辨
- 三結觀弘傳　切

036.修華嚴奧旨妄盡還源觀一卷 〔唐〕釋法藏述 BQ1625.F322 1650

日本慶安三年（1650）刻本 一册

半框高21釐米，寬18釐米，每半葉10行17字，無界欄。四周單邊，白口，單黑魚尾，版心中鎸"妄盡"，下鎸葉碼。

卷端題"修華嚴奧旨妄盡還源觀，京大薦福寺翻經沙門法藏述"。卷末題"慶安三稔六月於槙尾平等心王院"。

鈐印："空傳"。

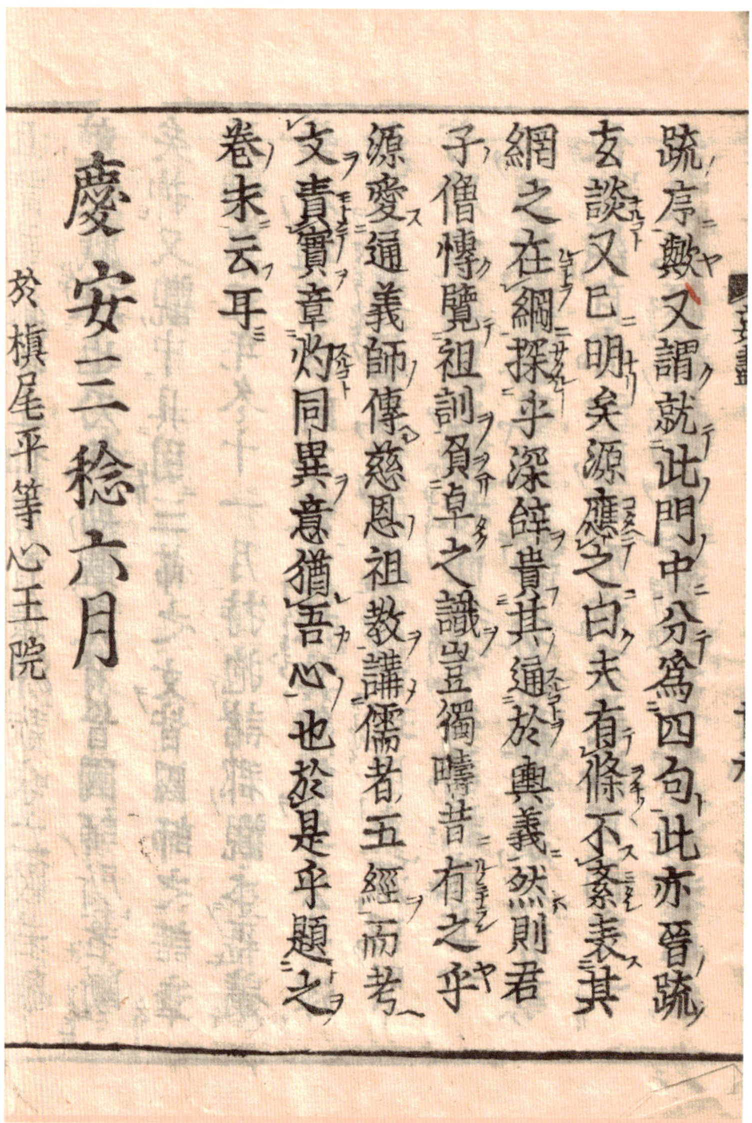

脩華嚴奧旨妄盡還源觀 并序

京大薦福寺翻經沙門　法藏述

夫滿教難思窺一塵而頓現圓宗叵測覩纖毫以齊彰然用就體分非無差別之勢事依理顯自有一際之形其猶病起藥興妄生智立病妄則藥妄舉空拳以止啼心通則法通引虛空而示徧既覺既悟何滯何通百非息其攀緣四句絕其增減故得藥病雙泯靜亂俱融消能所以入玄宗泯性相而歸法界竊見玄網浩瀚妙旨希微覽之者詎究其源尋

037.華嚴經旨歸一卷 〔唐〕釋法藏述

日本明曆二年（1656）刻本 一册

半框高22釐米，寬16釐米，每半葉9行19字，無界欄。四周雙邊，白口，雙花魚尾，版心中鐫“華嚴旨歸”、葉碼。

卷端題“華嚴經旨歸，京地西崇福寺沙門法藏述”。卷末題“藤井佐兵衛”。

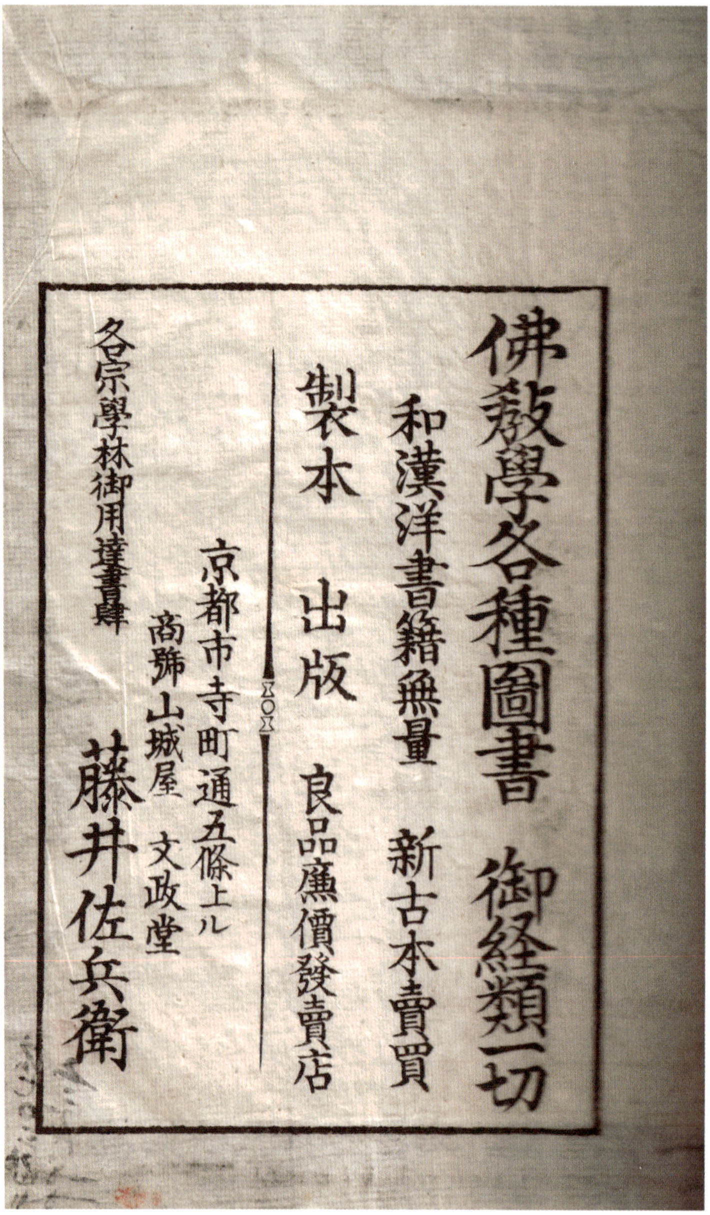

華嚴經旨歸一卷

京地西崇福寺沙門　法藏　述

夫以主教圓遍盡虛空於塵刹帝珠方廣攬法界於毫端無礙鎔融盧舍那之妙境有崖斯泯普賢眼之玄鑒浩汗微言實叵尋其旨趣宏深法海尤罕測於宗原今略舉大綱開茲十義撮其機要稱曰旨歸庶採玄之士粗識其致焉

一說經處　二說經時　三說經佛　四說經衆

五說經儀　六辯經教　七顯經義　八釋經意

038.華嚴五十要問答二卷　〔唐〕釋智儼集　

日本元禄八年（1695）刻本　二册一函

半框高20釐米，寬14釐米，每半葉10行20字，小字雙行同，無界欄。四周雙邊，上白口下黑口，無魚尾，版心中鎸書名、卷次，下鎸葉碼。

卷端題“華嚴五十要問答，大唐終南太一山至相寺沙門智儼集”。卷末題“元禄八年歲集乙亥初夏穀日，書林井上忠兵衛壽梓”。

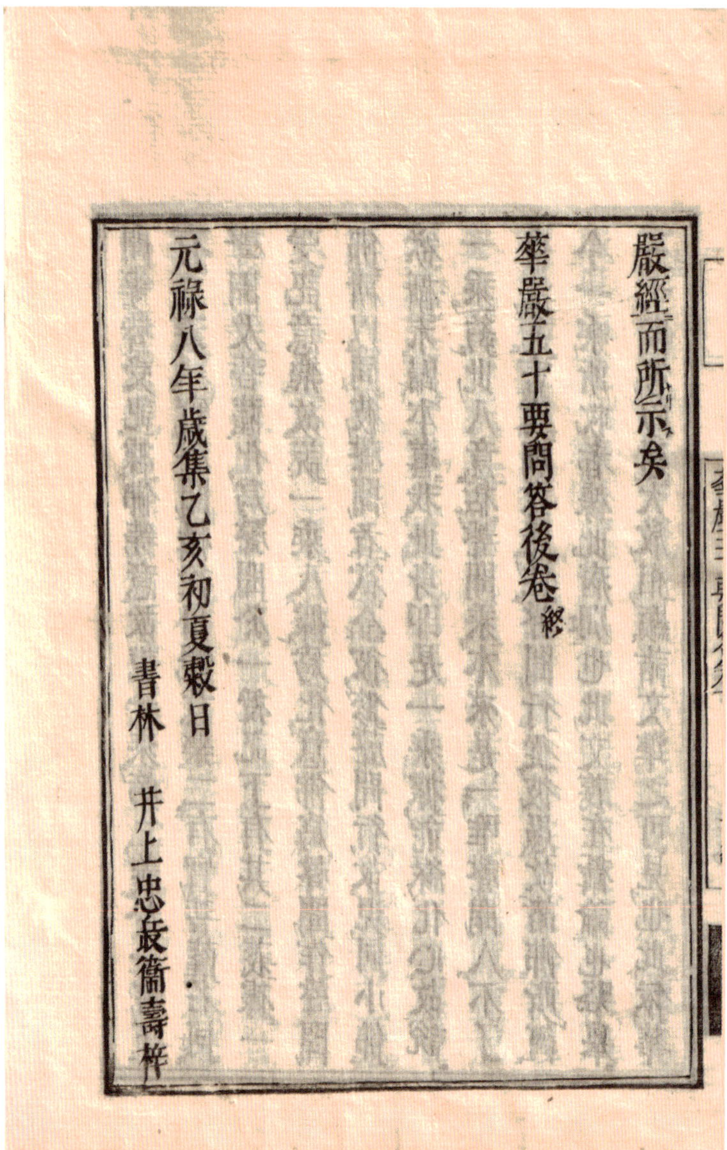
嚴經而所示矣
華嚴五十要問答後卷終
元祿八年歲集乙亥初夏穀日
書林　井上忠兵衛壽梓

華嚴五十要問答初卷

大唐終南太一山至相寺沙門　智儼集

今建五十要問答以顯一乘文義節

□一三十佛及名義　離世間品中釋

問云何見佛及佛名數一乘三乘小乘等教中不同義答依小乘教見色身佛三十二相等則是實見眼根與境同時相應見實色相名爲見佛若依三乘見佛實色身等三十二相不名見佛由與分別偏計合故假使見可以之相即是謂似亦非見佛若知無性無來去相即色是空非色滅空等不如所謂是名見佛由與佛體相應故依一乘教見

039.佛果圜悟禪師碧巖録十卷　〔宋〕釋克勤撰　

日本安政六年（1859）刻本　二册一函

半框高18.5釐米，寬12.5釐米，每半葉11行21字，小字單行同，無界欄。四周單邊，白口，單黑魚尾，版心上鎸“碧巖集”、卷次，下鎸葉碼。

内封題“圜悟碧巖集，宗門第一書，大日本濃州路瑞龍僧堂，天澤禪菴藏板”。卷端題“佛果圜悟禪師碧巖録，師住澧州夾山靈泉禪院評唱，雪竇顯和尚頌古語要”。卷末題“安政第六龍集己未仲秋再鎸成，禪家書林柳枝軒方行”。

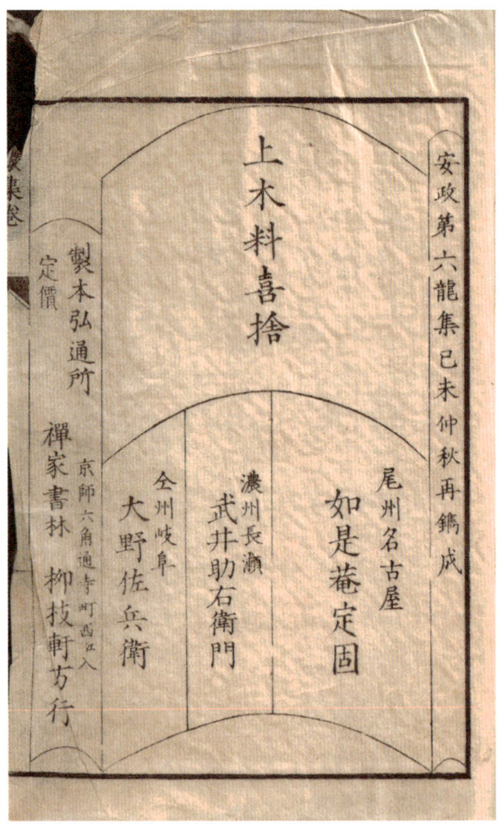

佛果圜悟禪師碧巖錄卷第一

師住澧州夾山靈泉禪院評唱

雪竇顯和尚頌古語要

垂示云隔山見煙早知是火隔牆見角便知是牛舉一明三目機銖兩是衲僧家尋常茶飯至於截斷衆流東湧西沒逆順縱橫與奪自在正當恁麼時且道是什麼人行履處看取雪竇葛藤

〔一〕舉梁武帝問達磨大師說這不唧𠺕漢如何是聖諦第一義是甚繫驢橛磨云廓然無聖將謂多少奇特箭過新羅可煞明白帝曰對朕者誰滿面慚惶強惺惺果然摸索不着磨云不識咄再來不直半文錢帝

040.禪苑瑶林注三卷　〔金〕釋志明撰　〔元〕釋德諫注　

日本寬永十六年(1639)刻本　三册一函

半框高21釐米,寬15.5釐米,每半葉8行18字,小字雙行同,無界欄。四周雙邊,黑口,三黑魚尾,版心中鎸"禪苑"、卷次,下鎸葉碼。

卷端題"禪苑瑶林注,燕京大萬壽寺無諍德諫注,少林樂真子志明撰"。卷末題"寬永十六己卯歲五月吉辰,田原仁左衛門梓行"。

鈐印:"哈佛大學漢和圖書館珍藏印""中川氏藏"。

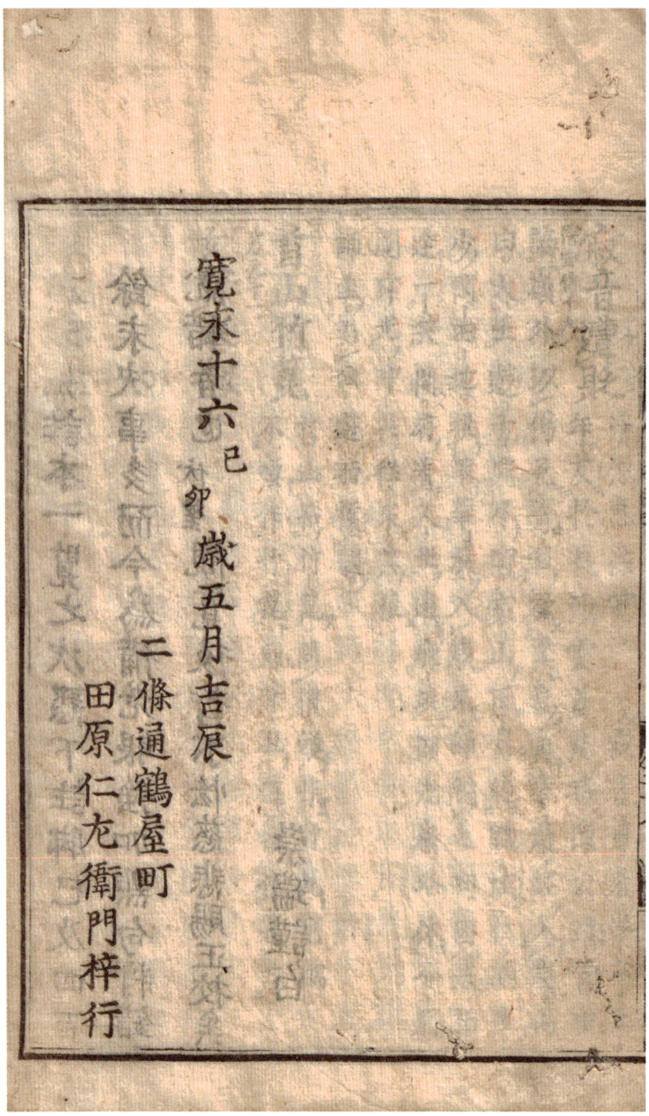

寛永十六己卯歲五月吉辰
二條通鶴屋町
田原仁左衛門梓行

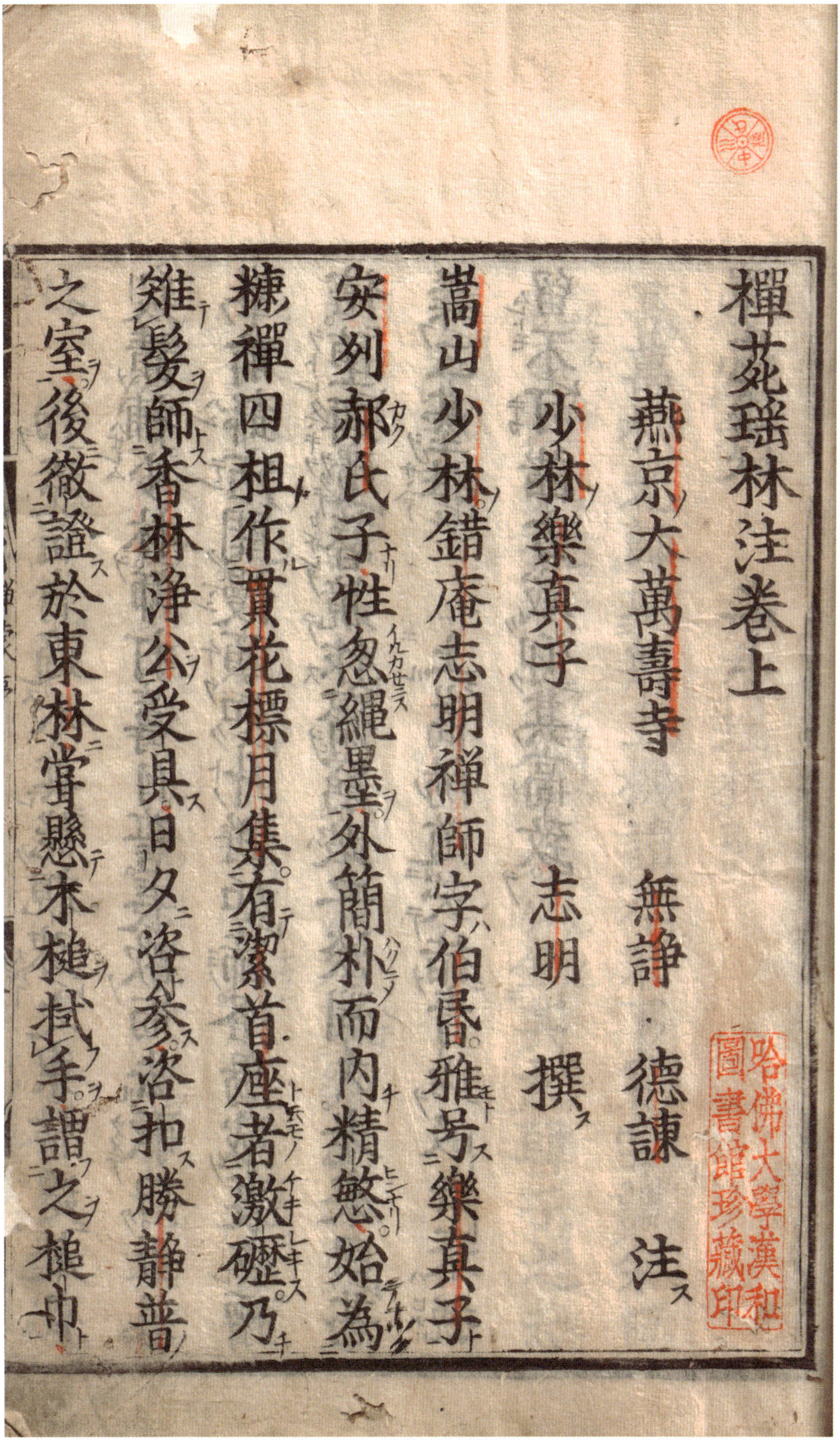

禪苑瑤林注卷上

燕京大萬壽寺　無諍・德諫　注

少林樂真子　志明　撰

嵩山少林。錯庵志明禪師字伯昏。雅号樂真子。安州郝氏子。性忽繩墨。外簡朴而内精慤。始為糠禪四祖。作貫花標月集。有潔首座者激礪。乃雉髮師香林淨公受具。日夕咨参。洛扣勝静普之室。後徹證於東林。掌懸木槌拭手。謂之槌巾

041.净土十疑論一卷 〔隋〕釋智顗撰 BQ8515.Z45 1681

日本延寶九年（1681）刻本 一册一函

半框高20釐米，寬15釐米，每半葉9行20字，無界欄。四周單邊，白口，雙白魚尾，版心上鎸“净土十疑”，下鎸葉碼。

卷端題“净土十疑論，隋天台智者大師説”。卷末題“延寶九辛酉年初春吉日，山口忠右衛門”。

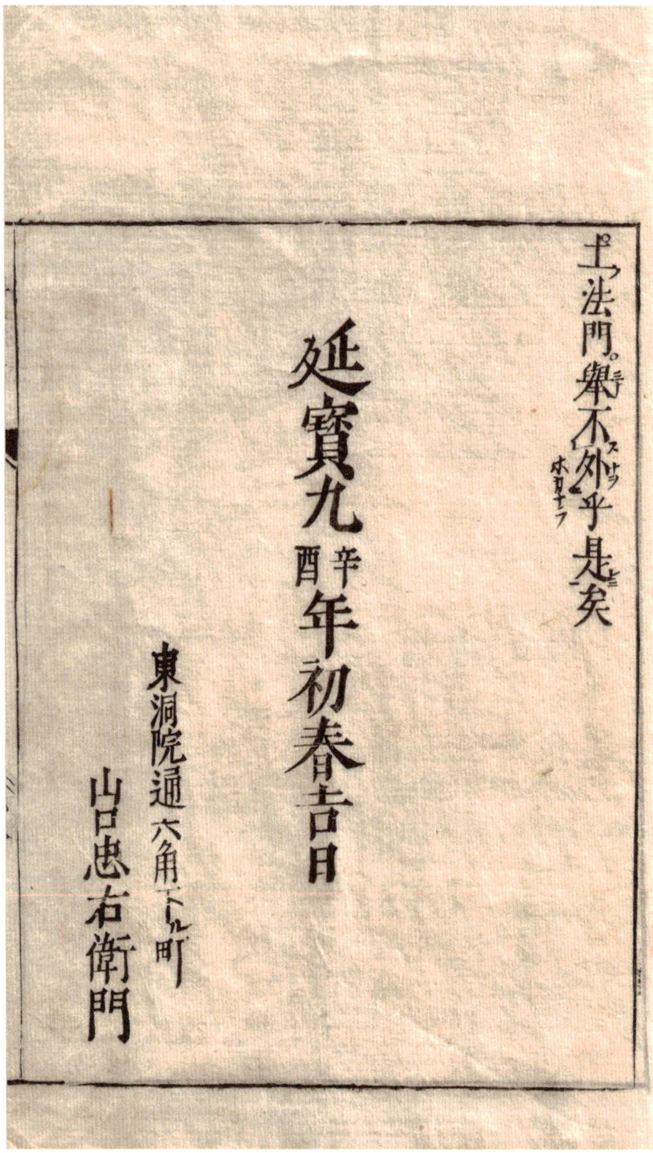

淨土十疑論

隋天台智者大師説

第一疑○問諸佛菩薩以大悲爲業若欲救度衆生
秖應願生三界於五濁三塗中救苦衆生因何求生
淨土自安其生捨離衆生則是無大慈悲專爲自利
障菩提道△答菩薩有二種一者久修行菩薩道得
無生忍者實當所責二者未得已還及初發心凡夫
菩薩者要須常不離佛忍力成就方堪處三界内於
惡世中救苦衆生爲此菩薩願云先證無生忍然後

042.安樂集上下二卷　〔唐〕釋道綽撰　

日本寬元三年（1245）刻本　一册一函

半框高21釐米，寬16釐米，每半葉9行17字，無界欄。四周雙邊，黑口，三花魚尾，版心中鎸書名、卷次，下鎸葉碼。

卷端題“安樂集，釋道綽撰”。卷末題“寬元三年乙巳仲秋日”。

鈐印：“嶺貫”。

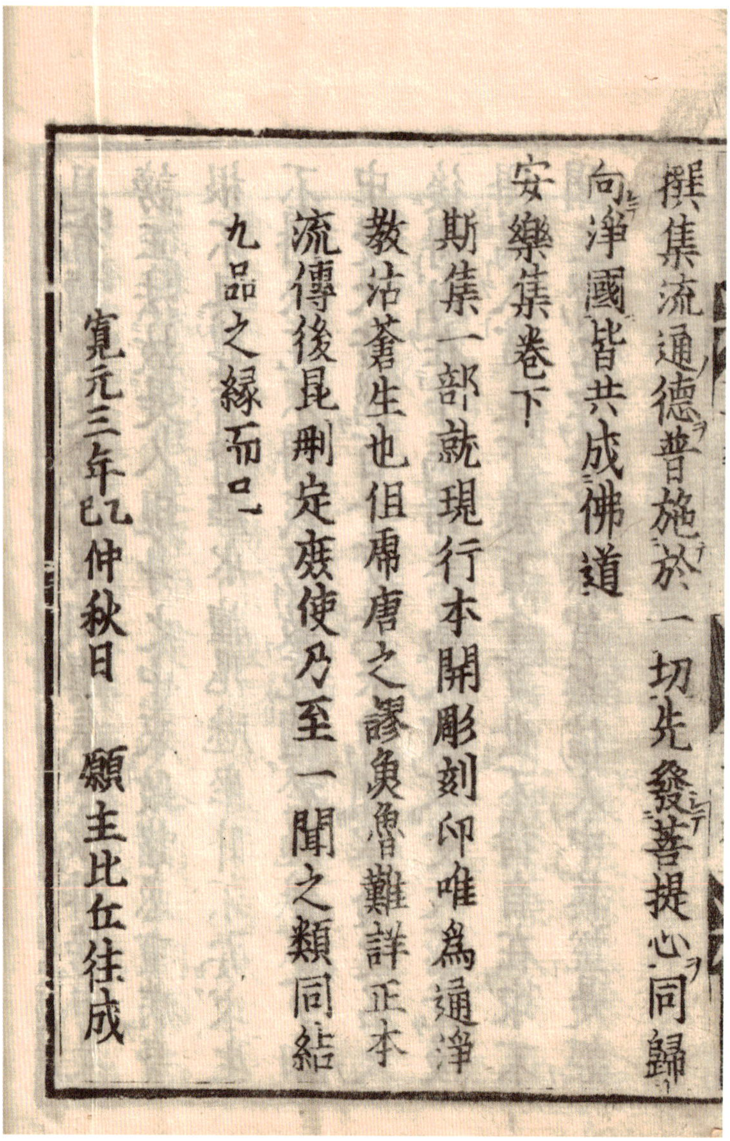
撰集流通德普施於一切先發菩提心同歸
向淨國皆共成佛道
安樂集卷下
斯集一部就現行本開彫刻印唯為通淨
教洽蒼生也但帝虎之謬焉魯難詳正本
流傳後昆刪定庶使乃至一聞之類同結
九品之緣而已
寬元三年乙巳仲秋日　願主比丘往成

安樂集卷上　釋道綽撰

此安樂集一部之內揔有十二大門皆引經論證明勸信求往

今先就第一大門內文義雖衆略作九門料簡然後造文第一明教興所由約時被機勸歸淨土第二據諸部大乘顯說聽方軌第三據大乘聖教明諸衆生發心久近供佛多少欲使時會聽衆力勵發心第四辨諸經宗旨不同第五明諸經得名各異如涅槃般若經

043.經律異相五十卷（殘）　〔南朝梁〕釋寶唱等奉敕撰　BQ1211.S45 1672

日本寬文十二年至延寶四年（1672—1676）刻本　十二册一函

半框高21釐米，寬14釐米，每半葉10行20字，小字雙行同，無界欄。四周雙邊，白口，無魚尾，版心中鐫書名、卷次，下鐫葉碼及千字文函號。

卷第九卷端題“經律異相，梁沙門僧旻寶唱等奉敕撰”。卷九至卷十五、卷二十四至卷二十六、卷三十五牌記題“沙門鐵眼募刻，寬文壬子季秋月黄檗山寶藏院識”。卷第十九牌記題“延寶丙辰秋黄檗山寶藏院識”。

鈐印：“□□文庫”“空傳”。

按：存卷九至卷五十。

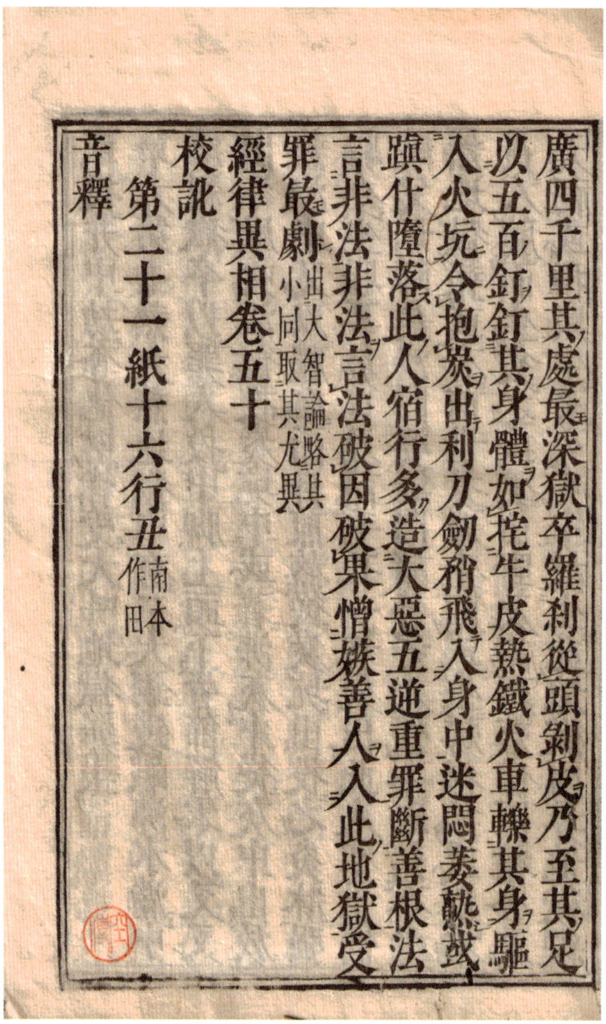
廣四千里其處最深獄卒羅刹從頭剝皮乃至其足
以五百釘釘其身體如挓牛皮熱鐵火車轢其身驅
入火坑令抱炭出利刀劍矟飛入身中迷悶萎熊哉
蹎仆墮落此人宿行多造大惡五逆重罪斷善根法
言非法非法言法破因破果憎嫉善人入此地獄受
罪最劇出大智論略其小同取其尤異
經律異相卷五十
校訛
第二十一紙十六行丑南本作田
音釋

經律異相卷第九

梁沙門僧旻寶唱等奉勅撰

外化菩薩部第九

文殊變金光首女令成醜壞第一

上金光首與長者子畏間俱在遊觀園散華燒香莊嚴妓樂時彼女人觀長者子意以爲足文殊師利(舊經云轉首)化此女身應時終亡顏色變惡眼耳鼻口膿血流出身體胮爛不可復視青蠅飛來周帀共食時長者子見此女身變壞如是怖懼不安欲求自歸濟脱是患當從何所而免斯苦時文殊師利童眞威神令

044.大藏經綱目指要録八卷　〔宋〕釋惟白集　

日本萬治二年（1659）刻本　五册一函

半框高21釐米，寬15釐米，每半葉7行20字，小字雙行同，無界欄。四周單邊，上白口下黑口，雙白魚尾，版心中鎸書名、卷次，下鎸葉碼。

牌記題“萬治二己亥年仲冬吉日，中野氏市右衛門開板”。卷端題“大藏經綱目指要録，東京法雲禪寺住持傳法佛國禪師惟白集”。

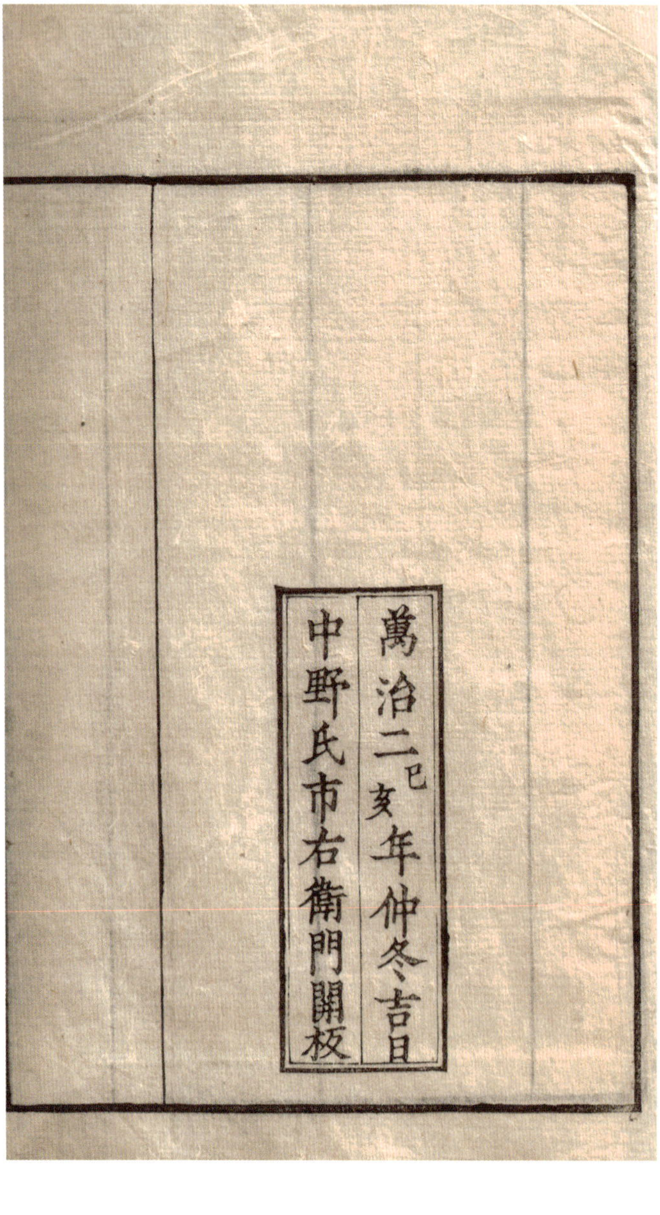

大藏經綱目指要錄卷第一

東京法雲禪寺住持傳法佛國禪師　惟白集

天地玄黃宇宙洪荒日月盈昃辰宿列張
寒來暑往秋收冬藏閏餘成歳律呂調陽
雲騰致雨露結爲霜金生麗水
玉出崑崗已上總四十八函

大般若經

總部四處十六會所說傳此方入藏者七百一十卷前六百卷唐三藏玄奘法師在玉華宮重譯西明寺僧玄則述十六序冠十六會明其旨也太宗皇帝御製聖教序高宗皇帝作聖記然此經諸佛之智母菩薩之慧父斷煩惱之寶刀度愛河之舟揖利生之極致成道之正因表其尊故標衆

045.大明三藏聖教目録四卷附續入藏經目録一卷

日本寬文九年（1669）刻本　二册一函

半框高22釐米，寬14.5釐米，每半葉10行20字，小字雙行同。四周雙邊，上白口下黑口，無魚尾，版心中鎸書名、卷次，下鎸葉碼。

卷端題“大明三藏聖教目録”。卷末跋尾題“寬文九稔歲次己酉孟秋佛歡喜日肥後州沙門鐵眼道光和南謹撰”。

鈐印：“天台正派”“法海藏”“談峰壽命院印”“光榮之印”“字了空”。

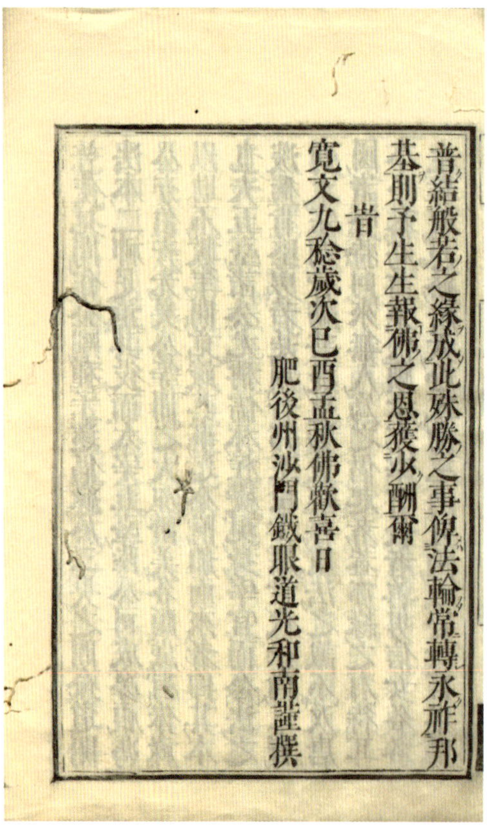

普結般若之緣放此殊勝之事俾法輪常轉永祚邦基則予生生報佛之恩獲少酬爾

昔

寛文九稔歲次己酉孟秋佛歡喜日

肥後州沙門鐵眼道光和南謹撰

大明三藏聖教目錄卷第一

大乘經

般若部

天地玄黃宇宙洪荒日月盈昃辰宿列張寒來暑往秋收冬藏閏餘成歲律呂調陽雲騰致雨露結爲霜金生麗水玉出崑岡劍號巨闕珠稱夜光果珍李柰

南藏同函號 大般若波羅蜜多經六百卷

菜重芥

南藏同函號 放光般若波羅蜜經三十卷

046.龍舒增廣净土文十二卷 〔宋〕王日休撰 BQ8518.W36 1651

日本慶安三年（1650）刻本 六册一函

半框高20釐米，寬14釐米，每半葉9行17字，無界欄。四周單邊，白口，雙黑魚尾，版心上鎸“净土文”，中鎸卷次，下鎸葉碼。

卷端題“龍舒增廣净土文，國學進士王日休撰”。卷末題“慶安三庚寅曆正月吉旦，井上次右衛門開板”。

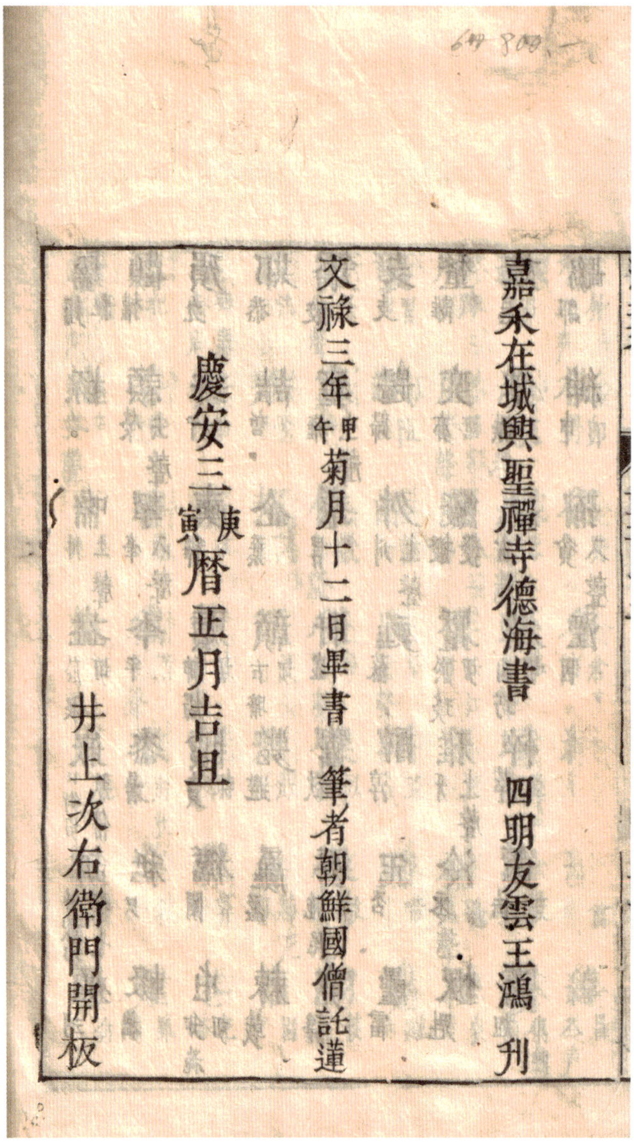

龍舒增廣淨土文卷第一

國學進士王　日休　譔

予徧覽藏經及諸傳記取其意而爲淨土文無一字無所本幸勿以人微而忽其說欲人人共曉故其言直而不文予龍舒人也世傳淨土文者不一故以郡號別之

淨土起信一

淨土之說多見於日用之間而其餘功乃見於身後不知者止以爲身後之事而已殊不

047.隱元和尚黄檗清規一卷　〔清〕釋隱元撰　BQ4990.J3 I6

日本元和至明治間刻本　一册一函

半框高21釐米，寬14釐米，每半葉8行20字，小字雙行同。四周雙邊，白口，無魚尾，版心中鎸書名、葉碼。

牌記題“貝葉書院”。卷端題“隱元和尚黄檗清規，第二代住持嗣法門人性瑫木菴閲，住法苑禪院嗣法孫性潡高泉編修”。

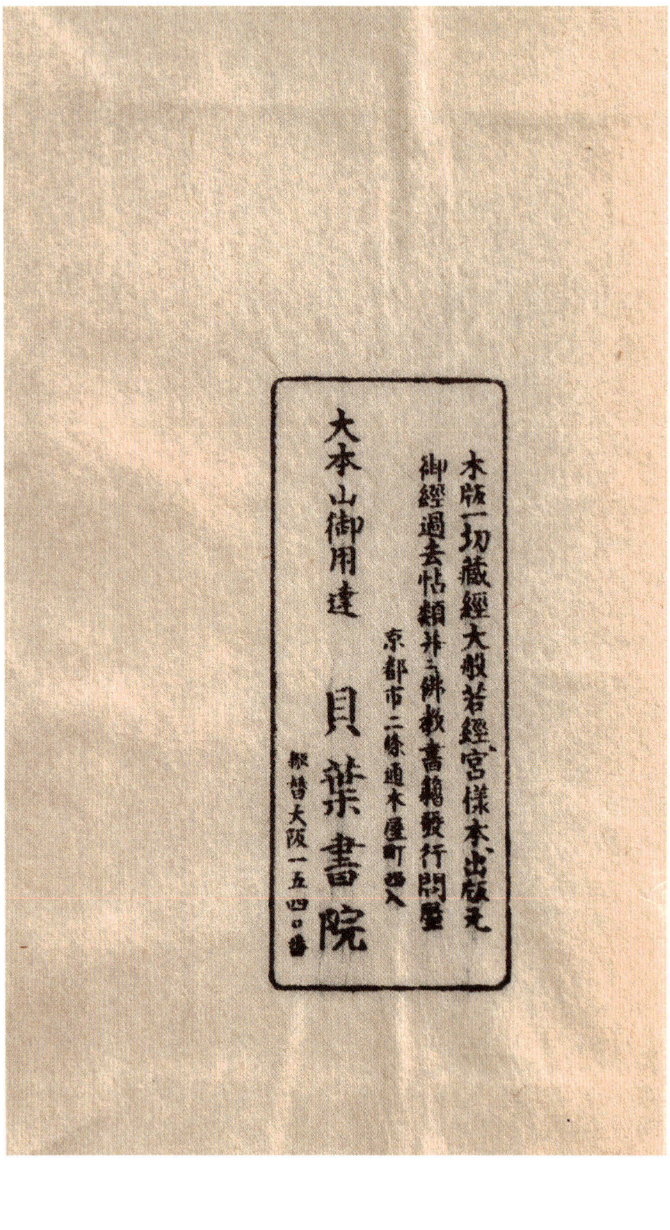

隱元和尚黄檗清規

第二代住持嗣法門人性瑫木菴閲

住法苑禪院嗣法孫性潡高泉編修

祝釐章第一 釐福也

靈山佛法付囑國王大臣蓋王臣多從果位中來威德自在能扶佛法爲屏爲翰爲金爲湯我等出世之士得安身行道而無外侮者實王臣之 恩力也故凡遇歲時節臘祝釐之典

書名筆畫索引

八畫

九畫

十畫

十一畫

十二畫

十三畫

十四畫

十五畫

十六畫

著者名筆畫索引

七畫

八畫

九畫

十畫

十一畫

十二畫

二十一畫

二十二畫